官田光史著

戦時期日本の翼賛政治

吉川弘文館

目次

序論　課題と視角……一

第一部　「挙国一致」内閣期の政党

第一章　国体明徴運動と政友会……一二
はじめに……一二
一　国体に関する決議……一三
二　「重臣ブロック排撃」論……一九
三　総括的不信任案と弾劾上奏案……二三
おわりに……二六

第二章　選挙粛正運動の構造……三一
はじめに……三一
一　選挙粛正委員会の位置……三四

二　「選挙粛正」をめぐる政党とジャーナリズム……四三
おわりに……五三

第二部　「翼賛政治」体制の成立

第一章　「翼賛政治」体制の形成と政党人……六三
　——山崎達之輔の場合——
はじめに……六三
一　「中心政党」論……六三
二　政党組織私案の構成要素……七〇
三　候補者推薦制案と選挙法改正問題……七四
四　翼賛選挙の論理……七八
五　「事前参加」の制度化……八四
おわりに……八九
第二章　「翼賛議会」の位相……九七
　——議会運営調査委員会の審議を素材に——
はじめに……九七
一　議会運営調査委員会の経過……一〇〇

二　翼政と議会の関係をめぐる議論……一〇三
三　政府と議会の関係をめぐる議論……一〇六
おわりに……一一三
第三章　中小商工業整備の政策過程
——生活援護共助金問題と商工省委員——……一一八
はじめに……一一八
一　生活援護共助金問題……一二〇
二　商工省委員……一二三
三　全国現地調査……一二七
四　共助会構想……一三三
五　産業再編成推進地区運動……一三七
おわりに……一四一
第四章　内閣各省委員制の展開……一四七
はじめに……一四七
一　協議会・世話人制の導入……一四九
二　参与委員制の創設……一五三
三　政務官の復活……一五八

四　行政委員制の創設……一六三
おわりに……一七〇

第三部　「翼賛政治」体制の変容

第一章　「応召代議士」の創出……一七八
――太平洋戦争期の「協賛」と「統帥」――
はじめに……一七八
一　戦時召集延期者の召集……一八一
二　政府の復職法案立案……一八四
三　枢密院の復職法案審査……一八六
四　議会の復職法案審議……一八九
五　復職法の運用……二〇〇
おわりに……二〇四
第二章　「超非常時」の憲法と議会……二一〇
――戦時緊急措置法の成立過程――
はじめに……二一〇
一　戦時緊急措置法案の立案……二一三

二　非常大権発動論と常置委員会構想――大日本政治会の場合……二三〇
三　非常大権統治構想の諸相……二三六
おわりに……二四一
結論　明治憲法をめぐる政党の模索……二四九
あとがき……二五七
人名索引

序論　課題と視角

本書は、戦時期（日中戦争・太平洋戦争期）において政党・政党人が明治憲法の解釈と運用のなかから形成した政治体制の構想と展開を解明することを目的とする。

一九四〇年一一月二九日、帝国議会開設五〇年記念式典が貴族院の議場で挙行された(1)。この式典にあたって、『朝日新聞』は議会政治の半世紀を回顧し、「政党と藩閥官僚との抗争に始まり藩閥政党の妥協時代から政党政治の確立時代に入り、更に昭和に入つて、満洲事変を契機とする政党の没落期から遂に本年近衛新体制を迎へて政党の解消に至るまで、半世紀の間に目まぐるしい変遷を体験して来た」と総括している(2)。ここには、議会開設から政党内閣期までを政党の伸張期とし、満州事変から新体制運動期までを政党の衰退期とする政党史の見取り図が示されている。

このような認識は、戦後、政党の衰退期を一九四五年まで延長する形で継承されていった。その代表的な著作として、政治評論家・白木正之が一九四九年に中央公論社から刊行した『日本政党史』がある。同書の「はしがき」は、「過去の日本において、六十年近くも、議会政治が運営されてきながらも、いまなお、民主政治が確立されないのは、政党が未発達に終つたからである。しかも、このために、議会主義は凋落し、軍国主義の支配となつて、敗戦と亡国の、悲惨なる歴史をつくつたのである」と指摘している(3)。

このように一九四〇年代において戦時期の政党史は、政党が軍部に敗北した過程として、さらに戦後の日本が反省とともに記憶すべき過去として歴史化していったのである。そうした方向性は、戦後の政党史研究をも長く規定してきたといってよいだろう。戦前・戦時期における政党の全体像を提示した、粟屋憲太郎氏の『昭和の政党』は、一九四〇年二月の衆議院本会議で民政党の斎藤隆夫が「国民の戦争犠牲」を憂慮して「反軍演説」を展開したことを評価しつつも、「政党政治が没落し無力化してゆくプロセス」として「十五年戦争」期の政治史を描出している。(4)

もっとも、戦時期の政党が「無力化」したかをめぐっては、いくつかの見方が存在する。まず、升味準之輔氏の『日本政党史論』は、二・二六事件後の「政界の基礎構造」を「崩落しつつある」構造として明快に説明した。陸軍は「総力戦体制」のために政界と官界を攪乱しながら「革新」を推進する、これに対して政党は反発する、両者に向けて元老・西園寺公望らは内閣の首班を選定し投入する、しかし、内閣は陸軍の推進力と政党の反発力によって攪乱され、動揺し倒壊する。このような構造において升味氏は、政党が陸軍や内閣への「反撥」という形ではあるが、一定の政治力を維持し、発揮していたことを確認したのである。(5)

また、ゴードン・M・バーガー氏の『大政翼賛会』、古川隆久氏の『戦時議会』は、戦時期の政党の政治力をさらに積極的に評価している。バーガー氏は、「挙国一致」が求められる戦時期という条件のもと、政党が政府に対する国民の支持を動員する「国民動員機関」を標榜し、自らの正当化を企図したことに着目して、彼らが政党内閣期に獲得した「権力のかなりの部分」を維持したことを指摘している。(6) また、古川氏は、既成政党系政治家が新体制運動や翼賛選挙の主導権を握っていたこと、阿部内閣期と鈴木内閣期に「事実上の政党内閣」の組織に迫っていたことなどを指摘し、彼らが他の政治勢力と対抗しえた要因を、彼らと有権者の「政治意識の共通面が大きかった」ことに看取している。(7)

両氏は国家と国民の仲介者としての政党の機能を重視することで、通説を修正することに成功している。しかし、「政党内閣」を基準にして戦時期における政党の政治力を測定する視角は、必ずしも適当ではないように思われる。

なぜなら政党は、時代状況に対応して政治体制の指向を変化しうるからである。

この問題については、季武嘉也氏の『大正期の政治構造』が示唆的である。同書によれば、大正期は政党勢力が非政党勢力を圧倒していく政党政治の準備段階ではなかった。すなわち政党を含む諸政治集団は、第一次世界大戦後の対外的危機感のなかで「挙国一致」を目指して、複雑な提携と対抗を繰り広げていたのである(8)。だとすれば、戦時期の理解にあたっても、政党内閣期における政党の政治力の行使と戦時期におけるそれを、ひとまず区別する視点を導入することは有効であるといえよう。問題は、政党・政党人が政党内閣の崩壊から日中戦争の勃発、太平洋戦争の開戦という時代状況を受けて、どのような政治体制を構想し、展開していったかであると思われる。

その意味で、政友会と民政党の政党人が自ら解党して参加した新体制運動は重要である。伊藤隆氏の『近衛新体制』は、一九三〇年代に陸軍・革新官僚・社会大衆党などの「革新」派が「世界新秩序」「高度国防国家」「統制経済」「前衛党」の実現に向けて、一九四〇年に新体制運動を展開したものの失敗した過程を解明している(9)。その序章では、近衛文麿首相が昭和天皇に提出した「意見書」が紹介されている。この「意見書」のなかで、近衛が憲法の改正にまで言及して憲法第八・一四・三一・七〇条の運用を主張していることは興味深い。この議論を、伊藤氏は「執行権力の集中、もっといえば天皇輔弼者の一元化であり、これは明治憲法の一大変革ともいうべきもの」と評価している(10)。

伊藤氏の「革新」派論と批判者の議論は、「ファシズム論争」へと展開していった(11)。そのため憲法と新体制運動の関係は、大政翼賛会違憲論を例外として注目されてこなかったように思われる。しかし、この伊藤氏の指摘は、新体制運動前後の政治史において、明治憲法の解釈と運用による政治体制の再編が中心的な問題であったことを示す重要なものである。このような方向性は、新体制運動に主体的に参加した政党人によっても共有されていただろう。では、彼らは明治憲法をどのように解釈し運用しようとしていたのか、そしてそこから新しい政治体制がどのように構想され展開していったのか。その政治過程を政党内閣の崩壊、近衛新党運動・新体制運動の推進、翼賛政治会の結成、大日本政治会の結成といった長いスパンで把握し理解することが、未開拓の問題として存在しているのである。そして、この問題は「明治憲法体制崩壊論」を克服する可能性も内包していると思われる。

日本近代史、とくに政治史研究において、「明治憲法体制論」は極めて重要な位置を占めてきた。この議論を要約すれば、明治憲法体制は、明治憲法が権力分散的な性格を内在するという前提のもとで、統合主体が諸集団を縦断、結合して政治を安定化させる体制である。明治中期から後期にかけて、政党は議会の予算審議権の行使により台頭し、官僚と提携し立憲政友会を組織することで統合主体化した。[12]そして大正期において、「政党内閣期の現実的諸条件」が原敬の政治指導と美濃部達吉の天皇機関説を中心に整備され、昭和初期において、政党内閣期は政友会と民政党の二大政党制という形で実現したのである。[13]

この「明治憲法体制論」は、一九三〇年代から戦時期を体制の崩壊期として位置づけてきた。その問題点を、酒井哲哉氏は一九八八年のレビューのなかで、「「明治憲法体制崩壊論」は、三〇年代の日本政治史は体制の崩壊過程でありそれ以上のものではないとの理解に立つものであり、それ故日中戦争以降の政治史は、専ら戦争指導の分裂を中心とする外交史的叙述でうめられ、国内政治については無規定的な総動員体制論以上の分析を出ないことが多い」と鋭く指摘している。[14]酒井氏の指摘から約二〇年が経過して、現在の研究は戦時期の憲法のあり方に体制の崩壊状況でなく、再構築の可能性を読み取ろうとしているように思われる。

その顕著な分野として、まず法学者たちの憲法理論に関する研究がある。例えば、坂野潤治氏と小関素明氏は美濃部達吉の「円卓巨頭会議」構想を、[15]高見勝利氏は宮沢俊義の翼賛会合憲論を、[16]石川健治氏と源川真希氏は黒田覚の

「多元的国家」論や「国防国家」論[17]を、それぞれ考察している。次に戦争指導体制の構築に関する研究が挙げられる。例えば、加藤陽子氏は大本営設置と内閣制度改革の関係[18]を、森茂樹氏は御前会議・四相会議・大本営政府連絡会議の構想と実態[19]を、鈴木多聞氏は東条内閣期の陸相・海相による参謀総長・軍令部総長の兼任問題[20]を、それぞれ検討している。

さらに「明治憲法体制論」の重要な要素である「美濃部憲法学」について、川口暁弘氏は「穂積上杉憲法学」「国体明徴派」との位置関係をあらためて考察し、「美濃部憲法学こそ、「国体論を憲法に導入しようとする企て」だった」という新説を提示することに成功している[21]。このような従来の憲法史の枠組みを再構成する方向性は、林尚之氏の最近の研究によって発展的に継承されている。もっとも林氏は、「帝国憲法体制」崩壊の「要因」や「必然性」の究明から戦前と戦後の憲法体制の連続性を読み解くことに主力を注いでいる。そのため戦時期の憲法体制のあり方自体については、美濃部・黒田・尾高朝雄らの学説に刺激的な解釈を提起しているものの、崩壊状況の説明に終始している感は否めない[22]。

では、政党史の分野はどのような状況にあるのだろうか。「明治憲法体制崩壊論」は、一九三〇年代において政党が統合主体としての地位を喪失し、政治の中心から後退していく過程を描く[23]。このような「明治憲法体制崩壊論」と粟屋氏の政党史研究は、親和性が高いといえよう。これに対して、戦時期の憲法と政党の関係を、古川氏は升味氏らの議論を敷衍して、「立法と国家予算の決定は議会の協賛を得なければならず、衆議院は公選とすること、予算は衆議院先議とするなどの規定が議会の独自性主張の根拠となった」と説明している[24]。この議論は、政党が議会の協賛権など憲法の規定に依拠して、諸政治集団と対等に競合したというものである[25]。

この議論において注目すべきは、明治憲法が分権的・多元的な性格を内在していたこと、そのなかで政党が政治力を維持・行使していたことが重視されていることである。そうすると、統合主体の不在を前提とする意味において、政党史研究は依然として「明治憲法体制崩壊論」の枠組みのなかにあるといえよう。政党内閣の中断後、軍部や官僚が新たな統合主体を創出できなかったという論点と、政党が一定の政治力を維持・行使できたという論点は、「明治憲法体制」の「崩壊」という同じ事象を別の角度から説明したものであるように思われる。(26)

以上から、戦時期において政党・政党人が憲法の解釈と運用のなかから形成した政治体制の構想と展開を解明する本書の課題の意義は、政党史の観点に立って「明治憲法体制崩壊論」を克服し、明治憲法の多様な可能性を理解するところに確認できる。この課題について、本書は次の三つの視角を設定し、それぞれ第一・二・三部として考察していく。第一に、「挙国一致」内閣期において政党は政党内閣を復活させようとするなかで、なぜ、どのように新しい政治体制を指向するようになったのか。第二に、戦時期において政党人は新しい政治体制、すなわち「翼賛政治」体制をどのように構築したのか、その組織と機能はどのような特徴をもっていたのか。第三に、戦局の展開（悪化）は、「翼賛政治」体制の組織と機能にどのような影響を与えたのかである。以下、「第一部　「挙国一致」内閣期の政党」「第二部　「翼賛政治」体制の成立」「第三部　「翼賛政治」体制の変容」の概要を示しておく。

第一部の第一章は国体明徴運動を扱う。政友会は軍部や国家主義団体とともに国体明徴運動を推進し、政党内閣の理論的支柱であったはずの天皇機関説を排撃した。その論理と行動を考察する。第二章は選挙粛正運動を扱う。「挙国一致」内閣期において、政友会と民政党は政党内閣の復活を目指して諸政治集団と提携を図る一方、「粛正」された選挙により政党の信頼を回復し、政党内閣の正当性を証明しなくてはならなかった。その正当性をめぐる政党・官僚・ジャーナリズムの関係を検討する。

第二部の第一章は、政友会中島派の指導者・山崎達之輔を取り上げる。山崎は政党内閣の崩壊後、明治憲法のもとでの新しい政治体制を実現する試みに主体的に参加した政党人であった。その政治体制の構想と具体化について、近衛新党運動から新体制運動を経て翼賛政治会結成に至る政治過程をとおして検討する。第二章は、翼賛政治会の主流派が「翼賛議会」を翼賛政治会との関係、内閣各省委員制との関係のなかで、どのような政策過程の局面として位置づけていたか、衆議院の議会運営調査委員会の審議をとおして考察する。第三章は、内閣各省委員制の実態として商工省委員の事例を取り上げる。内閣各省委員制は東条内閣によって設置され、翼賛政治会によって運営された。商工省委員は、太平洋戦争期に社会問題化した中小商工業整備の推進を担当した。この政策過程のなかで彼らが獲得していった政治手法について検討する。第四章では、内閣各省委員制が参与委員制・行政委員制へと変遷していくプロセスを明らかにする。

第三部の第一章は衆議院議員の応召を扱う。太平洋戦争期において、衆議院議員に対する初の召集が実施された。彼らは、選挙法の規程のために議員を辞して戦地に赴いた。その召集にあたって天皇の統帥権と議会（議員）の審議権の調整が問題となったことに注目し、「応召代議士」という存在がどのような憲法論・対応策によって創出されたのか検討する。第二章は戦時緊急措置法の制定を扱う。戦時緊急措置法は、議会の開会不能という事態を想定した委任立法であった。この法案の議会審議のなかで憲法第三一条の非常大権発動論が基調であったことに注目し、大日本政治会や護国同志会が非常大権発動論をとおしてどのような政治体制を実現しようとしていたのか考察する。

なお、以下、引用史料は旧字を新字に改め、句読点を適宜補った。一部は片仮名を平仮名に変えている。史料中の〔　〕は引用時の注記である。

註

（1）　帝国議会開設五〇年記念式典については、衆議院・参議院編『議会制度百年史　資料編』（大蔵省印刷局、一九九〇年）

二九七頁、葦名ふみ「帝国議会開設五十年記念の展覧会　昭和天皇の視線の先に」（『国立国会図書館月報』六二二号、二〇一三年）参照。

（2）「帝国議会開設五十年（上）」（『朝日新聞』一九四〇年一一月二八日付）。

（3）白木正之『日本政党史（昭和編）』（中央公論社、一九四九年）一頁。「はしがき」の末尾には「昭和二十三年七月」とある。

（4）粟屋憲太郎『昭和の政党』（小学館、一九八八年、初出一九八三年）一七～一九、二一頁。

（5）升味準之輔『日本政党史論』第六巻（東京大学出版会、一九八〇年）二七五～二七八頁。

（6）ゴードン・M・バーガー／坂野潤治訳『大政翼賛会―国民動員をめぐる相剋』（山川出版社、二〇〇〇年、初出一九七七年）一四七、二五二～二五五頁。

（7）古川隆久『戦時議会』（吉川弘文館、二〇〇一年）三、八二、二三二～二三三、二五〇～二五二頁。

（8）季武嘉也『大正期の政治構造』（吉川弘文館、一九九八年）参照。

（9）伊藤隆『近衛新体制』（中央公論社、一九八三年）。新体制運動と大政翼賛会については、赤木須留喜『近衛新体制と大政翼賛会』（岩波書店、一九八四年）、同『翼賛・翼政・翼壮』（岩波書店、一九九〇年）も参照。

（10）伊藤前掲書一二頁。憲法第八条は緊急勅令、第一四条は戒厳令、第三一条は非常大権、第七〇条は緊急時の勅令による財政処分に関する規程である。

（11）この問題については、古川隆久「「日本ファシズム」論」（鳥海靖・松尾正人・小風秀雄編『日本近現代史研究事典』東京堂出版、一九九九年）参照。

（12）代表的な研究として、坂野潤治『明治憲法体制の確立―富国強兵と民力休養』（東京大学出版会、一九七一年）、三谷太一郎『増補　日本政党政治の形成　原敬の政治指導の展開』（東京大学出版会、一九九五年、初出一九六七年）参照。

（13）三谷太一郎「政党内閣期の条件」（中村隆英・伊藤隆編『近代日本研究入門』東京大学出版会、一九七七年）参照。三谷氏は、「政党内閣期を成立させた現実的諸条件」として、「貴院に対する衆院の優位の確立」「それを正当化する憲法理論の通説化」「枢府の政治的中立化」「官僚の政党化」「ワシントン体制下の国際緊張緩和とそれに伴う軍部の政治的比重の減退」を列挙している。

(14) 酒井哲哉「一九三〇年代の日本政治—方法論的考察—」(『年報・近代日本研究』一〇、一九八八年)二三五頁。
(15) 坂野潤治「挙国一致内閣期の体制構想—立憲独裁・協力内閣・憲政常道—」(『近代日本の国家構想—一八七一—一九三六—』岩波書店、一九九六年、初出一九八五年)、小関素明「二大政党制構想の再編」(『日本近代主権と立憲政体構想』日本評論社、二〇一四年、初出一九八九年)参照。
(16) 高見勝利『宮沢俊義の憲法学史的研究』(有斐閣、二〇〇〇年)参照。
(17) 石川健治「国家・国民主権と多元的社会」(『講座・憲法学 第二巻 主権と国際社会』日本評論社、一九九四年)、源川真希「天皇機関説後の立憲主義—黒田覚の国防国家論」(『近衛新体制の思想と政治』有志舎、二〇〇九年、初出二〇〇三年)参照。
(18) 加藤陽子「権力一元化構想の展開 日中戦争初期の制度改革」(『模索する一九三〇年代 日米関係と陸軍中堅層』山川出版社、一九九三年、初出一九八七年)参照。
(19) 森茂樹「国策決定過程の変容—第二次・第三次近衛内閣の国策決定をめぐる「国務」と「統帥」—」(『日本史研究』第三九五号、一九九五年)、同「戦時天皇制国家における「親政」イデオロギーと政策決定過程の再編—日中戦争期の御前会議—」(『日本史研究』第四五四号、二〇〇〇年)参照。
(20) 鈴木多聞「統帥権独立の伝統の崩壊—軍部大臣の統帥部長兼任」(『「終戦」の政治史 一九四三—一九四五』東京大学出版会、二〇一一年、初出二〇〇四年)参照。
(21) 川口暁弘「憲法学と国体論—国体論者美濃部達吉—」(『史学雑誌』第一〇八編第七号、一九九九年)参照。
(22) 林尚之「危機のなかの立憲主義と国体の創造」「非常時の革新と憲法を越える天皇」(『主権不在の帝国 憲法と法外なるものをめぐる歴史学』有志舎、二〇一二年、初出二〇〇六・二〇〇八年)参照。
(23) 宮崎隆次「戦前日本の政治発展と連合政治」(篠原一編『連合政治』I、岩波書店、一九八四年)、高橋進・宮崎隆次「政党政治の定着と崩壊」(坂野潤治・宮地正人編『日本近代史における転換期の研究』山川出版社、一九八五年)参照。「政党内閣制」に的を絞って体制崩壊の原因を論じた最近の研究として、村井良太『政党内閣制の展開と崩壊 一九二七〜三六年』(有斐閣、二〇一四年)参照。
(24) 古川隆久「戦時議会の再検討」(『昭和戦中期の議会と行政』吉川弘文館、二〇〇五年)六三頁。

(25) これに関連して、議会が議論しうる税制に目を向けて戦前期の立憲制・立憲政治を論じた最近の研究として、米山忠寛『昭和立憲制の再建　一九三二〜一九四五年』(千倉書房、二〇一五年) 参照。

(26) もっとも、政党が「明治憲法体制」の「崩壊」を短期的に容認し、個々に軍部や官僚と提携したという視角から、政友会の派閥や民政党の路線対立、昭和会などの第三党構想を再評価することもできるかもしれない。政友会の派閥については、奥健太郎『昭和戦前期立憲政友会の研究—党内派閥の分析を中心に』(慶應義塾大学出版会、二〇〇四年)、民政党の路線対立については、井上敬介『立憲民政党と政党改良—戦前二大政党制の崩壊』(北海道大学出版会、二〇一三年) 参照。また、第三党構想については、前山亮吉『近代日本に於ける「第三党」の研究』(平成一一〜一二年度科学研究費補助金研究成果報告書、二〇〇一年)、昭和会については、拙稿「「挙国一致」内閣期における政党再編の展開」(『日本歴史』第六一九号、一九九九年) 参照。

第一部　「挙国一致」内閣期の政党

第一章　国体明徴運動と政友会

はじめに

周知のように、国体明徴運動は一九三五年二月の第六七回帝国議会貴族院本会議において美濃部達吉のいわゆる天皇機関説が批判されたことを端緒とする。以降、軍部および国家主義団体が中心となって運動を展開し、岡田啓介内閣は八月と一〇月の二度にわたる国体明徴声明を発表することで機関説を否定した。(1)

一九三〇年代の政治史研究において、国体明徴運動は政党の衰退と軍部の台頭を指標とする複数の画期の一つに位置づけられる。ここでは、「政党の自殺行為」という印象的なレトリックが通説化している。(2) この場合、「政党」とは軍部や国家主義団体と並んで国体明徴運動を推進した政友会のことである。また、「自殺行為」とは政友会が岡田内閣打倒のために政党内閣の理論的支柱としての天皇機関説を排撃したことの謂いである。

ここで、この修辞の出典が『改造』一九三五年五月号の誌上に掲載された阿部真之助の政治評論にあることに注意したい。

政友会がこの問題を取り上げたのは、国体精神の明澄《〔ママ〕》ならざるを憂へたといふよりは、恰かも問題となつたのを好期として、倒閣の道具に使つたものと、一般に信ぜられてゐる。〔中略〕攻撃軍たる政友会は、政府の手傷に比較すれば、より根本的にして、より重大なる致命傷を負はねばならなかつたのである。鈴木喜三郎〔政友会総裁〕は、×××《〔ママ〕》に於ける政党的の立場を否認し、その代償として倒閣を要求したのだ。〔中略〕それは政権に目が眩んだ政党の自殺行為であった(3)。

松尾尊兊氏は、阿部の指摘を引用したうえで同様の評価を国体明徴運動に与えている(4)。ところが、その後この点を確認した研究は意外なことに見当たらない。また、坂野潤治氏は政友会の「憲政常道」論が「衆議院の過半数を握る政友会が与党になるべきであるという以上のものではな」く、同党が「国体明徴」と「憲政常道」を両立させていたという注目すべき論点を提示している。しかし、坂野氏も「政党の自殺行為」という評価を基本的に受け入れている(5)。政友会は、同時代の国体明徴運動に対する批判を自覚していた。このことは、政友会に批判を回避するに足るだけの論理と行動が求められたことを意味するはずである。このような問題意識に即して、国体明徴運動における政友会の動向を検討することが本章の目的である。

一　国体に関する決議

まず、政友会の国体明徴運動の出発点となった第六七回帝国議会衆議院(6)における国体に関する決議の意義についてみていこう。

一九三五年三月一九日、政友会の山本悌二郎ら有志は一八〇名の署名を同党の総務会に提出し、衆議院における「天皇の尊厳を冒瀆する天皇機関説に対し、この際断乎たる措置を為すべし」という趣旨の決議を求めた。これを受けて、総務会は「(一)この問題を党において取扱ふこと(二)その取扱ひの方法に関しては委員を挙げて案文の立案その他具体的方法を協議すること（三）この問題は超党派的問題として他派に交渉すること」で一致する。委員には、久原房之助・山本条太郎・前田米蔵・島田俊雄・安藤正純・加藤久米四郎・岩崎幸治郎の七名が選ばれた。(7)二二日の総務会および幹部会は、次のような決議案と理由書を決定する。

国体に関する決議案　国体の本義を明徴にして人心の帰趨を一にするは刻下最大の要務なり政府は崇高無比なる我国体と相容れざる言説に対し直に断乎たる措置を執るべし

理由書　我国体の本義は千古渝らざるところにして毫末も紛淆の余地なし然るに政府はこれと相容れざる天皇機関説に対しこれを否定するもこれに対する措置において頗る躊躇逡巡するところあるは国家のため遺憾に堪へざるところなり、これ本案を提出する所以なり(8)

同日、政友会は民政党と国民同盟に決議案の共同提出をはたらきかけるが、民政党首脳は「理由書中の機関説云々の文字〔中略〕は削除する事」、「本文中「政府は直ちに断乎たる措置をとるべし」の字句を「政府は適当なる措置をとるべし」等に修正する事」を希望する方向でまとまった。(9)二三日朝からの政民両党幹部間の交渉で、理由書の削除を民政党は要求するが政友会は拒絶する。結局、予定されていた各党の賛成演説を中止することで妥協することになった。(10)同日、衆議院において政友会・民政党・国民同盟三派共同提案による国体に関する決議案が満場一致で可決される。もっとも、一度開会された本会議に「民、国両派は一名も〔中略〕出席せず、代議士会において尚〔政友会との〕妥協に対する論議を闘はしてゐる状態なので、議長は已むなく暫時休憩する旨を宣した」と報道されているように、(11)満場一致の演出は容易ではなかった。この交渉過程から明らかなことは、政友会が天皇機関説排撃を決議案の立案の段階から党議としたことであり、民政党が政友会の決議案の趣旨には同意しつつも岡田内閣を追及するようなニュアンスを極力排除しようとしていたことである。

鈴木政友会総裁は、決議案の採決に先立って「趣旨弁明」を行っている。ここでの主張は、次の三点に集約することができる。第一に、「我国の立憲政治」が「三千年の伝統」を有する「君民一如、君国一体の金甌無欠の国体」の「基礎の上に置かれてある」という点。これは、いわゆる天壌無窮の神勅に提示された「万世不磨の根本原理」が明治維新にあたり「五箇条の御誓文を下して、我国立憲政治の基礎を立て」たという認識を基底とする。第二に、天皇機関説（決議案では「我か国体と相容れさる言説」）に対して、「政府は最も厳粛なる態度を以て、直ちに適当の措置を取らねばな」らぬという点。第三に、「是れ誠に皇猷恢弘に奉効せし国民精神を涵養し、以て憲政有終の美を済さんとする趣旨に外ならぬ」という点である。(12)

この国体に関する決議の論理は、政友会が天皇機関説排撃を主張する様々な声明、各大会の宣言に織り込まれている。例えば、八月一五日に大阪で開催された立憲政友会臨時大会、同年八月二五日の政友会東北大会の宣言である。(13)この二つの宣言は、内容・字句ともにほとんど同一であるので、臨時大会の宣言から決議に重なる部分を抜き出してみる。第一では「万世一系の　天皇を奉戴するは我国体の世界無比たる所以にして、千古渝らざること炳として日月の如し」、第二および第三では「須らく政府は責任を以て、速にその実質的解決を断行すべし、是れ国体の尊厳を発揚するの道にして、憲政有終の美を済す所以も亦茲に存す」が、それぞれ対応する箇所である。政友会は、国体に関する決議の論理を国体明徴運動の論理へと継承していったといえよう。

この論理を政友会はどのように機能させていたのだろうか。三月二八日の議員総会において、鈴木は第六七回帝国議会について一九三五年度予算の審議と国体に関する決議の成立を概観し、「要するに政府は（中略）立憲政治の運用に当って如何に政党が有力の機関であり、又政府と国民との連絡の上に於て、如何に政党が、有要なる作用を有するかを体験したことゝ思ひます」と総括する。(14)このように、政友会の論理はさしあたり政府に対して政党が国民の代弁者であることを誇示するものであった。

また、この演説のなかで鈴木は「国体に関する決議が全会一致を以て成立したこと」を「素より我国民の国体観念の発露で、洵に当然と思ひます」と評価しているように[15]、国体に関する決議と国民意識とを接合させている。これに近い表現は、七月三一日の政友会議員総会における決議「現内閣は天皇機関説排撃の誠意なし国家の為め深憂に堪へず我党は国民と共に之が解決に邁進す」や、八月一五日の臨時大会における鈴木総裁の演説「牢固不抜の国民信念に悖る天皇機関説の如きものが存在することは、絶対に許すべきではありません」にも指摘できる[16]。このように、政友会の論理は国民に対して政党が民意を代表することを証明しようとするものでもあった。言い換えれば、政友会は国体明徴運動を介して国民の支持の調達を試みていたのである。

こうした政友会の試みの目的は、一九三二年の政党内閣崩壊前後に台頭した「既成政党排撃」論[17]への対抗に求められる。国体明徴運動の約一年前、鈴木は定時大会における演説で「議会政治に懐疑の念を挟み、或は独裁専制の二三外国の風を喜ぶ輩」に向けて「抑々我議会政治〔中略〕の精神は既に明治維新の御誓詞に於て明かであり、更に其の淵源を尋ぬれば、皇祖皇宗の古に遡つて居る」と反論していた[18]。ここで、国体に関する決議の「趣旨弁明」と同じフレーズが登場していることは注目に値する。

折しも、国体明徴運動は九月二一日から一〇月一四日におよぶ二府三七県の府県会選挙と同時に進行していた。この選挙を迎えるにあたって政友会は前述の党大会を開き[19]、国体明徴運動の論理を宣言で謳ったのである。政民両党は、政党内閣の崩壊を経て初めて臨む全国規模の選挙で自党が後退し、これに反比例する形で国家主義団体あるいは無産政党が伸張する事態を恐れていた。しかし、選挙は政民両党が依然として圧倒的多数の議席を占める結果に終わった[20]。とりわけ、政友会は議席を増加させたこともあり自信を回復した。このことは、松野鶴平幹事長の「国民の投票は政党に対する渝らざる信用を実証した。一部の政党排撃論者が〔中略〕既成政党の過失を数えあげ喚きたてたに拘らず、国民は冷静に而かも堅実に、憲政の暢達を期待し欲求してゐることを示したのである」という談話に表れている。(21)

要するに、政友会の国体明徴運動は国体に関する決議の論理を唱導することで国民の支持を調達し、「既成政党排撃」論に対抗することに主眼が置かれていたのである。

では、民政党の国体明徴運動に対する認識はどのようなものだったのだろうか。国体に関する決議以来、民政党は政友会に同調することを一貫して回避する傾向にあった。(22)例えば、五月二四日に政友会は岡田内閣の「陽に機関説に反対しこれに善処すべきを公約しながら、その実その説が国体の本義に背反するの趣旨を明確にせざるのみならず、徒らに抽象的言辞を列ねて事の肯綮に触るゝを避くるの態」を非難する共同声明を民政党、国民同盟に提議した。しかし、二八日に民政党は「政府に於て議会決議の趣旨を体し既にそれぐ〳〵の処置をとり、尚今後に於ても相当な方法を講ずる意向である以上、我が党はその為す所を見るを至当と認め」ると拒絶を通告した。そのため、三一日に政友会は「独自の見解」として岡田首相に声明書を手交することになる。(23)もっとも、政友会と距離を保つことと国体明徴運動に対する賛否は別である。民政党は、一〇月一五日に岡田内閣が発表した第二次国体明徴声明を受けて次のように主張している。

吾人の言はんと欲する所は、〔中略〕我国体観念に反する思想は、悉く之を排撃したいといふ一事である。即ち豈に独り天皇機関説のみならんや〔中略〕それのみに止まらず、其外れ居る事の明瞭なる議会政治眇視、政党否認の声の如き、之も亦同様の強度を以て排撃せねばならぬ。面倒な事を言はぬ。語は簡単で足る。皇祖皇宗の御遺訓、明治大帝の大御心に副はぬ不忠不義の声だからであるといへば済む。(24)

このように、民政党は岡田内閣の与党として国体明徴運動が倒閣の色彩を帯びることを警戒していた。しかし、内閣が天皇機関説に反対の姿勢を明確にすると、民政党は政友会と同様に運動の論理を「既成政党排撃」論に対する異議申し立てに解釈したのである。

ここで、冒頭で引用した阿部の評論が想起されなくてはならない。ジャーナリズムは、政友会の国体明徴運動を必ずしも歓迎しなかったのである。そこで、当時の有力紙『東京朝日新聞』『東京日日新聞』『読売新聞』の社説から最大公約数的な政友会批判を析出してみよう。(25)

国体に関する決議について、『東京朝日新聞』の社説は次のように論評している。

国体本義の明徴は、〔中略〕国民同胞の等しく熱望してやまざる所であり、貴族院において主張されようが、衆議院において力説されようが、〔中略〕その真骨頂《ママ》において変るところはないのである。従つて、政府が既に慎重考慮を公約せる以上、特に政府を窮地に陥るゝが如き態度を採る必要もないのである。〔中略〕国体明徴決議案の神聖のためには、国民は一層慎重にして厳粛なる注意を要するのである。されば、政友会は、宜しく、決議の本質を明朗且明徴ならしめ、苟くも党略意識並びに政権争奪根性によつて紛淆することなからんことを期すべきである。(26)

国体に関する決議自体は国民の「熱望」する「国体本義の明徴」に適っている。問題は決議案の可決を主導した政友会の「党略意識」であり「政権争奪根性」である。これらは決議案の「神聖」のために許されるものではない。このような論法で国体に関する決議を批評したのは、三紙においては管見の限り『東京朝日新聞』一紙である。しかし、国体明徴運動の展開を受けて岡田内閣が国体明徴声明の発表を余儀なくされた段階で、この論法は三紙に共通して見受けられるようになる。『東京日日新聞』は声明が「常に一般国民の抱くであらう国体観念と完全に一致する」と評価したうえで、これをもって「国体問題」が「必ずや終局的な解決を見るであらうと信ずる」と同時に、「この尊厳かつ神聖なる国体問題」が「政争の具に供せられることに断乎として反対の意を表する」という。『読売新聞』は「万邦無比の我が国体は、炳乎として炳なるものあり、万代不易なるはいふまでもない」という「国民的信条に毫末も異変な」いことを確認し、「国体明徴問題は、政府今回の措置を以て」「一段落」したとする一方、「政党が党略のためにこの問題を担ぎ廻るものとは、〔中略〕毫も信じ得られない」とする。各紙はともに声明を支持し、国体明徴運動がこれ以上政治問題化することを好ましくないと説いているのである。[27]

このように、ジャーナリズムは国民の「国体観念」と国体明徴運動の理念の親和性を当然視する一方、「神聖」な問題を倒閣の手段としかねない政友会の動向を疑いの眼差しでみつめたのである。

二 「重臣ブロック排撃」論

政友会は、ジャーナリズムの疑念を自覚しつつ国体明徴運動を展開しなくてはならなかった。このことを踏まえて、国体明徴運動においてクローズアップされる「重臣ブロック排撃」論を検討してみたい。

政友会では、久原房之助が先述した五月末の声明書問題とほぼ同じ時期から「重臣ブロック」に対する非難を唱え始めた。[28] 六月八日、久原は「重臣ブロックの指導精神は連盟脱退、軍縮問題の実例に見ても判るやうに今や清算すべき時に直面している、それは欧米追従主義で御都合主義、穏健主義だ」と述べている。[29] 鈴木総裁を訪問した同月一一日にも、「この際政友会は殊更に更生などをする必要はない、更生しなければならぬのは重臣ブロックだ、政友会は伝統の積極政策で一路邁進するのみだ、この点で鈴木総裁とは意見が一致したよ」と語っている。[30] このような発言を政友会の幹部会は問題視することになる。

六月一九日の定例総務会では、松野幹事長より「先般鈴木総裁の言として重臣ブロック排撃の意ある旨が新聞紙上に掲載されたに対し、胎中〔楠右衛門〕氏より斯くの如き重要問題は党議の決定を俟つて発言せらるべきものではないかと思ふとて真偽と取扱方について注意があつた」ことが報告されると、意見交換の結果、「本問題の重要性に鑑みて慎重に取扱ふことに大体一致」した。二〇日の定例幹部会では、胎中から「重臣ブロック排撃意見」の意図について質され、鈴木は「所謂重臣ブロックの萎微退嬰の消極的方針は国運の進展を阻害し我党の積極的方針に背馳するものなるが故に斯くの如き指導方針は打破しなければならぬものと信じて居る」と答えた。これにつづいて中谷貞頼・牧野良三・深沢豊太郎・河上哲太・猪野毛利栄・金光庸夫から「積極的賛成意見」が出される。もっとも、結論は次回の総務会に持ち越されることになった。二一日に開かれた臨時総務会では、次の「四大指導方針」が決定される。

廿日幹部会に於ける総裁の趣意を体し左の如く決定す

(一)　国体の明徴、機関説排撃

(二)　責任政治の確立

(三)　追随外交排撃、自主的外交確立

(四)　積極方針に依る兵農両全主義の徹底

以上四項の大方針を貫徹するに努力する事、若し之に反するものあらば国家のため仮令重臣と雖之を排撃することに躊躇せず(31)

また、同じ席上での決定を受けて六月二四日、国体明徴問題に関する実行委員が設置された。委員長には山本悌二郎、委員には宮古啓三郎・竹内友治郎・牧野賤男・菅原伝・東武・猪野毛利栄・牧野良三・清水銀蔵・宮沢裕・西村茂生・河上哲太・中谷貞頼・清瀬規矩雄・原口初太郎が総裁から指名された。同月二七日の実行委員の会合では、「実行方法」について協議した結果、「政府の態度は依然として誠意の見るべきものがない、これは一木（喜徳郎）枢相への波及を恐れ重臣ブロックへの気兼ねからである、この意味において政府を詰問すること」で一致する。[32] 以後、政友会は一木喜徳郎枢密院議長および金森徳次郎法制局長官を天皇機関説の学問的系譜に位置するとみなしてその責任を問いつづけることになる。[33]

こうして、政友会の国体明徴運動と「重臣ブロック排撃」論は同党の政策体系に交錯しながら組み込まれていった。この過程から、二つの論点を指摘できるだろう。

第一に、「重臣ブロック排撃」論に対する賛否両論の存在である。「四大指導方針」が決定される以前、鈴木と久原は「重臣ブロック」を「萎微退嬰の消極的方針」「欧米追従主義で御都合主義、穏健主義」とそれぞれダイレクトに結び付けていた。一方、「四大指導方針」は「重臣ブロック排撃」論を「若し」以下の文脈に配置している。ここで、「重臣」は「四項の大方針」の「貫徹」を阻害するかもしれない一因に過ぎない。「重臣ブロック排撃」論は、「四大指導方針」が策定されるなかで後退していったのである。このような見方は、山川均の政治評論における「臨時総務会の決定が、久原氏の原作にくらべ、重臣ブロック排撃の色彩を著しく緩和したことは、反対分派の決して無力でないことを示したものではある」という指摘によって裏付けられる。[34] また、戸坂潤の「国体明徴運動は政友会の手によつて、一木、金森両氏に対する排撃を口実として、一時重臣ブロック排撃といふ形にまで脱線しかけた」、「だが最近は流石に重臣ブロック論はあまり人気がないと見て引き込めたらしい」という指摘もある。[35]

実際、久原に代表される「重臣ブロック排撃」論が党内の主流を占めたわけではない。八月五日、原田熊雄（元老・西園寺公望秘書）は岡田首相が国体明徴声明に併せて発表したコメントの反響について次のように観測している。

「国体明徴連盟は「〔岡田の〕一木、金森に対する弁護はけしからん。宮内大臣〔湯浅倉平〕の忠誠の念に不足あり」と喧しく言つてゐるし、政友会では、山本悌二郎とか久原は、重臣ブロックとまで言つてゐるさうだ。しかし、政友会でも多数の者はこの運動に参加しないやうに見える」[36]。政友会の党内議論をこのように方向づけたのは、国体明徴運動批判に対する自覚であった。例えば、七月三一日に日比谷公会堂で開かれた政友会の国体明徴機関説排撃大演説会において、代議士の大口喜六は「私共は斯る問題に対する論議が、若も政争の為にでも行はれるやうに誤解されましては、尚更ら国家の為に憂ふべきであると考へました」と語っている[37]。また、国体明徴実行委員と松田源治文相との会見では、委員の一人である中谷貞頼が「国体問題は政争の題目とする事は吾々は好まざる」と述べている[38]。このような意識は政友会において広く共有されるものであった。

第二に、実行委員の性格についてである。まず、六月二〇日の幹部会において鈴木支持を表明した議員が実行委員に任命されていることから、実行委員は国体明徴運動と「重臣ブロック排撃」の結合に熱心な議員から構成されていたといえる。次に、政友会の派閥構成[39]に実行委員(山本委員長を含む)を位置づけてみる。民政党の調査[40]に基づいて計算すると、総裁系七名、久原系三名、旧政友系四名、床次系三名、その他一名(合計一八名、重複三名)。同様に政友会全体の派閥別議員数を算出すると、総裁系一二五名、久原系二六名、旧政友系三六名、床次系五六名、その他四八名(合計二九一名、重複二三名)。委員の構成は、おおむね派閥均衡であった。つまり、実行委員の設置は二つの問題について積極的な傾向を有する議員の不満のはけ口になったと同時に、こうした傾向の議員を各派閥の人数比に応じて選んだ形式的人事であったと推測されるのである。

以上から、国体明徴運動における政友会の図式は二つの勢力の対立として描くことができるだろう。一つは、国体明徴運動の論理を文言の枠内で解釈することによって国体問題を政治争点化せず、岡田内閣と妥協する形で政権への展望を開こうとする政友会の大部分である。いま一つは、国体明徴運動の論理を「重臣ブロック排撃」論に変換することによって国体問題を政治争点化し、内閣を打倒する形で政権への復帰を果たそうとする久原系である。

三　総括的不信任案と弾劾上奏案

国体明徴運動において、政友会は二派の対立を顕在化させていった。このことを踏まえて、第六八回帝国議会における衆議院解散の政治過程を追っていこう。

一九三五年一二月二四日、第六八回帝国議会が召集される。この議会の会期中に任期満了にともなう衆議院の解散が予想されていたため、各党は解散と総選挙を迎える名目を模索することになる。一二月二七日の定例閣議の終了後、岡田首相は望月圭介逓相・内田信也鉄相・山崎達之輔農相（いずれも政友会を脱党して入閣）と政友会対策について協議している。話題は、「国体明徴問題一本槍で倒閣に進もうとしている久原派」と「総括的不信任案で進もうとしている総裁系並に旧政友系一部」の動向であった(41)。一二月の時点で、政友会は解散と総選挙の名目をめぐって総裁系および旧政友系と久原系に二分していたのである。

ここでも久原が国体明徴問題にこだわったのはなぜだろうか。一二月二〇日、岡田首相は原田熊雄に児玉秀雄拓相からの情報として次のように語っている。「久原と陸軍の一部が一緒になつて、機関説排撃を以て不信任案の内容とし、無解散で倒閣を計画してゐるやうだ。もし機関説排撃といふやうな問題を真向からふりかざして来たなら、陸軍大臣〔川島義之〕としても「到底解散の詔書に副署することはできない」といふことになる(42)」。政友会は、天皇機関説排撃を前面に出した不信任案の提出に党内議論を一本化すれば衆議院において過半数の力で可決できるのである。内閣が不信任案の可決を阻止するためには、衆議院の解散を断行するしかない。しかし、一八日に川島陸相は本庄繁侍従武官長に対して次のように述べている。「政府に於て予め此等の処置〔金森法制局長官の辞任〕を採らずして、政友会より不信任案をつき付けられたるに対し解散を肯んずる場合、軍部として之に同意するに於ては、軍部は機関説を排撃しながら却て機関説を擁護することゝなるが故に勢ひ解散に同意する能はず」(43)。陸相は、陸軍を代表して機関説排撃を内閣に求めてきた経緯から政友会の不信任案の黙殺を意味する解散に承服することはできない。このような内閣の弱点を衝いて無解散倒閣を成し遂げるところに久原の狙いはあった。そしてこの思惑は、木戸幸一内大臣秘書官長の一九日の日記に「最近、陸軍大臣は某閣僚に若し国体明徴の問題にて内閣が解散を行はんとする場合には副署せずと話たりとのことにて、首相は議会中総辞職の不得止に至る場合をひそかに考へ居る様子なりとのこと」とあるように(44)、現実味を帯びていたのである。

ここで注目すべきは、久原らの倒閣策動に刺激されて「国体明徴問題政争回避派」が形成されたことである。一二月二七日、彼らは会合を開き「国体明徴問題を政争に利用すべからず、争ふ場合に於ては国策、政策に就き堂々と邁進すべし」という意見で一致している(45)。この会合に出席した三七名の大部分は総裁系・旧政友系・床次系であり、久原系は一名（伊藤仁太郎）であった。このような意思表示が政友会の国体明徴運動に懐疑的であったジャーナリズムの援護を受けていたことは見逃せない。『東京朝日新聞』の社説は、政友会の動向を次のように評価している。

最近同党内においても、倒閣に手段を選ばざる陋劣さを嫌ふ一部有志の間に、神聖且悠久なるべき明徴問題の政争利用に反対する気勢が濃化しつゝあるのも正論の傾向、国民衷情の帰趨に即応せるものであつて、党全体の方向がこれによつて風靡されたならば一層対議会態度の純化に役立ち、政界の明朗化に貢献するに至るであらう(46)。

政友会における久原の倒閣策動に否定的な意見は、原田熊雄が収集した同党の情報からも確認できる。旧政友系の長老である前田米蔵は「久原には実際の力は少しもない。新聞だのなにかで寧ろ非常に過大に見てゐるやうだ。たゞ困ることは、やはりなんとかかんとかいっても、外の者よりもいくらか金がたくさん出来るから、盆とか暮とかにはやっぱり久原の所に行く奴が多くなる。しかし実際の政治的の勢力といふものはほとんどない」と語っているし、総裁系の松野幹事長も「政友会内の久原の勢力といふものは実際大したものでない」と述べている。(47)

一九三六年一月、衆議院の休会明け劈頭の解散が確実な情勢になると、政友会の院内外総務会は総括的不信任案と「国体明徴問題一本槍」の不信任案ないし国体明徴弾劾上奏案のどちらを提出するかについて討議を始める。総括的不信任案は内閣の失政の一環として天皇機関説排撃の不徹底を追及するものであり、弾劾上奏案は機関説問題に焦点を合わせて内閣の弾劾を天皇に対して奏聞するものである。弾劾上奏案が前述した無解散倒閣を誘発する可能性を秘めていたことはいうまでもない。一五日、一八日に院内外総務会の議論は平行線をたどったが、結局、一九日に総括的不信任案を満場一致で決定する。(48) 弾劾上奏案の提出を主張する強硬派は、国体明徴運動の政争利用に反対する大勢に屈服したのである。二一日、衆議院に提出された政友会の内閣不信任案は、①「天皇機関説排撃の問題」への取り組み、②国防および産業の「無経綸無国策」、③政党（政友会）に立脚しない政権のあり方、いわゆる「擬装的挙国一致」に対する批判から構成されるものであった。(49)

政友会が不信任案を提出した一月二一日、内閣はその上程を阻止して衆議院を解散する。しかし、このときの議事は「政友会の妨害もなく〔中略〕比較的無事に」(50)進行した。政友会は、久原系の弾劾上奏案を採用しなかった時点で、総括的不信任案の上程阻止、衆議院の解散を覚悟していたといえる。このような政友会の姿勢を受ける形で、内閣は解散を決断したのである。(51)

二月二〇日に実施された第一九回総選挙は、与党陣営の過半数獲得、政友会の激減という結果に終わった。(52) ここで、選挙結果に対する新聞の論評をみてみよう。『東京朝日新聞』の社説は、「所謂美濃部問題以来政友会のとつた国体明徴戦術はその動機に何等か不純なものを連想せしめ反感をのみ挑発してゐたことは所謂明徴派前代議士の多くが落選してゐる事実よりしても想像できよう」と評価している。(53) また、『読売新聞』は「政友会の前代議〔士〕にして自ら議会の信用を覆すが如き言動のあつた者も多くボイコットされた事実」を指摘している。(54) 政友会の激減ぶりに鑑みれば、同党の「明徴派」だけがとりわけ不振であったという各紙の批評を鵜呑みにすることはできないだろう。試みに、政友会の国体明徴問題に関する実行委員一五名の当落を確認してみると、当選一一名、落選四名だった。(55) むしろ各紙の批評において重要なのは、政友会の低調の理由は国民が同党の国体明徴運動に反感を覚えたことに求められるという、因果関係の説明の仕方である。ジャーナリズムは、政友会の国体明徴運動を倒閣の手段であったと総括したのだった。

総選挙から数日ののち、二・二六事件が発生する。この結果、岡田内閣は倒壊し、広田弘毅内閣が成立した。政友会は、民政党とともに閣僚二名を送り込むことで与党化に成功する。広田内閣期において、政友会から政府批判の形をとる天皇機関説排撃が要求されることはなかった。政友会が国体明徴運動において高唱した「憲政済美」は、それが同党の政権参加を含意すると理解すれば、機関説排撃とは関係のない文脈で実現したといえるだろう。

おわりに

政友会の国体明徴運動は、国体に関する決議の論理を唱導することで国民の支持を調達し、「既成政党排撃」論に対抗する試みであった。もっとも、実態は単純ではない。政友会の大部分は、決議以来の国体明徴運動の論理を文言の枠内で解釈し、岡田内閣と妥協することで政権への展望を開こうとしていた。これに対して久原系は、運動の論理を「重臣ブロック排撃」論に変換し、内閣を打倒することで政権への復帰を果たそうとしていた。二派の対立が表面化するなかで、前者は後者の抑制に努めることになる。

このような政友会の動向は、「政党の自殺行為」といった国体明徴運動の政争利用批判に対する自覚によって規定を受けていた。ジャーナリズムは国体明徴運動と国民意識の親和性を確認する一方、岡田内閣の天皇機関説排撃の不徹底をことさら追及する政友会に疑いの視線を向けた。ジャーナリズムが政友会の国体明徴運動を倒閣策動と断定すれば、同党は運動の論理の説得力を失ってしまう。このような疑いを払拭するために、政友会は「四大指導方針」策定や衆議院解散の局面で久原らの要求に消極的な態度をとった。

先行研究の議論に即していえば、確かに政友会は「国体明徴」と「憲政常道」を理論のうえでは両立させていた。しかし、国民の支持を前提とする「憲政常道」とこれに逆行する可能性をはらむ久原らの「国体明徴」は矛盾せざるをえない。政友会は、久原らの倒閣策動を阻止し国体明徴運動の正当性を確保することで、現実に「国体明徴」と「憲政常道」を両立させるという命題の解決を模索していたのである。この脈絡において、「政党の自殺行為」というレトリックを政友会の国体明徴運動に対する評価として無条件に援用することは適切ではない。

このように、政友会の国体明徴運動に向けられた同時代の批判を照射した結果、民意の所在を知るためにジャーナリズムの論調を意識する政友会像を映し出すことができる。それは、国民から選出されることを権力の源泉とする政党が政権の再度掌握に国民の支持を必要不可欠としていたからにほかならない。

ここで重視すべきは、ジャーナリズムが政治集団を規定する時代のモードとして存在していたことである。もちろん、その根底にはジャーナリズムによって措定された民意が真に国民の意思と等号で結ばれていたか否かという問題がある。このような視角は、一九三〇年代の政治史を政治集団間の競合では捉えきれないものとして再構成するのに有効であると思料される。

註

(1) 国体明徴運動の経過を体系的に再現した史料集として、宮沢俊義『天皇機関説事件―史料は語る―(上)(下)』(有斐閣、一九七〇年)がある。また、国体明徴声明の作成過程を分析した研究に、滝口剛「岡田内閣と国体明徴声明―軍部との関係を中心に―」(『阪大法学』第四〇巻第一号、一九九〇年)がある。
(2) その代表的な研究として、粟屋憲太郎『昭和の政党』(小学館、一九八八年、初出一九八三年)、江口圭一『二つの大戦』(小学館、一九八九年)がある。
(3) 阿部真之助「美濃部問題と岡田内閣」(『改造』一九三五年五月号)二八五頁。
(4) 松尾尊兊「美濃部達吉」(『大正デモクラシーの群像』岩波書店、一九九〇年、初出一九六〇年)一八三頁。
(5) 坂野潤治「挙国一致内閣期の体制構想―立憲独裁・協力内閣・憲政常道―」(『近代日本の国家構想―一八七一―一九三六―』岩波書店、一九九六年、第四章第二節、初出一九八五年)。
(6) 衆議院・参議院編『議会制度百年史　院内会派編　衆議院の部』(大蔵省印刷局、一九九〇年)によれば、第六七回帝国議会召集日(一九三四年一二月二四日)の各会派所属議員数は次のとおり。政友会二六三、民政党一一八、国民同盟三一、第一控室二五、無所属二、欠員二七、計四六六。政友会は岡田内閣組閣の際、入閣を拒絶して野党化していたが、過半数を擁していた。岡田内閣の与党を構成したのは、民政党と第一控室の政友会を脱党したグループであった。
(7) 『東京朝日新聞』一九三五年三月二〇日付。
(8) 『東京朝日新聞』一九三五年三月二三日付夕刊。
(9) 「立憲民政党々報」(『民政』第九巻第四号、一九三五年四月一日)一一〇頁。
(10) 『東京朝日新聞』一九三五年三月二四日付夕刊。
(11) 『東京朝日新聞』一九三五年三月二四日付。
(12) 「官報号外　昭和十年三月二十四日　第六十七回帝国議会衆議院議事速記録第三十号」(『帝国議会衆議院議事速記録』六

五、東京大学出版会、一九八四年）。
(13)「立憲政友会臨時大会」「政友東北大会」（『政友』第四二二号、一九三五年九月一日）四九〜五六頁。
(14)「立憲政友会議員総会」（『政友』第四一七号、一九三五年四月一日）五〇〜五一頁。
(15) 前掲「立憲政友会議員総会」五一頁。
(16)「国体明徴解決に邁進」（『政友』第四二一号、一九三五年八月一日）三五頁、鈴木喜三郎「我党の主張政策」（前掲『政友』第四二二号）二頁。
(17) この事実関係については、須崎慎一『日本ファシズムとその時代』（大月書店、一九九八年）参照。
(18) 鈴木喜三郎「我党の主張と態度」（『政友』第四〇二号、一九三四年二月一日）三頁。
(19) 松野鶴平「八月十五日大阪に開会の臨時大会に於ける挨拶」（前掲『政友』第四二二号）八〜九頁。
(20)『東京朝日新聞』一九三五年九月三日、一〇月一七日付によれば、改選前後の各派の議席数は次のとおり（前→後）。政友会六四四→六五八、民政党七〇七→六一九、国民同盟五〇→三一、無産政党一二→三二、中立（無所属）七〇→一五三、その他（諸派）二〇→三二、計一五〇三→計一五二五。
(21) 松野鶴平「政府は大覚一番せよ」（『政友』第四二四号、一九三五年一一月一日）一頁。
(22)「昭和十年三月五日現在　反美濃部運動ノ概況」「自昭和十年六月上旬至昭和十年七月下旬　所謂機関説反対運動ノ概況（其一四）」「自昭和十年八月上旬至昭和十年八月下旬　所謂機関説反対運動ノ概況（其一五）」（国立国会図書館憲政資料室所蔵「斎藤実関係文書」リール一九六、一九七）。なお、「昭和十年三月五日現在」の分類には唐沢俊樹警保局長から斎藤実前首相に宛てられた封筒が含まれている。このことから、これらの書類は内務省警保局によって作成されたものであると推測できる。
(23) 以上、「国体明徴声明」「政友代表と首相の会見」（『政友』第四一九号、一九三五年六月一日）四七〜四九頁、「立憲民政党々報」（『民政』第九巻第六号、一九三五年六月一日）一〇三頁。
(24)「地方選挙の戦跡を顧みる」（『民政』第九巻第一一号、一九三五年一一月一日）二、六〜七頁。
(25) この時期の新聞については、佐々木隆『日本の近代一四　メディアと権力』（中央公論新社、一九九九年）参照。
(26)「決議案と政友の態度」（『東京朝日新聞』一九三五年三月二三日付）。

(27) 「国民の声」(『東京日日新聞』一九三五年八月四日付)、「国体明徴の弁」「政友会の態度」(『読売新聞』同日付)。「国体明徴の声明」(『東京朝日新聞』同日付)は、前掲の同紙社説を踏襲した論陣を張っている。
(28) 久原の「重臣ブロック排撃」論が形成された経緯については、柴田紳一「「重臣ブロック排撃論者」としての久原房之助」(『国学院大学日本文化研究所紀要』第八三輯、一九九九年)参照。
(29) 『東京朝日新聞』一九三五年六月九日付。
(30) 『東京朝日新聞』一九三五年六月一二日付夕刊。
(31) 以上、「立憲政友会々報」「政友会の新指導方針」(『政友』第四二〇号、一九三五年七月一日)五〇~五一、六二頁。
(32) 「立憲政友会々報」(前掲『政友』第四二〇号)五三頁。
(33) 「国体明徴運動の其後　政友委員と首相の会見」(前掲『政友』第四二二号)五六~五八頁。
(34) 山川均「『重臣ブロック排撃』論」(『改造』一九三五年八月号)一三頁。ただし、山川は「久原派を除いては党内ことごとく反対だといはれる重臣排撃運動がともかく政友会を引きづってゐること」に「久原派の勢力の侮りがたいこと」も認めている。
(35) 戸坂潤「国体明徴運動の現在」(『日本評論』一九三五年一〇月号)三九~四〇頁。
(36) 原田熊雄『西園寺公と政局』第四巻(岩波書店、一九五一年)三〇七頁。岡田は、声明の趣旨の実行が枢相や法制局長官の人事問題に発展することはないと言明している(『東京朝日新聞』一九三五年八月四日付夕刊)。なお、国体明徴連盟は「陸海軍在郷将校を以て組織する恢弘会、大洋会、有終会、洋々会、大日本国防義会」が連合した団体である(内務省警保局編『社会運動の状況　七　昭和十年』三一書房、一九七二年、復刻版、四一〇頁)。
(37) 大口喜六「機関説問題と私の信念」(前掲『政友』第四二二号)一二六頁。
(38) 「松田文相との会見」(前掲『政友』第四二一号)二四~二五頁。
(39) この問題については、奥健太郎「犬養総裁時代における政友会の党内派閥—鈴木派を中心に—」(『昭和戦前期立憲政友会の研究—党内派閥の分析を中心に』慶應義塾大学出版会、二〇〇四年、第二章、初出一九九八年)参照。
(40) 「政友会議員の系統調」(『民政』第九巻第二号、一九三五年二月一日)八七~九〇頁。なお、民政党の機関誌に政友会の派閥リストが掲載されたことは興味深い。このことは、政友会の派閥が挙党一致の建前から公然と発表できるものではなかったことを例示しているといえよう。
(41)『東京朝日新聞』一九三五年一二月二八日付夕刊。
(42)前掲『西園寺公と政局』第四巻三九五〜三九六頁。日付の「十二日」は前後の文脈から「二十日」の誤りであると推測される。
(43)本庄繁『本庄日記』(原書房、一九六七年)二三二頁。
(44)木戸日記研究会編『木戸幸一日記』上巻(東京大学出版会、一九六六年)四四九頁。
(45)『東京朝日新聞』一九三五年一二月二八日付。
(46)「政友会の政策と対議会態度」(『東京朝日新聞』一九三五年一二月二三日付)。
(47)前掲『西園寺公と政局』第四巻四〇四、四〇五頁。それぞれ一九三六年一月六日、七日条。犬養健(総裁系)と内田鉄相も同じ趣旨の発言をしている(三九六〜三九七、四〇三頁)。
(48)「立憲政友会々報」(『政友』第四二七号、一九三六年二月一日)四五〜四七頁。
(49)「第六十八回帝国議会報告書」(前掲『政友』第四二七号)八〜九頁。
(50)前掲『西園寺公と政局』第四巻四一〇〜四一一頁。引用は原田の感想。
(51)衆議院解散の要因としては、前年一二月下旬に内閣と軍部が金森法制局長官の辞任で合意したことも挙げられる(『東京朝日新聞』一九三六年一月九日付)。この問題に関連して、滝口前掲論文は国体明徴運動において「軍中央」が「内閣との協調の意思」をもっていたことを指摘している。
(52)前掲『議会制度百年史　院内会派編　衆議院の部』によれば、解散前後の各会派所属議員数は次のとおり(前→後)。政友会二四二→一七四、民政党一二七→二〇五、昭和会二四→二〇、国民同盟二〇→一五、その他一四→五二、欠員三九→〇、計四六六。
(53)「総選挙の結果を顧みて」(『東京朝日新聞』一九三六年二月二三日付)。
(54)「政界の新動脈を探る　三」(『読売新聞』一九三六年二月二六日付)。
(55)『衆議院議員選挙の実績』(公明選挙連盟、一九六七年)によれば、当選は山本・宮古・牧野(賤)・菅原・東・猪野毛・牧野(良)・宮沢・西村・河上・清瀬の一一名。落選は竹内・中谷・清水・原口の四名。

第二章　選挙粛正運動の構造

はじめに

一九三二年、政党内閣の崩壊を受けて成立した「挙国一致」内閣は、政界の宿弊を除き去り浄化を図ることを「立憲政治」を更新するための重要使命とした。(1)その具体策が衆議院議員選挙法と府県制の改正であり、選挙粛正運動であった。選挙粛正運動は一九三五年の府県会選挙を第一次、翌年の第一九回総選挙を第二次として実施された。この運動の原動力は中央では教化団体によって結成された選挙粛正中央連盟であり、地方では勅令によって設置された選挙粛正委員会であった。

選挙粛正運動について、従来の研究は官僚が不正の取締りを装い政友会と民政党（既成政党）の地盤を解体したキャンペーンとして評価してきた。(2)このような評価に対して、近年の研究は官僚の政治的意図が成功したのか、あるいは、そもそも政治的意図なるものが存在したのかという観点から修正を迫っている。(3)

こうした従来の評価への修正を踏まえつつ、本章は選挙粛正運動における政党の動向に注目したい。ここで重要なのは、政党が選挙粛正運動を推進する立場にあったことである。それは、衆議院議員選挙法の改正にあたって政友会が選挙粛正委員会を立案したこと、選挙粛正運動の実施に際して政民両党が運動の「選挙粛正」というスローガンを提唱したことに示されている。

政友会による選挙粛正委員会の立案については、先行研究も触れるところではあるが、政友会の構想が明らかにされているとまではいえない。従来の研究では、政友会は官僚が選挙粛正委員会を介して政党支部の幹部を統制する可能性を察知していなかったとされる。(4) この指摘は、政党にとって支部を軸に構成される地盤が不可欠な政治資源であることから、説得力に乏しい。

また、近年の研究では、選挙粛正運動の実施と同時期に野党化していた政友会は、委員会が選挙への監視機能を発揮することを期待していたとされる。(5) この指摘は、選挙粛正運動が実施された時期においては妥当であるが、選挙粛正委員会が立案された時期にまで遡及して適用することはできないものである。選挙粛正委員会が立案されたとき、政友会は与党の一翼を担っていた。

政民両党による「選挙粛正」の提唱について興味深いのは、両党の選挙戦におけるいわば勝利が、同時代的に選挙粛正運動の成果として認識されなかったことである。一九三五年の府県会選挙、翌年の第一九回総選挙において政民両党は改選議席の大部分を占めた。にもかかわらず一九三六年以降も運動が継続されたということは、彼らの勝利が運動の成果として認識されなかったということを意味する。

では、政友会は選挙粛正委員会をどのようなものとして構想したのだろうか。さらに、なぜ選挙粛正運動の成果が認識されないまま、運動は継続されたのだろうか。この問いは、「挙国一致」内閣期において政党が選挙という党勢に直結する問題に向き合ったプロセスを確認することにつながるだろう。以上のような観点から、本章は政友会を中心として選挙粛正運動の構造を再検討するものである。

一　選挙粛正委員会の位置

選挙法を改正することで政党政治の弊害を是正するという課題は、政党内閣においても共有されていた。一九三〇年、民政党の浜口雄幸内閣のもとで選挙革正審議会が開催された[6]。この審議会は、内閣総理大臣の「衆議院議員選挙革正に関する方案如何」という諮問に対して、「第一　投票買収防止に関する件」「第二　選挙運動費用の減少に関する件」「第三　選挙干渉防止に関する件」「第四　其の他の制度改正に関する件」「第五　立憲思想の涵養に関する件」にわたる答申をまとめた[7]。しかし政変のために、この答申が選挙法の改正案として具体化されることはなかった。選挙法改正という課題は、政友会の犬養毅内閣に引き継がれることになった。

一九三二年四月三〇日、政友会は犬養首相（同党総裁）の指示を受けて岡田忠彦を委員長とする選挙法改正特別委員会を設置した[8]。五・一五事件を挟んで七月二〇日、特別委員会の小委員会は牧野良三と木村正義が起草した原案を議決した。

この「選挙法改正案要綱」は、「第一、選挙運動の統制」（「其一、選挙の公営」「其二、選挙の期間短縮」）「第二、選挙区制」「第三、選挙方法」から構成されるものであった[9]。「第一」の「其一、選挙の公営」のなかには、「各選挙区に選挙革正委員会を設けて選挙の革正を期すること」という項目がある。政友会の田子一民は、「委員制の提唱と立案とは木村正義君であり、之を〔特別委員会〕委員長として成立させたのが岡田忠彦君であ」ったと述べている[10]。

それでは、木村は選挙革正委員会をどのようなものとして構想したのだろうか。選挙制度問題について、彼は政友会の選挙法改正特別委員会の委員に就任した頃から論考を発表し、帝国議会の審議に参加するなど、政友会を代表する論客となっていった。その意味で、木村の発言は重要であると思われる。彼は、選挙革正委員会の「設置の理由」を次のように説明する。

　選挙革正の実を挙ぐるためには、〔中略〕各選挙区における政党政派の幹部又は官憲等をして、従来の弊風を一掃して、選挙革正のため協力せしむるを得ば、その効果極めて大なるものありと信ずる。即ち選挙に於ける不法又は不正行為は、慣行として永き情勢により行はれ居るものなるを以て、これを厳罰主義を以て取締るのみにては、目的を達成し難く、寧ろこれ等幹部に、選挙革正の為めの重要なる地位と責任とを与へ、その自制自覚に基きて、従来の悪慣行を自ら抛擲せしむるは、極めて賢明の策なりと信ずる。しかして、今や輿論は党弊の打破を叫び、また政党としては、我が健全なる議会政治確立のため、更生の実を挙ぐべき秋なるをもつて〔ママ〕、選挙粛正委員の設置は我が選挙界粛正のため、相当の効果を齎すべきものと信ずる。[11]

　このように木村は、地方の政党幹部が政党と官憲の「協力」の場としての委員会に加わることで、政党が官憲による取締りの目的語から「選挙革正」の主語に転身することを主張しているのである。

　政友会の成案は、「組織」を「各選挙区毎に選挙委員会を設くること。各政党の幹部、官公吏、有力家等、なるべく多数を委員とすること。選挙委員の任期は二年とし、但し再任を妨げざること」とし、「職務」を「（イ）平素に於ては、政治教育の普及に努むること。（ロ）選挙に際しては選挙粛正のため、一切の協議申合せをなすこと。（ハ）選挙公営その他選挙に関する重要なる事項につき協議をなすこと。（ニ）選挙委員は、選挙違反の事実ありと認むるとき、取締当局に申告するを得ること。（ホ）選挙委員の選挙違反は厳罰にすること」とするものであった。[12]

　前述した選挙革正審議会の答申「第五　立憲思想の涵養に関する件」のなかでは、「政治教育調査会」や「社会教育」の視点に立った「選挙革正を主眼とする有力なる民間教化団体」の設立が提案されていた。[13] こうした「立憲思想の涵養」のための国民に対する「教育」という発想は、政友会による選挙粛正委員会の成案にも受け継がれている。しかし、ここで確認しておきたいのは、選挙粛正委員会が国民向けの「教育」ばかりでなく、選挙自体の運営にあたって重要な役割を担うことを想定されていることである。

この成案を一九三二年七月に政友会は法制審議会に提出した。法制審議会は、政官学界の代表者から構成される内閣総理大臣の諮問機関であった。斎藤実首相は、法制審議会に「選挙の自由公正を図らんが為、衆議院議員選挙法中選挙の方法、選挙運動の取締、罰則等に付改正の要ありと認める。其の要綱如何」と、衆議院議員選挙法の改正を諮問していた。同年一一月、法制審議会は、「第一　投票買収防止に関する事項」「第二　選挙運動費用の減少に関する事項」「第三　選挙干渉防止に関する事項」「第四　其の他の制度改正に関する事項」について、中間報告を首相に答申する。選挙粛正委員会は「第四」に「選挙委員会の制を設くること」として盛り込まれ、その詳細は「別紙」において政友会の成案を整備する形で定められた(14)。

この答申について、政友会を代表して法制審議会に参加した岡田は、「所謂選挙公営並に選挙粛正委員会の設置は、〔中略〕政友会側委員より提案し〔中略〕たものであつて、此の二案殊に所謂公営案の如きは我党の独創にかゝり世界にも類例なく政府にも腹案なきものであった」と回想している(15)。選挙公営とは、各候補者の選挙運動を制限して、演説会場の提供、政見発表文書の印刷と配布を公営とする制度である(16)。法制審議会の答申には、「第二　選挙運動費用の減少に関する事項」の「一、選挙運動は、公営を以て原則とすること」として盛り込まれた(17)。

これまでの研究は、選挙公営が官僚ではなく政党から唱えられたことについて、既成政党が「罰則強化等を除いて選挙の官僚管理を積極的に受け入れ、その交換として政党の地位保全と公認を求めるようになった」と評価している(18)。もちろん、政党内閣の崩壊によって政党が政権から遠ざかったことに鑑みれば、政党はその「地位保全」や「公認」

を必要としていただろう。しかし、政党が官僚に管理される形での「地位保全」や「公認」をあえて選択するだろうか。ここで、岡田において選挙公営と並立された選挙粛正委員会の存在が重要であるように思われる。

法制審議会の席上、岡田は「現在は自由に演説をして居るものを之を突然止める、制限すると云ふことは一面に是迄の慣行上又運動する人の頭の上にいけぬと云ふならば、〔中略〕革正委員会、私の主張して居る委員会あたりへ能く相談せられ〔中略〕たら宜いだらう」と、選挙公営と選挙粛正委員会の係わりを説明している。[19] このように、岡田において選挙公営の制度化は、官僚が選挙に際して政党を管理するものではなかった。むしろ、それは政党が選挙粛正委員会を介する形で、選挙の運営に参画しようとするものだったのである。

その選挙粛正委員会について、法制審議会は「賛否相半ばし〔中略〕結局一票の多数で〔中略〕可決」した。[20] 潮恵之輔内務次官は「何れかといへば気乗薄」で、斎藤隆夫内務政務次官（民政党）は「真向から反対の態度」であった。[21] では、このような審議会における温度差の原因は、どこに求められるのだろうか。

法制審議会の主査委員会で、潮は「職務権限のことでありますが、〔中略〕「選挙粛正の為め一切の」と云ふと、総て入るやうでありますが、少し具体的に我々が了承出来るやうに御示し願ひたい」、また「一般に委員会とか団体とかを作ります時に、多数党が何名で少数党の方は何名と云ふことが事実問題として起る」と質問し、選挙委員会の権限と構成を問題にした。[22]

潮の懸念は、選挙委員会が職務を理由に内務省の政策立案に介入する存在となることと、政党が選挙委員会に党派性を持ち込むことにあった。このように、内務官僚は政友会が構想した選挙粛正委員会に対して警戒感をもっていたのである。政党内閣の崩壊以降、政党からの自立を期していた内務官僚としては、[23] 設置されれば内務省が管轄することになる選挙委員会で政党に注文を付けられることや、政党間の対立に巻き込まれることは避けたかっただろう。

これに対して岡田は、選挙委員会の権限については、「事務的の仕事を為し、又平素の公民教育と云ふやうなことは大抵目標が決まつて居るから事情に依つて適当にすれば宜しい」、「概括的に〔中略〕決めて置きまして、後は自然委員会の協議に依つて仕事をして行く方が宜からう」と、明確な回答を避けている。また、選挙委員会の構成については、「政党の幹部、是は政党の勢力に比率的にしないで宜からうと思ひます、政友民政略々誰々と云ふやうにすれば宜いと思ひます」、つまり政党の代表者を柔軟に選定すればよいと回答している。(24)

ここには、行政への浸透圧を高める政党とその抑制に努める内務省という図式が見出される。周知のように政党内閣期の政党は、内務大臣に自党の有力者を、内務省の幹部に自党系の官僚を配置することで、内務行政を掌握していた。しかし、こうした政党の影響力を政党内閣の崩壊は大きく後退させることになった。このような状況のなかで、政友会は政権の回復を期しつつ、選挙という政党の死活問題をめぐる政策過程に影響力の確保を試みたといえるだろう。そのことを端的に示しているのが、岡田の「〔選挙委員会は、〕例へば選挙法改正に付て〔中略〕意見をば申告する、知事はそれを内務大臣に申告して法律の改正を行ふと云ふやうなことが出来ると思ひます」という発言である。(25)

一方、法制審議会の総会で、斎藤は「知事が会長になつて地方の官吏や政党員を集めて〔中略〕それで選挙界の廓清を図ると云ふことは飛んでもない間違ひである」、「地方長官は〔中略〕選挙などと云ふことは実は分るものではない」と主張し、地方長官が選挙委員会で主導権を握ることを問題にした。(26)

斎藤は内務政務次官であったが、一九三二年七月に民政党の選挙法改正特別委員会の委員長に就任しているように、(27)同党における選挙制度問題の責任者でもあった。この彼の発言は、内務省の立場というより民政党の立場を代弁したものとみるほうが妥当だろう。選挙委員会批判の前提が、地方長官〔内務官僚〕批判にあるからである。そもそも斎藤は、選挙公営を「官公吏をして選挙運動の世話を為さしめて、選挙運動を全く杓子定規となし、選挙界の自由競争を抑圧して国民の政治的意気を銷沈せしめ」るものと捉え、「凡そ近頃の政治界に此程インチキなることはない」と切り捨てる。(28)前述した選挙公営と選挙粛正委員会の関係は、斎藤が委員会の導入に反対するのに十分な理由となっていただろう。

また、斎藤につづいて、同じ民政党の松田正一は「選挙委員会の制度を設けると云ふことは〔中略〕斎藤君と同一意見斯う云ふものは役に立たぬ、却て弊害を生じ、選挙干渉の機を与へるやうなことになつて来るのでありまして、非常な弊害を生じます」と述べている。(29)松田は斎藤の発言を敷衍して、選挙委員会が官憲の選挙干渉を助長すると主張しているのである。

ここから、木村と斎藤の選挙粛正委員会、ひいては選挙に対する認識の差が読みとれる。木村は選挙を政党と官憲の「協力」の場であるべきとしたのに対し、斎藤は政党が「自由競争」する場、官憲の「世話」が排除される場であるべきとした。このような差は政民連携運動(30)にも影を落としていた。木村は、「選挙粛正は、決して、政府に一任して置くべき問題ではない。〔中略〕政党の聯携などが問題になるならば、この問題こそは第一に協議せらるべきものであつたらう」と述懐している。(31)斎藤内閣期において、政民両党は政策協定を模索していたが、結局、協定は「米穀対策」と「思想教育問題」の二点を優先することになった。(32)

こうした選挙法制に関する政民両党の政策対立が、与党による野党への選挙干渉という問題に還元されないことは、注意を要する。政党内閣期において、内務省を掌握した与党が野党に対して選挙干渉を行ったか否かは、しばしば政治的な争点になった。しかし、この時期の政民両党は、ともに斎藤「挙国一致」内閣の与党であった。したがって、彼らは選挙法制の利害を単に与党対野党という枠組みで判断しないはずである。

このようにみてくると、内務官僚の自立化に遭遇していた政民両党は、委員会において政党が「選挙粛正」の主体と客体のいずれになるかという論点を創出することによって、両党の差異化を図ったといえる。ここで重要なのは、政党人のあいだに選挙粛正委員会を介する形で、行政の政策過程に浸透するという方向性が表れていることである。

このような方向性については異論もあった。選挙粛正委員会を政策化した政友会の選挙法改正特別委員会でさえ、「粛正委員会を作つて、自縄自縛の必要はない」、「候補者は粛正委員に頭を抑へられ、掣肘を受ける」といった意見が出されていた(33)。また、民政党では斎藤や松田らによって選挙粛正委員会への反対論が唱えられていた。民政党の反対論が内務官僚批判の形を採ったことは見逃せない。このことから、選挙粛正運動が開始された岡田啓介内閣期において、民政党と新官僚の連合が成立したとする先行研究の指摘(34)には、留保を付す余地があるように思われる。

前述したように、選挙粛正委員会は辛うじて法制審議会の答申に採用された。しかし、斎藤内閣が第六四・六五回帝国議会に提出した衆議院議員選挙法中改正法律案(35)は、選挙粛正委員会の規程を除外するものであった。斎藤内閣は、勅令の選挙粛正委員会令によって同委員会を法制化する方針だった。選挙粛正委員会が選挙法に組み込まれれば、政友会は選挙法を改正することで委員会の権限強化を試みるかもしれない。そこで、選挙粛正委員会に消極的な内務省と民政党が中心となって、法律化ではない勅令化を内閣の方針としたと思われる。

衆議院の委員会において、斎藤隆夫は「吾々の見る所に依りますと、大体粛正委員会は、政治教育ばかりやりたい〔中略〕と云ふ趣旨で、選挙粛正委員会を拵へることになって居りまするからして、是は法律に於て規定すべきものでないと云ふ考を有って居るのであります」と説明した(36)。ここには、選挙粛正委員会の骨抜きを図る内務省と民政党の姿勢が示されている。

内閣が選挙粛正委員会を勅令化したために、同委員会は法制審議会答申の「別紙」の権限を一部付与されなかった。例えば、「選挙粛正委員選挙に関し不正行為ありたることを覚知したるときは、之を当局官憲に告発することを要す(37)」

という権限である。これに対して、木村は「勅令とせられまする結果、〔選挙粛正委員会は〕単なる一つの諮問機関となってしまったと言はなければならぬ」と反論した(38)。もっとも、選挙粛正委員会の勅令化は、木村が「私共は非常に其点を遺憾に思ひます、併し是は別に議論を致しましても致方がありませぬ」と述べているように(39)、政友会と政府の対立点にならなかった。むしろ妥協点であったといえよう。

一九三四年六月二二日、衆議院議員選挙法が改正、公布された。選挙粛正委員会令は翌年五月七日、岡田内閣のもとで公布された(40)。表1は、七月の時点における選挙粛正委員会の構成である。

表1　選挙粛正委員会の構成

	分　　類	人数（1府県平均）
民　間	政　治　家	301(7.0)
	実　業　家	148(3.4)
	教　育　家	29(0.7)
	諸団体の幹部	102(2.4)
	宗　教　家	31(0.7)
	社会事業家	35(0.8)
	新聞社代表	97(2.3)
	其の他学識経験者	84(2.0)
官　公　吏	官　　吏	268(6.2)
	待遇官吏	39(0.9)
	市町村吏員	141(3.3)
	計	1,275(29.7)

註　(1)内務省地方局「各府県選挙粛正委員会調（昭和10，7，18迄の報告）」（『内外調査資料』第7年第9輯，1935年）76～78頁より作成.
(2)北海道・東京府・神奈川県・沖縄県が未報告.
(3)分類は，1935年6月7日付の「地発甲第一号　選挙粛正委員会ニ関スル通牒」（東京市政調査会所蔵「昭和十年度に於ける選挙粛正運動の概況」内務省地方局，1936年）が指定したもの.

以上のように政党内閣の崩壊前後、選挙法の改正が政治課題となると、政友会は選挙粛正委員会を介する形で、行政の政策過程に浸透することを試みた。政友会は、選挙という政党の死活問題をめぐる政策過程に政党が影響力を確保するための装置として、選挙粛正委員会を構想したのである。このような構想への政党の対応は分かれた。内務官僚の自立化という状況のもと、政民両党は委員会において政党が「選挙粛正」の主体となるか、客体となるかをめぐって対立したのである。このことを前提として、内務省は政党が政策過程に介入することを、民政党は官憲が選挙に干渉することを警戒する立場から、政友会が構想した選挙粛正委員会に反対したといえる。

二　「選挙粛正」をめぐる政党とジャーナリズム

第一次選挙粛正運動は、一九三五年秋、任期満了にともなう二府三七県の府県会選挙に向けて実施された。政民両党は、選挙粛正委員会を設けることについては異なる立場だったが、「選挙粛正」というスローガンを唱えることについては同じ立場だった。

まず、政友会の鈴木喜三郎総裁は、機関誌の巻頭言で「粛正委員会の着眼すべきは、主として投票買収と選挙干渉の二大項目である」、「この際大に選挙界を浄化して、政界更新に一大貢献をしたい」と述べている。また、民政党の町田忠治総裁は、八月七日に開かれた政策講習会で「政党としては〔中略〕真に国政を担当するに足る内容と外観とを供へなければなりません」、「先づ第一には憲政運用の中軸をなす選挙の粛正であります」と語っている(41)。このように政民両党は、「粛正」選挙によって政党内閣復活の正当性が担保されると認識していたのである。

もちろん、岡田内閣期に与野党に分かれた政民両党において、自党の勢力拡大は至上命題であっただろう。しかし、その一方で、彼らが政党内閣崩壊前後に台頭した「既成政党排撃」(42)論に直面していたことを忘れてはならない。「既成政党排撃」論が喧伝されるという条件のもと、政民両党は、選挙粛正運動をとおして、既成政党の存在価値を再確認しなければならなかったのである。

そのことは、政民両党幹部が府県会選挙の結果に寄せたコメントに表れている。選挙結果は、既成政党の健在ぶりを示すものであった(43)。政友会の松野鶴平幹事長、民政党の川崎卓吉幹事長はそれぞれ、「国民の投票は政党に対する渝らざる信用を実証した」、「注目すべき事は二大政党が獲得した議員の総数だ」と胸を張っている。[44]

ここで、この時期の代表的な三紙『東京朝日新聞』『東京日日新聞』『読売新聞』（それぞれ『東朝』『東日』『読売』と略）の論調に注目したい。[45] 岡田内閣の内相であった後藤文夫は、「選挙粛正運動には、当時の新聞界が非常な共鳴をして〔中略〕粛正の機運を鼓吹したものでありました」と回想している。[46] ここからは、選挙粛正運動をめぐる議論が新聞紙上を賑わしたことが想像される。しかし、これだけが新聞の論調を取り上げる理由ではない。政党内閣の崩壊を経験した政党は、民意の所在を知るためにジャーナリズムの論調を意識していた。なぜなら、政党は彼らが民意の代表であることをあらためて証明してはじめて、政党内閣の復活を正当化できるからである。[47] その意味において、新聞の選挙粛正運動に対する論調は重要なのである。

府県会選挙の結果に対して、『東朝』は「この政戦の跡を顧みて注目すべき〔中略〕最も重要なるもの」として、「独裁主義的風潮が民心を動揺せしむるに足らず、議会主義が全面的に国民の支持を受けたといふ点」を挙げ、「粛正選挙の本質的傾向が、立憲政治擁護に存したことも与つて力があつた」と評する。また、『東日』は選挙運動員の人数制限と不正行為に対する「厳罰主義」により「選挙運動そのものが面目を一新した」と、『読売』も「効果を疑われた粛正運動も、予想外に成績よ（が）」かったと認める。[48] このようにジャーナリズムは、選挙粛正運動を総じて評価しているのである。

しかし、ジャーナリズムは国民の政党に対する信頼回復を保証したわけではなかった。先に引いた『東朝』の社説は、次のようにつづける。

政民両党が壟断的に政界を二分するが如き優勢を保ち得たのは、何も両派に対する全幅の国民的信頼に基づくものではない。〔中略〕吾人は、政友民政の大捷が、政党の質に対する信頼よりも、地盤の伝統的情勢に倚るもの多しと観測するが故に、その影響が、直に政党内閣の復活として現れ来るとは思はれず、寧ろ更生への諸方策に邁進すべき政治道徳上の義務、責任を倍加せるものと考へる(49)

『東朝』は、政民両党が府県会における改選議席の大部分を獲得したことと、両党が国民の信頼を回復することを区別して論じた。それは『東日』『読売』も同様であった。『東日』は「これ〔「伝統的地盤をもつ」政民両党が「極めて有利の結果を収めた」こと〕は純正なる選挙粛正といふ根本的精神から見たら、真に妥当といひ得るか、否か、頗る疑問があるといはねばならない」、『読売』は「選挙民としては、既成政党に愛想をつかして居つても、これに代わるべきものを与へられて居らぬのである」と論じた(50)。

このように、選挙粛正運動でジャーナリズムは「立憲政治」の「擁護」を力説した。その論法において、既成政党は「立憲政治」を阻害するものではあっても、推進するものではなかったのである。

こうした政党とジャーナリズムの第一次選挙粛正運動に対する認識は、第二次選挙粛正運動においても踏襲されることになる。この運動は、第六八回帝国議会における衆議院解散（一九三六年一月二一日）を受けた第一九回総選挙（二月二〇日）に向けて実施された。

政友会の松野は、「〔総選挙に臨む同党の「態度」は〕所謂選挙粛正を徹底的に実行する事」であるとし、「苟も選挙が公明正大に行はれたとあれば、その結果に対して国民は心より信頼せねばならぬ。〔中略〕これが何よりも先づ議会の権威、政党の信用を高める基礎となる」と述べている。民政党の町田も、一月二〇日の大会で「公正厳粛なる選挙の結果」が「憲政を常道に導く所以であ」ると語っている(51)。どちらも府県会選挙と同様に、運動の成果を前提として政党内閣の復活を正当化する発言である。総選挙の結果は、岡田内閣の与党陣営の増加、野党政友会の減少というものであった(52)。

この選挙結果について、『東朝』の社説は「粛正選挙が民政党を第一党として政友会を第二党としたことは、単純なる現状維持の肯定とは解し得ない。議会政治による合法的革新を信じ、政党の更生による政治的非常時打開を指示して、この時局を救済せんとするの意思表示であると見なければならぬ」と評している(53)。

また、『東日』は今回約三％増加した棄権率に注目している(54)。ここでは、同紙がわずか三％に読み込んだ内容の当否をあえて問うことはしない。『東日』は棄権率増加の理由を、「政、民両党に国民をひきつけるだけの迫力ある主義政策がなかった」、「選挙後においては、あるひは〔政民両党が〕提携聯合するといふ運動が一方に行はれてゐた」と前置きして、「選挙粛正の結果と見るよりも、むしろ主たる国民投票の対象となる二大政党の態度が、かくの如く選挙の意義を疑はしむるやうな点があつた」ことに求めている(55)。

以上から、ジャーナリズムは選挙粛正運動の結果、すなわち衆議院と府県会の新分野に政党と異なる意義づけを施していたといえよう。政民両党は、両党が改選議席の大部分を占めた新分野を選挙粛正運動の成果と読み替えた。しかし、そのような政党の言い分をジャーナリズムは受け入れなかった。なぜなら、ジャーナリズムにおいて、既成政党は「立憲政治」を担うべき理想的な政治主体ではなかったからである。こうして、既成政党に対する批判が再生産されることになった。選挙粛正運動の着地点は、ジャーナリズムの視界に入らなかったのである。

ここで、総選挙を経験した候補者たちの感想を表2でみてみよう。ここからは、まず選挙粛正運動の事務的な利便性を与野党の別なくおおむね評価していることがわかる。また、官憲の「干渉」「圧迫」については、これも与野党問わず「なかった」という感想が認められる一方で、なんらかの形で「あった」という非難も目立つ。

このような候補者の取締りに対する認識を、もう少し詳しくみてみたい。表3は、選挙粛正中央連盟が前年の府県会選挙の候補者に行った調査をまとめたものである。肯定的な評価は、④「取締方公正或は粛正運動に感謝」、②「悪

表2　総選挙候補者の感想

氏　　名（選挙区，所属会派）	2	3
石坂養平（埼玉2，政友会）	私は選挙といふものは動かないで当選するのが一番理想だと考へてゐる．此見地から云へば大した不便は無かつた	私自身は知らない．あつたと云ふ人もあつた
植原悦二郎（長野4，政友会）	粛正選挙は非常識の取締を除き結構と思はれ候，併し選挙民を萎縮せしめし禍は，将来に対して聊か憂慮すべきもの有之候	官権の干渉は各地に於て相当熾なりし様思はれ申候
大野伴睦（岐阜1，政友会）	選挙費用の点丈が便利でした	官権の干渉圧迫は言語同断．粛正選挙の名に隠れ官僚内閣の本領を遺憾なく発揮いたしました
倉元要一（静岡3，政友会）	不便の点不尠候	消極的干渉圧迫を感じ候
小林　錡（愛知4，政友会）	一，便，事務所に出入する者の少くなりしこと，金のかゝらざる事．二，不便，極めて多し	野党に対しては陰険執拗なる干渉をなしたり，県議選挙にて野党に油断をさせ一杯くはされたる感あり
東郷　実（鹿児島2，政友会）	自分としては別に不便と思ふことはなかつた．併し新しく起つ人には多少の不便はあることゝ思ひます	何もありません
中村嘉寿（鹿児島1，政友会）	粛正の為めに私は少しも不便を感じませんでしたが，粛正の意義が徹底せず萎縮せしめた結果棄権者が多く且つ輿論の出来なかつたのが残念です	私の選挙区では消極的官権の干渉を気付きませんが，与党候補に対して手緩かつた事は甚だ歯痛く感じました．罪を重ねぬ内に手を入る可きものを後にしたのは如何にも官憲の手心を思はせます
船田　中（栃木1，政友会）	粛正選挙は私個人にとつては誠に便宜でありました	官権の干渉，圧迫らしいものは全般的には感ぜられませんでした
星島二郎（岡山2，政友会）	粛正選挙，形式が少し面倒くさい様ですが，大体便利と思ひます	岡山県ではなかつた様に思ひます
荒川五郎（広島1，民政党）	粛正選挙は大体に於て便利でした．只候補者側に在りては煩些な形式規程に苦しめられ有権者側に在りてはあまりに事やかましく畏縮せしめた感があります	官権の干渉圧迫は無かつた様です．但し常軌を逸するが如き無用の手配りや注意等が間接的に圧迫となつた場合は往往にしてありました
斎藤隆夫（兵庫5，民政党）	便もあり不便もあり	地方警察官の没常識的の干渉らしきことはあり
清水徳太郎（山形2，民政党）	粛正選挙は結構でした	官権は公平振を殊更に見せようとして寧ろ政府党につらく当つた向は諸処にあつたやうにも思はれます
清水留三郎（群馬1，民政党）	多少不便の点はあつたが大体に於て粛正選挙は結構だと感じた．唯余りに形式的手続の複雑に閉口した	官憲が軽微な手続の上の違反を物々しく取扱つた点，投書等を根拠として選挙委員を警察署に長時間留め置いた点等実に遺憾であつた．然し悪的犯罪につきての行届いた検挙には敬服した．取締は公正であつた

武富　済 （愛知4，民政党）	粛正選挙は却つて便利で別段不便のことは無い	僕の選挙区では官権の干渉も圧迫もなかつた
内藤正剛 （大阪3，民政党）	粛正選挙は結構なるも運用の点に付き遺憾なること多し	官権の圧迫を認めず
永井柳太郎 （石川1，民政党）	金銭上其他煩瑣の問題に心を用ゆることなく，専ら言論文章のみに全力を傾倒し得たる便は，幾多の小不便を償ふて余りあり	官権の干渉と云ふほどのものなし
末松偕一郎 （福岡4，民政党）	粛正選挙に付法令の解釈まだ徹底せざるものあり．取締上相当の不便はありたるも益々之を強調するの必要あり	なし
坂東幸太郎 （北海道2，民政党）	粛正選挙は手続き的には不便ではあつたが内部の談合折衝染みたものがなく極めて楽でした	官権の干渉，圧迫らしいものは他は知りませんが小生派には無かつたです
山枡儀重 （鳥取，民政党）	便利であつた．但し，粛正と煩瑣な選挙法とを混淆してはならぬ	なかつた
飯村五郎 （茨城3，昭和会）	便，不便と曰ふよりは粛選は極めて結構	干渉圧迫はなし，但し取締官の粛選に対する認識不充分なり
林　路一 （北海道2，昭和会）	極寒零下三十度の地方も画一的に公営演説会場に「暖房設備を除く」は考へものです	選挙事務所へ警官に据はり込まれて困つたらしいです
守屋栄夫 （宮城1，昭和会）	便宜の点が多いやうに思ひます．只形式的なことで不便を感じた点も尠くありませぬがそれは改善すべきでせう	あつたやうには思ひませぬ
加藤勘十 （東京5，第一控室）	買収其の他の実質犯に対しては徹底的に取締り且つ処罰を厳重に為すべきであるが，区々たる形式に関しては官権の干渉を絶つべく選挙法が改正されねばならぬと信じます	具体的に干渉の有無を記すのよりも選挙法それ自体が官権干渉を容易ならしめるものである．吾々の唯一の武器である言論は不当に干渉された
「失名氏」	粛正選挙は大賛成．取締方法も府県会選挙の当時と比較して余程改善された	官権の干渉圧迫全くなし
「失名氏」	粛正選挙の取締が，馬鹿々々しくて，話にならない	官権の干渉圧迫が甚だしいが従来と違ひ，不公平ではない．性質が全く違ふ

註　(1)「粛正選挙所感」（『政界往来』1936年4月号）80〜92，115頁より作成．
(2)「粛正選挙所感」は，政界往来社が候補者に行った調査の回答を『政界往来』誌上に掲載したものである．調査の質問は，「1，今度の総選挙をどう御感じになりましたか？」「2，粛正の便，不便」「3，官権の干渉，圧迫らしいものがあつたでせうか？」「4，現行選挙法の改正の必要があるでせうか？」．ここでは，選挙粛正運動に関連する「2」「3」を表にまとめた．

表3　府県会選挙候補者の取締りに対する感想

回答要項	a当選者(%)	b落選者(%)	a+b(%)	備考
①取締の厳正公平を望む	63(8.8)	81(11.3)	144(20.1)	①
②悪質運動者の取締及罰則を一層厳重に	66(9.2)	75(10.4)	141(19.6)	②
③形式的取締の緩和	59(8.2)	60(8.3)	119(16.5)	③
④取締方公正或は粛正運動に感謝	69(9.6)	41(5.7)	110(15.3)	④
⑤非常識なる取締	61(8.5)	22(3.1)	83(11.6)	—
⑥法規の解釈及適用不統制	26(3.6)	42(5.8)	68(9.4)	⑥
⑦警官の教養を望む	27(3.8)	27(3.8)	54(7.6)	⑦
合　計　(%)	371(51.7)	348(48.4)	719(100.1)	—

註　(1)「選挙取締及違反に対する感想」(『選挙粛正運動の実績調査』選挙粛正中央連盟，1936年）50～51頁より作成．

(2)「選挙取締及違反に対する感想」は，選挙粛正中央連盟が府県会選挙候補者に行った調査の一項目である．回答者810人の内訳は，政友会291，民政党248，無所属173，その他68，不明30人（『選挙粛正運動の実績調査』3～7，66～67頁）．この項目では「北陸区」を欠く．表の「合計」と回答者の数が異なるのは，「北陸区」分の回答の欠落，白紙回答などのためと思われる．

(3)備考①「取締の厳正公平を認めながら尚一層厳正公平ならん事を希望したるものも相当多く見受けられたり」，②「落選者に此の希望者の多きは悪質行為者にして当選したる者ありたる為ならん」，③「常識及日本古来の良習美俗を破壊蹂躙せず日常の生活活動を阻害せざる程度の緩和を望むもの多し」，④「落選者中に尚公正取締と粛正運動に感謝する者四十一名ありしは粛正運動の相当徹底せることを如実に物語るものと信じて可ならん」，⑥「多くは新法に慣れざる為めなり」，⑦「神聖なる選挙取締に当る警官の態度と政治思想及知識の不充分を遺憾としてその教養を希望せり」．

質運動者の取締及罰則を一層厳重に」、①「取締の厳正公平を望む」(計、五五・〇％）である。「備考」から、②は取締りの甘さゆえに「厳重」さを求めたものだし、①も「取締の厳正公平」を前提にしたものだといえる。これに対して否定的な評価は、③「形式的取締の緩和」、⑤「非常識なる取締」、⑥「法規の解釈及適用不統制」、⑦「警官の教養を望む」(計、四五・一％）である。つまり、取締りに対する賛否はほぼ二分されていたのである。

以上のような運動に対する支持と官憲に対する批判の混在という図式は、二・二六事件の後、第六九回帝国議会において拡大され、政治問題化した。まずその口火を切ったのは、民政党の武富済である。五月九日の予算委員会で、武富は「昨年の秋以来の選挙粛正の運動は（中略）費用の掛からぬこと、悪質の「ブローカー」が影を潜めたこと等、相当の効果あったに相違ない」とし、「取締当局の不眠不休の努力、司法警察官等の労苦」に対して「満腔の感謝の意」を表する。一方で「併しながら弊害が又非常に多大であったと云ふことを見逃す訳に参らぬ、取締は苛察酷烈を極め、結局選挙の粛正は選挙の萎縮となり、棄権は拡大した、民衆をして選挙運動から逃避せしめた」と、広田弘毅内閣の責任を問う。(56)

また、五月一三日の予算委員会では、政友会の砂田重政が「余りに極端な検挙をやりました結果、寧ろ非常識な事件が各地に大分に起って居る、それから粛正の意味が寧ろ反対の結果を齎して居る」と発言している。(57) このように選挙粛正運動の利便性は一定認めるが、官憲の苛酷な取締りや人権侵害は許せないという主張は、第一・二次選挙粛正運動に対する候補者の肯定的・否定的実感の双方を最大限集約したものであった。

こうした政党の攻勢は、最終的に五月二三日の「衆議院議員選挙法改正ニ関スル決議」に発展する。町田民政党総裁はじめ政民両党・昭和会・国民同盟の五一名が提出した決議案は、「衆議院議員選挙法実施ノ成績ハ立法ノ趣旨ニ反シ社会実情ニ副ハサルモノ甚タ多キヲ認ム仍テ政府ハ速ニ衆議院議員選挙法改正委員会ヲ組織シ本法並附属法規ノ全般ニ亙リ審議ヲ尽シ之カ改正案ヲ次期議会ニ提出スヘシ」というものであった。

その提出理由の説明に立った政友会の牧野は、選挙費用の低減、「常習違反者」の排除、選挙運動の簡易化を例に「選挙粛正が各方面に重大なる好影響を齎らせること」を確認したうえで、次のように述べる。

取締官憲は日夜違反摘発の網を広々と張って、善良なる国民の来り之に掛からんことを期待して居る（拍手）（中略）私は、政府当局は部下に対して特に選挙粛正を厳達せられて居ります以上、一人と雖も違反者の少なきことを期し、残念にも多数の違反者を粛正の本旨に反して出すと云ふが如き場合を生じたる者に付いては、断然懲戒免黜、以て其責任を明かする〔に〕底の決心がなければならぬと思ひます（拍手）然るに事実は却て之を推賞し、違反

者を多く出したる官憲を栄転せしめるが如き事例に接することは、吾々の洵に意外とする所であります（拍手）[58]

前述したように、府県会選挙と総選挙の候補者は選挙粛正運動の利便性を評価しながらも、官憲の取締りを批判していた。その批判の射程は、第六九回帝国議会において、警察官を監督する内務省へと延長されたのである。

内務省にとって、選挙粛正運動における取締りは、そもそも微妙な問題であった[59]。その点を、一九三五年五月二五日に内務省地方局、警保局長から警視総監・北海道庁長官・各府県知事に宛てて出された「選挙粛正ニ関スル件依命通牒」であらためて確認しておきたい。この通牒は、「粛正運動ト選挙運動トヲ混淆シ或ハ名ヲ粛正運動ニ藉リテ選挙運動ヲ為シ或ハ他人ノ適法ナル選挙運動ヲ妨害スルヤノ疑ヲ懐カシムルガ如キ其ノ他却テ弊害ヲ生ズルガ如キコトナキ様」と取締りの方針を打ち出していた。そして、それは「粛正運動ニ当リテハ選挙人ヲ教導シテ粛正ノ実ヲ挙グルヲ旨トシ之ガ為苟モ選挙人及選挙運動者ニ対シ脅威ヲ感ゼシムルガ如キ憂ナキヲ期スルハ勿論」と釘をさしてのことであった。ここからも、選挙の取締りが干渉に転化しないよう注意を喚起する内務省の慎重な姿勢がみてとれる[60]。

しかし、このような内務省の姿勢は、既成政党の地盤を解体したとされる内務官僚のイメージと整合しない。ここで重要なのは、既成政党と対立的な内務官僚像がどのように形成されたのかということである。前述したように、候補者が官憲の「干渉」を実感する局面は警察官の取締りであった。組織の中枢と末端は、本来同列に論じられないものである。警察官が過度に違反を摘発することと、中央官僚が組織的に政党を攻撃することは区別されなくてはならない。この二点について、政党は警戒していたが、内務省は同省の通牒からも明らかなように自制していた。すなわち、政党が警察官による「人権蹂躙」の監督責任問題を内務省に向けてはじめて、官僚が官憲の「干渉」に登場することになるのである。

政党による官僚批判の典型例として、政友会の「第六十九回帝国議会報告書」のなかに、「所謂新官僚の輩が、粛正選挙の好機を籍つて官憲テロを恣にし、政党撲滅の手段に供した」という一文がある。(61) この短いフレーズは、政党にとっての官僚批判の論法を言い尽くしているといえるだろう。官憲の「干渉」を即、官僚による既成政党の地盤解体と置き換えたのは政党であった。このようにみてくると、官僚の政治的意図を実体的に捉える従来の研究は、政党の論法をなぞっているに過ぎないように思われる。

『東朝』は、選挙法改正の決議案を提出した政党の言い分を次のように評している。

今期議会で屢次問題になる人権蹂躙問題は、いづれも先般の総選挙に際しての違反事件に関連するものであるが、無論人権蹂躙の事実は飽くまで糾弾すべきではあるもの丶、議会の空気は往々糾弾を利用して選挙粛正を牽制し、今後の厳正取締を阻止せんとする傾向あるやに看取せらる丶のを憾みとする。すべて事物の改革には若干の犠牲と苦痛を伴はねばならぬが、絶対無痛の上にあわよくば自家の縄張りを拡げようといふ虫の良い改革案に、誰がまじめに耳を傾けようか。(62)

ここでは、「選挙粛正」と「厳正取締」が不即不離の関係にあるにもかかわらず、政党の行動は「人権蹂躙」を好機として「厳正取締」の無力化を図るものだとする。『東日』も、「従来の党争的論議に類似するものを、もし今期議会の論議において求むるならば、それは選挙違反に対する言論であらうと思ふ」、「取締当局をして、かくまで選挙違反に神経過敏ならざるを得なからしめたそも〳〵の種は、一体誰がまいたのであるか。結局候補者各自及びこれを囲繞した選挙運動の当事者ではないか」と手厳しい。(63) このようにジャーナリズムは、官憲の「厳罰主義」を「立憲政治」の「擁護」という文脈で支持しているのである。

以上のように政民両党は、「粛正」選挙のもとで両党が勝利したことを、国民が政党への信頼を回復したことの証明とみなした。その反面、彼らは、官憲の過度な「厳罰主義」が「人権蹂躙」を惹起したとして、内務省に非難を浴びせた。しかし、このような政民両党の態度は、「立憲政治」を既成政党に委ねることに懐疑的なジャーナリズムによって問題視された。こうした構図において、選挙粛正運動の成果は政党の内務省批判と、ジャーナリズムの政党批判という二つの系列の批判が相乗することで、色褪せていったのである。

そして、この構図は選挙粛正委員会にも影響を与えていた。衆議院の予算委員会で、木村は「何故に政党と共に此粛正運動をなさらなかったか、政党が此選挙粛正運動に入ると、何か政党的の色彩が入っていぬかと云ふやうな御考ではなかったかと思ふ、〔中略〕それは役人の偏見である」と内務省を批判している。(64) この批判の前提には、「各府県区々で、〔選挙粛正委員会に〕政党幹部を多く入れた所あり、或は二三人のおつきあひに過ぎぬところもある。これは委員数三十人中、少くとも三分の一位は政党人を入れて、其の責任と協力を強調すべきものである」という認識があった。(65) 木村が言うように、各府県の選挙粛正委員会における「政治家」の平均は、一〇人(三分の一)に届かない七人であった(表1参照)。

もっとも、木村の指摘が直ちに選挙粛正委員会の機能不全を意味したかについては、別に検討が必要となるだろう。委員会の具体的な活動は、さしあたり各道府県の報告書で知ることができる。(66) しかし、ここで政党と官僚の実務的な「協力」が委員会において成功していたか否かということは、さほど重要でない。より重要なのは、前述した政友会にとっての選挙粛正委員会のメリットが、運動における批判の構図のなかで見失われてしまったことである。

おわりに

政友会によって構想された選挙粛正委員会は、選挙をめぐる行政の政策過程において政党が影響力を確保するための装置であった。この委員会は、政党が政策過程に介入することを嫌う内務省、官憲が選挙に干渉することを危ぶむ民政党の抵抗に遭いながらも設置される。政民両党の選挙粛正委員会へのスタンスは対照的であった。その反面、彼らは、選挙粛正運動のなかに政党内閣を復活させる正当化の論理を発見することで共通していた。

政民両党は、選挙粛正運動のもとで両党が大部分の議席を獲得したことを、国民が政党に対する信頼を回復したことの証明として認識した。一方で、政党は官憲の行き過ぎた「厳罰主義」を「人権蹂躙」を招くものとして批判した。このような政党の姿勢は、「立憲政治擁護」の文脈で官憲の「厳罰主義」を評価するジャーナリズムによって疑問視された。そもそも、内務官僚は選挙粛正運動を政党攻撃の手段としていたわけではなかった。むしろ、官僚の政治的意図なるものを創造したのは、政党であったといっても過言ではない。そのために政党は、警察官の過度な違反摘発の責任問題を内務官僚まで拡大したのである。

このように選挙粛正運動には、政党の内務省批判とジャーナリズムの政党批判という二つの系列の批判が存在していた。こうした構図にあって、既成政党の「粛正」選挙における勝利という運動の成果は、遠景に退いていったのである。選挙粛正委員会の活動も、その例外ではなかった。しかし、「選挙粛正」というスローガン自体に誰も異論がない以上、運動のための運動が継続されることになるのである。この現象は、選挙粛正運動の自己目的化といってよいだろう。

では、第一・二次選挙粛正運動の後、政党はどのような方向に向かうのだろうか。選挙粛正委員会を立案した木村正義の議論に注目したい。一九三七年七月、昭和研究会の政治機構研究会で、木村は「政党では既に公認といふ制度があるのだから、更に一歩を進めて国家公認の問題、即ち国家が適当と思はれる者に対しては何等かの形で之を公認するといふ方法は考へられぬものか」と語っている(67)。

選挙粛正運動において、政党は「粛正」選挙という形式を通過することで、政権担当の正当性を担保することを試みた。議員候補者の「国家公認」という発想は、選挙粛正運動の自己目的化を受けて、国民代表を選出する選挙の形式を、選挙区単位から国家全体に展開させる形で、強化しようとするものであったといえよう。周知のように、この「国家公認」に近い議員候補者の推薦制度が、選挙粛正運動を継承した翼賛選挙貫徹運動のもとで採用された。翼賛選挙の候補者推薦制が、木村のような政党人から提案されていたことは興味深い。

注意すべきは、議員候補者を公認する「国家」が官僚や行政を指すものでないことである。木村は、国家から官僚や行政をいったん切り離すことで、政党が行政を改革の対象にすることを想定していた。この点について、彼は「〔広田内閣によって「宣伝」される〕庶政一新を断行せんとするならば、〔中略〕行政機構の改革がその先行条件であらねばならぬ。〔中略〕庶政一新とは、〔中略〕現在の軌道の上に各省権限の拡張や新規事業の汎濫を意味するものでなくて、寧ろ各省を超躍して新な軌道が縦横に敷かれ新な国策が活発にその上を運行せられねばならぬ」と述べている(68)。

ここで想起されるのは、木村が選挙粛正委員会における政党と官憲の「協力」を重視していたことである。選挙粛正委員会から、一九三〇年代後半にクローズアップされた行政機構改革への距離は、それほど遠くなかったといえよう。政党が政治力を行使する領域として行政を認識していたことは、興味深いことである。この問題については、章を改めて論じたい。

註

（1）一九三二年六月三日の帝国議会衆議院本会議における斎藤実首相の演説（「第六十二回帝国議会衆議院議事速記録第三号」『帝国議会衆議院議事速記録』五七、東京大学出版会、一九八三年）。

（2）源川真希「選挙粛正と都市政治―一九三七年東京市会議員選挙における「愛市運動」―」（『近現代日本の地域政治構造―大正デモクラシーの崩壊と普選体制の確立―』日本経済評論社、二〇〇一年、第三部第六章、初出一九九一年）の整理による。

(3) 小南浩一「再考・選挙粛正運動とは何であったか」(『選挙研究』第一五号、二〇〇〇年)は、内務省・軍部の「政党排撃の意図は、既成政党にかわる別の選択肢〔中略〕を提示しえなかったがために、充分には貫徹できなかった」と指摘している。また、黒澤良「挙国一致内閣期の内務省」(『内務省の政治史—集権国家の変容』藤原書店、二〇一三年、第二章、初出一九九四年)は、内務省の「選挙の運営や取締りの中立性が疑問視されたなかで、同省が「不信感を払拭するために開始したのが、選挙干渉の排除を目的とした選挙粛正運動であった」と指摘している。「粛正」される側以上にする側の公正さが求められたという黒澤書の指摘は、従来の研究の盲点を衝くものである。

(4) 杣正夫「一九三四年(昭和九)衆議院議員選挙法の改正」「選挙粛正運動」(『日本選挙制度史—普通選挙法から公職選挙法まで—』九州大学出版会、一九八六年、第三・四章)参照。

(5) 黒澤前掲書第二章参照。

(6) 選挙革正審議会については、村瀬信一『帝国議会改革論』(吉川弘文館、一九九七年)参照。

(7) 「昭和五年衆議院議員選挙革正審議会に対する内閣総理大臣の諮問」(『内外調査資料』第七年第九輯、一九三五年)六〜一一頁。

(8) 「選挙法改正調査」(『政友』第三八一号、一九三二年六月一日)四一〜四二頁。

(9) 「選挙法改正　政友会調査委員会案」(『政友』第三八四号、一九三二年八月一日)三五〜三八頁。

(10) 田子一民「選挙粛正を国民的たらしめよ」(『政友』第四二〇号、一九三五年七月一日)五頁。

(11) 木村正義「我党主唱の選挙粛正委員会制度」(前掲『政友』第四二〇号)一三頁。

(12) 前掲「我党主唱の選挙粛正委員会制度」一四頁。

(13) 前掲「昭和五年衆議院議員選挙革正審議会に対する内閣総理大臣の諮問」八、一〇頁。

(14) 「昭和七年法制審議会に対する内閣総理大臣の諮問」(前掲『内外調査資料』第七年第九輯)一一〜一六頁。

(15) 岡田忠彦「選挙法の改正に就て」(『政友』第四〇九号、一九三四年九月一日)二三〜二四頁。

(16) 美濃部達吉「選挙法改正要綱概説」(『法律時報』一九三三年二月号)三頁。

(17) 前掲「昭和七年法制審議会に対する内閣総理大臣の諮問」一三頁。

(18)　伊藤之雄「「ファシズム」期の選挙法改正問題」(『日本史研究』第二一二号、一九八〇年)。
(19)　筑波大学中央図書館所蔵「法制審議会主査委員会議事速記録」第一三回（一九三二年一〇月一九日）二二頁。
(20)　前掲「我党主唱の選挙粛正委員会制度」一五頁。
(21)　『昭和十一年朝日年鑑』(朝日新聞社、一九三五年）一一九頁。
(22)　筑波大学中央図書館所蔵「法制審議会主査委員会議事速記録」第一二回（一九三二年一〇月一四日）四七頁。
(23)　こうした内務官僚の試みが不徹底に終わったことは、古川隆久「斎藤内閣期の内務官僚」(『昭和戦中期の議会と行政』吉川弘文館、二〇〇五年、第二部第三章、初出一九九七年）が指摘している。
(24)　前掲「法制審議会主査委員会議事速記録」第一二回、四七〜四八頁。
(25)　前掲「法制審議会主査委員会議事速記録」第一二回、五〇頁。
(26)　筑波大学中央図書館所蔵「法制審議会総会議事速記録」第一三回（一九三二年一一月二一日）一三七頁。
(27)　「立憲民政党々報」(『民政』第六巻第四号、一九三二年四月一日）九七頁。
(28)　斎藤隆夫「選挙公営夢物語」(『民政』第七巻第六号、一九三三年六月一日）一八〜一九頁。
(29)　前掲「法制審議会総会議事速記録」第一三回、一三八頁。
(30)　政民連携運動については、佐々木隆「挙国一致内閣期の政党—立憲政友会と斎藤内閣—」(『史学雑誌』第八六編第九号、一九七七年)、坂野潤治「挙国一致内閣期の体制構想—立憲独裁・協力内閣・憲政常道—」(『近代日本の国家構想—一八七一—一九三六—』岩波書店、一九九六年、第四章第二節、初出一九八五年）参照。
(31)　前掲「我党主唱の選挙粛正委員会制度」一八頁。
(32)　「立憲民政党々報」(『民政』第八巻第六号、一九三四年六月一日）一〇八頁。
(33)　前掲「我党主唱の選挙粛正委員会制度」一四頁。
(34)　坂野前掲書第四章第二節参照。
(35)　この法案審議の事実経過については、杣前掲書第三章参照。
(36)　「第六十五回帝国議会衆議院衆議院議員選挙法中改正法律案委員会議録（速記）第四回」(『帝国議会衆議院委員会議録昭和篇』四六、東京大学出版会、一九九三年)。

(37) 前掲「昭和七年法制審議会に対する内閣総理大臣の諮問」一五頁。
(38) 前掲「第六十五回帝国議会衆議院衆議院議員選挙法中改正法律案委員会議録（速記）第四回」。
(39) 前掲「第六十五回帝国議会衆議院衆議院議員選挙法中改正法律案委員会議録（速記）第四回」。
(40) 「選挙粛正委員会令」（一九三五年五月七日公布）は、次のようなものであった（『官報』一九三五年五月八日付）。

第一条　衆議院議員選挙其ノ他公ノ選挙ノ粛正ヲ図ル為道府県毎ニ選挙粛正委員会ヲ置キ道府県ノ名ヲ冠ス

第二条　選挙粛正委員会ハ地方長官ノ監督ニ属シ地方長官（警視総監ヲ含ム）ノ諮問ニ応ジテ前条ノ選挙ニ関スル弊害ノ防止、公正ナル選挙観念ノ普及其ノ他選挙ノ粛正ニ関スル事項並ニ衆議院議員選挙法第百四十条第三項及第四項ノ規定ニ依ル事項ノ実施ニ関スル事項ヲ調査審議ス

選挙粛正委員会ハ前項ノ事項ニ付関係行政庁ニ意見ヲ提出スルコトヲ得

第三条　選挙粛正委員会ハ会長一人及委員三十人以内ヲ以テ之ヲ組織ス

会長ハ地方長官ヲ以テ之ヲ充ツ

委員ハ左ニ掲グル者ノ中ヨリ地方長官之ヲ選任ス

一　政治家、実業家、教育家其ノ他学識経験アル者

二　官吏、待遇官吏及吏員〔中略〕

第四条　委員ハ名誉職トス

委員ノ任期ハ二年トス〔中略〕

第八条　選挙粛正委員会ニ関スル費用ハ国庫ノ負担トス但シ衆議院議員選挙以外ノ選挙ノ粛正ヲ図ル為特ニ必要ナル費用ハ北海道地方費又ハ府県ノ負担ト為スコトヲ得

附則

本令ハ昭和十年六月一日ヨリ之ヲ施行ス

また、選挙粛正委員会令第二条に関連する「衆議院議員選挙法」（一九三四年六月二三日改正、公布）の条文は、次のようなものであった（『官報』一九三四年六月二三日付）。

第百四十条　議員候補者又ハ選挙事務長ハ勅令ノ定ムル所ニ依リ其ノ選挙区内ニ在ル選挙人ニ対シ選挙運動ノ為ニスル

通常郵便物ヲ選挙人一人ニ付一通限リ無料ヲ以テ差出スコトヲ得
公立学校其ノ他勅令ヲ以テ定ムル営造物ノ設備ハ勅令ノ定ムル所ニ依リ演説ニ依ル選挙運動ノ為其ノ使用ヲ許可スヘ〔ベ〕シ
前項ノ営造物ノ管理者ハ勅令ノ定ムル所ニ依リ演説会開催ノ為ニ必要ナル施設ヲ為スベシ
地方長官ハ勅令ノ定ムル所ニ依リ議員候補者ノ政見等ヲ掲載シタル文書ヲ発行スベシ〔中略〕

附則

本法ハ次ノ総選挙ヨリ之ヲ施行ス

(41) 以上、鈴木喜三郎「議会政治と選挙粛正」（『政友』第四二一号、一九三五年八月一日）一〜六頁、町田忠治「現下の時局と我党の進路」（『民政』第九巻第九号、一九三五年九月一日）三頁。
(42) この事実関係については、須崎慎一『日本ファシズムとその時代』（大月書店、一九九八年）参照。
(43) 『東京朝日新聞』一九三五年九月三日、一〇月一七日付によれば、改選前（総計一五〇三）→改選後（総計一五二五）の各派の議席数は、政友会六四四→六五八、民政党七〇七→六一九、国民同盟五〇→三一、無産政党一二→三二、中立（無所属）七〇→一五三、その他（諸派）二〇→三二。政民両党の割合は、改選前八九・九％、改選後八三・七％である。
(44) 松野鶴平「政府は大覚一番せよ」（『政友』第四二四号、一九三五年一一月一日）巻頭言、「政党解消論は解消した　川崎幹事長は語る」（『民政』第九巻第一〇号、一九三五年一〇月一日）七三頁。
(45) この時期の新聞については、佐々木隆『日本の近代一四　メディアと権力』（中央公論新社、一九九九年）参照。
(46) 大霞会編『内務省外史』（地方財務協会、一九七七年）一〇頁。
(47) この問題については、本書第一部第一章参照。
(48) 以上、「立憲政治確立への途」（『東朝』一九三五年九月三〇日付）、「選挙費の低下」（『東日』同年一〇月一九日付）、「地方選挙の結果と政党」（『読売』同日付）。
(49) 前掲「立憲政治確立への途」。
(50) 以上、「地方政界の分野」（『東日』一九三五年一〇月一〇日付）、前掲「地方選挙の結果と政党」。
(51) 以上、松野鶴平「総選挙を前にして」（『政友』第四二六号、一九三六年一月一日）六頁、町田忠治「内外の時艱に処する

我党の態度」(『民政』第一〇巻第二号、一九三六年二月一日)九頁。
(52) 『東朝』一九三六年二月二三日付によれば、改選前(総計四二七)→改選後(総計四六六)の各派の議席数は、政友会二四二→一七四、民政党一二七→二〇五、昭和会二四→二〇、社会大衆党三→一八、国民同盟二〇→一五、諸派〇→九、中立一一→二五。政民両党の割合は、改選前八六・四%、改選後八一・三%である。彼らは第一党の座を入れ替えただけで、ほかの会派に対しては依然優勢であった。
(53) 「政党は更生の実を示せ」(『東朝』一九三六年三月一二日付)。
(54) 「自第十六回至第十九回衆議院議員総選挙棄権調」(『第十九回衆議院議員総選挙一覧』衆議院事務局、一九三六年)によると、政党内閣期に実施された総選挙の棄権率は、第一六回(一九二八年)一九・五%、第一七回(一九三〇年)一六・五%、第一八回(一九三二年)一八・二%であり、今回(第一九回)は二一・一%であった(六五〇頁)。
(55) 「開票第一日の結果」(『東日』一九三六年二月二二日付)。
(56) 「第六十九回帝国議会衆議院予算委員会議録(速記)第三回」(『帝国議会衆議院委員会議録 昭和篇』六一、東京大学出版会、一九九四年)。
(57) 「第六十九回帝国議会衆議院予算委員第一分科(外務省、司法省及拓務省所管)会議録第一回」(『帝国議会衆議院委員会議録 昭和篇』六二、東京大学出版会、一九九四年)。
(58) 以上、「第六十九回帝国議会衆議院議事速記録第十五号」(『帝国議会衆議院議事速記録』六六、東京大学出版会、一九八四年)。
(59) この点については、黒澤前掲書第二章参照。
(60) 「内務省発地第四七号 選挙粛正ニ関スル件依命通牒」(東京市政調査会所蔵「昭和十年度に於ける選挙粛正運動の概況」内務省地方局、一九三六年)。なお、この通牒は選挙粛正委員会の構成について、「委員ノ数ハ一道府県三十人以内ニ於テ各地方ノ実情ニ応ジ適当ナル数ト為」し、「官吏中ヨリ選任スル委員数ハ凡ソ総数ノ四分ノ一程度ニ止ムル」措置を求めている。こうした制限を設けたことも、内務省の自重の表れといえるだろう。
(61) 「第六十九回帝国議会報告書」(『政友』第四三一号、一九三六年七月一日)七三頁。
(62) 「聖旨奉体は真剣か」(『東朝』一九三六年五月二二日付)。

(63)「制度のみの罪にあらず」(『東日』一九三六年五月二三日付)。
(64)「第六十九回帝国議会衆議院予算委員第二分科(内務省及文部省所管)会議録第一回」(前掲『帝国議会衆議院委員会議録昭和篇』六二)。
(65)木村正義「粛正選挙の示唆」(前掲『政友』第四二四号)二二～二三頁。
(66)例えば、九州大学中央図書館所蔵「選挙粛正運動経過概要」(福岡県、一九三五年)。これとほぼ同じ体裁の各道府県の報告書が相当数現存している。
(67)「昭和研究会資料第四冊　一、選挙制度改正問題」(国立国会図書館憲政資料室所蔵「日本近代史料研究会旧蔵資料二」)。
(68)木村正義「行政機構改革私案」(『政友』第四三四号、一九三六年一〇月一日)二四頁。木村は「行政機構改革案」として、「(一)内閣制度の改革」「(二)各省機構の改革」「(三)地方制度の改革」「(四)文官任用制度の改革」「(五)公吏制度の改革」などを論じている(「行政機構改革私案」二九～三四頁)。

第二部　「翼賛政治」体制の成立

第一章　「翼賛政治」体制の形成と政党人

――山崎達之輔の場合――

はじめに

これまでの政治史研究は、「翼賛政治」体制成立前後[1]の政党を、政治の中心から遠ざかる集団として描いてきた。[2]そこでは、政府主導の「翼賛政治」体制に一部の政党人が反発したが、大部分の政党人は迎合したとされる。しかし、「翼賛政治」体制の形成に主体的に参加した政党人の存在を軽視することはできない。

このような政党人については、太田正孝（政友会中立派）や久原房之助（政友会久原派）に関する研究が蓄積されている。[3]これらの研究において、政党人の政治体制構想が論じられていることは興味深い。とはいえ、太田は政友会に属しながら、社会大衆党などの小会派に近づいて政策や人脈を形作っていた。また、久原は政友会の領袖・総裁として一九三〇年代に一国一党論や国民協議会案を唱えたものの、一九四〇年代に入ると政治の一線を退いていった。したがって、彼らの議論を一般化するには制約がある。

そこで本章は、山崎達之輔（一八八〇～一九四八年）の政治体制構想に照明を当ててみたい。山崎は福岡県大川市出身。京都帝国大学独法科を卒業後、文部官僚を経て第一五回総選挙に福岡三区より立候補し当選した。以後、連続七回の当選を重ね、政友会・昭和会・翼賛議員同盟・翼賛政治会などの会派に所属する一方、田中義一内閣の文部政務次官、岡田啓介・林銑十郎・東条英機内閣の農相（林内閣では逓相兼任、東条内閣ではのち農商相）、大政翼賛会の総務、翼賛政治会の政務調査会長、常任総務、代議士会長などを歴任した(4)。

このように山崎は、「翼賛政治」体制成立前後を通じて、政党指導者としての地位を維持していた。そして、その立場から一九三八年の近衛新党運動、一九四〇年の新体制運動、一九四二年の翼賛政治会創立など、新しい政治体制を創出する試みにコミットしていたのであった。では山崎において、どのような形で政党内閣の問題点が認識され、新しい政治体制が模索されていったのだろうか。この問題をとおして、政党の主流派が政党内閣から「翼賛政治」体制へと向かっていく論理展開を明らかにすることができると思われる。以上を踏まえて本章は、「翼賛政治」体制の形成と政党人の係わりを山崎達之輔の場合で検討するものである。

一 「中心政党」論

山崎の政治体制構想は、一九三〇年代後半の近衛新党運動から一九四〇年の新体制運動に至る時期に彼が作成した、「新党私見」および政党組織私案のなかで体系化されていった。これらの分析に先立ち、まず一九三二年の政党内閣から「挙国一致」内閣への移行という事態に対する山崎の基本的な認識を把握しておく必要があるだろう。

政党内閣に代わって政権を担当したのは、海軍大将斎藤実を首班とする「挙国一致」内閣であった。山崎は、斎藤内閣が迎えた最初の帝国議会衆議院本会議に政友会を代表して登壇している。まず、山崎は世界情勢が「非常なる不安と、非常なる動揺と、非常なる焦燥の裡」にあると総括する。それは第一次世界大戦後の「無節制なる平和主義、或は国際主義が、遂に現代を支配するの力がなかった」ためであり、「近来一部に台頭し」ている「極端なる反動的潮流も、亦将来を支配するの力ありとは信ずることができ」ないためである。このような世界情勢のなかに彼は「現代政治の使命」を認める。「現代政治の使命」は、「帝国の国家的理想、国民的信念を打樹てるべき、所謂国是恢弘の重大問題」とも表現される。そして、山崎は「〔その〕達成の為には、或は政党の協力、或は挙国一致内閣と云ふやうな、憲政の例外的形態をも辞すべきものにあらず」と唱えるのである。(5)

では、「挙国一致」内閣において政党はどうあるべきか。「政党政治擁護論」と題した評論で、山崎は「政党政治は、即ち立憲政治の具現であつて、国民的基礎に立つ政治である」と、政党政治の意義を再確認する。併せて、彼は「もとより政党発達の途上に於て改善を要すべき弊少なしとせぬけれども、政党自身の省察と、世論の刺戟とにより粛せらるべきもの」と、政争やスキャンダルといった政党政治の負の側面を反省するのである。(6)

ここに示されているのは、政友会が自重していれば同党単独の政党内閣を再現できるという認識かもしれない。(7)しかし、山崎は比較的早い段階で政党内閣の単純な再現をよしとしない認識をもっていたともいえるだろう。

このような姿勢は、一九三四年から一九三七年に至る山崎の足跡に表れている。山崎は岡田内閣と林内閣の農相に就任する一方、政友会を脱党し、茨城県の新政倶楽部(8)・昭和会・第一議員倶楽部の結成に参加した。(9)その過程で、新政倶楽部は「国政維新挙国邁進すべきの秋〔中略〕政党の現状を通観するに党弊百出〔中略〕国家憲政のため寔に憂慮寒心に堪へざるなり」という宣言を発表した。(10)また、昭和会は「政界の弊竇を刷新して国家本位の政党と真の挙国一致内閣との出現を促」すという声明を公にした。(11)政友会は岡田内閣期と林内閣期、民政党は林内閣期に野党化していた。山崎らは二大政党が「挙国一致」内閣の野党となることを批判し、彼らを中心とする新党が同内閣の与党となることを主張したのである。

このような主張に基づいて、山崎は一九三八年の近衛新党運動[12]に参加した。この新党運動は、前年七月に勃発した日中戦争が長期化するなかで展開された。ここで新党の党首に予定されたのは近衛文麿首相であった。山崎も政友会総裁代行委員の前田米蔵らと連携して、近衛の擁立を試みている。

第七三回帝国議会会期中の二月下旬、元老西園寺公望の秘書原田熊雄に対し、木戸幸一文相兼厚相は前田が近衛に「民政党をぬきにして、第一控室の連中あたりとその他にいくらかを集めて、政府の与党たるものを作」るので「ぜひ乗つてくれ」と打診したと述べている。この議会に存在しない「第一控室」は、山崎ら旧昭和会を含む第一議員倶楽部のことであろう。また、木戸は「山崎達が駈〔駆〕け込んで来て、「ぜひ一つ近衛さんに出てもらひたいといふことを、貴下から勧めてくれ」といふことであつた」とも語っている[13]。

ここで留意すべきは、山崎の新党運動と国家総動員法の関係である。総動員法は、政府が勅令によって戦争の遂行に必要な人的・物的資源を幅広く統制・運用することを認めるものであった。これまでの研究は、第七三回帝国議会において政友会と民政党が総動員法案を違憲論、とくに憲法第三一条の「非常大権干犯」論に依拠して批判しながらも、衆議院の解散を回避するために法案の通過を容認せざるをえなかったと指摘している[14]。

政民両党と異なり、山崎らの第一議員倶楽部は、議会提出前の段階から法案に賛成を表明していた[15]。衆議院本会議において、第一議員倶楽部（旧昭和会）の井阪豊光は、「本法自体は憲法の何処に根拠を持つかと申しますれば、第二章臣民の権利義務の保障の精神から来て居るのであります、〔中略〕即ち本法自体は存在致しましても、毫も天皇大権の行使を妨げないのであります」、「政治的に見ましたならば、本案第五十条に、国家総動員審議会が置かれ、其審議会に於きまして、立法府から代表者が出席し、発言の機会を得るのでありますから、憲法の本旨に反するものでなからうと思ふのであります」と発言している[16]。

このように第一議員倶楽部は、総動員法の根拠を憲法の第三一条以外の第二章に置き、「臣民の権利義務」を侵害するものでなく保障するものと理解して「非常大権干犯」論を解消しようとする。こうした第一議員倶楽部の議論と、総動員法案と憲法第三一条の関係に矛盾を看取する政民両党の議論は、全く対称的であった。そのような議論の前提として、第一議員倶楽部は、総動員法案第五〇条で規定された総動員審議会の役割を重視する。山崎らは近衛新党を実現し、近衛内閣の与党として総動員審議会に参画することで、総動員法を制御することを企図していたのである。

このような山崎の認識を把握したうえで、彼の「新党私見」を分析することにしたい。一九三八年一〇月、山崎は「第一、新党の重要性」「第二、指導理論」「第三、組織及運用」から構成される「新党私見」を作成し、近衛と木戸厚相（五月から専任）に提出した。(17) 山崎にとって、「国民の心を結び政治と国民の遊離を防ぎ、政治に真の安定性と強靭性を与へ得べき中心政党の成立」は「政治改革の整備改革」という「時局下に於ける基本的問題」の「中枢要件」であった（第一の第一項、以下「一―一」のように略）。この「中心政党」は政民両党が解党し、「同憂の士」とともに「新指導理論に依り国民的一大勢力を編成する」ことで成立するとされた（一―四）。

では、「中心政党」の「指導理論」とはいかなるものだろうか。その最初に掲げられたのは「我が家族国家の特性を体し全体主義に立ち、個人主義・自由主義並に階級主義・社会民主主義を清算すること」であった（二―一）。ここで、山崎の「中心政党」論が「全体主義」によって表現されたことは興味深い。この「全体主義」は二つの面から説明できる。

まず、彼は「国体の本義に基き、天業輔翼の臣民道に即する政治理念に立ち、民主的にして対立観を基底となす既成の政党理論を一新すること」（二―五）を主張した。この「政党理論」は、二大政党が交互に政権を担当する「憲政常道」と置き換えても差し支えないはずである。それが問題なのは、二大政党の政策論争・政権交代が効果的に機能せず、むしろ「党利と地盤を第一義となすが如き派閥的分裂抗争の弊習」(三—一)に転化したからであった。山崎の「全体主義」は、従来の政党政治における競合を「弊習」として否定するものであった。

また、彼は「欽定憲法の大義に循ひ、帝国議会の大政翼賛の機能を昂揚して、日本独特の憲政を再建し、憲法を邈視する専制独善の思想を反省せしむること」(二—六)を主張した。山崎において「全体主義」は、明治憲法を尊重して「憲政を再建」するものでもあった。なお、「専制独善の思想」とはドイツやソ連などの政治体制を理想化する傾向への形容である。それは、山崎が「独裁専制」を「〔欧州の〕個人主義的国家、物質万能の国家、階級対立の国家に於いて国家分裂の岐路に立てるが如き場合に行はるゝ」政治とみなしていたことに示されている。(18)

おそらく、この「独裁専制」との差別化を図るために、山崎は「組閣の大命は、政党首領たる者拝するも、然らざる者拝するも、一に　親裁に在り」(二—七)、「新党は、「イデオロギー」に依る結合たるべく、人を中心とする集合にあらざるを以て、必ずしも首領を予定するの要なかるべし」(三—五)を付け加えたと思われる。彼は「中心政党」から独裁者が出現することを避けることで、明治憲法のなかに「中心政党」を位置づけようとしたのである。このような発想は、日本において一国一党が結成され、同党の党首が首相に就任することを幕府的存在の出現として批判する、佐々木惣一京都帝国大学教授の議論から示唆を受けたものかもしれない。山崎は、京都帝国大学の学生時代から佐々木と親交を結んでいた。(19)

以上のように山崎の「全体主義」とは、従来の政党政治における競合を否定し、明治憲法の枠組みを維持する形で、新しい政党政治を志向するという認識の謂いであった。こうした文脈において、「憲政常道」の復活は放棄されることになった。このような「全体主義」によって山崎の「中心政党」論は表現されるものとして成立したのである。

ここで、「中心政党」論を久原房之助の一国一党論から発展した国民協議会案と比較してみたい。政友会の領袖である久原もまた、一九三八年の新党運動にあたって独自の政治体制構想を近衛に提出していた。その意味で、国民協議会案は「中心政党」論の補助線として有効であると思われる。[20]

国民協議会案の「目的」は、「天壌無窮の皇運を扶翼し、八紘一宇の大理想を徹底すべく文武官民渾然融合して諸般の方策を研究し、国民を指導し、上意下達、民意上達の両全を図り、以て憲政有終の美を済す」ことに設定される。国民協議会は本部（東京）・支部（道府県、植民地、占領地）・分区（市町村など）から構成され、本部は貴衆両院議員、「内閣総理大臣の推薦する文武官吏」、「本会総裁の推薦せる各種産業団体、公共団体の役員及び職員」によって組織される。[21]

やや後になるが、民政党の機関誌に国民協議会案についての評論が掲載されている。この評論によれば、国民協議会案の「要点」は、「現在の諸機関や諸勢力をそのまゝとして国民の総意（各派各方面の意見）を蒐めるといふことゝ命令系統を一元化するといふこと」および「この間の推進力を相互の「協力」に求めんとする処」にある。また、久原は「彼の立場の変化、即ち此度の政友会総裁への就任」によって、「一国一党論より一国一体論への移行」、「「合同」の必要より「分立」の是認への変化」をみせた。つまりこの評論は、久原が政友会における地位を優先したために、政党の再編をともなう一国一党から、再編をともなわない国民協議会へ転換したと説明しているのである。[22]

このように、山崎の「中心政党」論と久原の国民協議会案の差異は、政党が競合することを前提とする立場（久原）と、しない立場（山崎）にあった。「新党私見」は、「各政党を全く原形のまゝとなす建前の諸案」を「政治改革の見地に於ては、多くの実効を期待し難かるべし」と批判する（一‐五）。もっとも、一九三八年の新党運動の時点で、山崎が久原の国民協議会案に接していたか否かは判然としない。しかし、山崎と久原の隔たりは、一九三九年の四月から五月、政友会が鈴木喜三郎総裁の後継争いのため、中島知久平派と久原派に分裂し、六月、旧昭和会が中島派に復帰することによって決定的となる。

それは、久原が安達謙蔵国民同盟総裁を訪問した際のエピソードによって裏付けられる。国民同盟は、衆議院で旧昭和会と第一議員倶楽部を形成していた。その席上、久原は徳島県のある町で「町会の外に、協議会と云ふものが出来、町会はほんの形式だけで、万事はこの協訳会《ママ》でやつてゐる結果非常に良い成績を挙げてゐる」と国民協議会案を自画自賛した。これに対して、安達は「貴下は、既成政党は現状の儘として、更に協議会と云ふやうなものでもつくらうと云ふのですか」と反論した。結局、久原は「余り要領を得た返事はせずに」、両者は「素気ない別れとなつた」。この一件も原因して、国民同盟は久原派よりも中島派に「非常な同情を有つて、間接直接の援助を与へる」ようになり、旧昭和会は第一議員倶楽部を「非常に和やかに」脱退した。(23)

ところで、旧昭和会の中島派復帰の背景には中島派の内部事情があった。中島派では、政友会の分裂に消極的なグループによって、「総裁単一化」運動が展開されていた。そこで、中島派幹部は派内の動揺を抑えるために、旧昭和会に同派への復帰を呼びかけた。六月一二日、中島派と旧昭和会の合流準備委員は「革新政策の基本綱領」「事変処理並に対外国策決定の基礎的要素」「議会政治の刷新と政党更生の指標」について政策協定を行った。(24)翌一三日には、中島派の議員総会において山崎ら八名の合流が正式承認される。(25)

ここで、六月一六日に中島派が幹部政調役員連合会(山崎も総務として出席)で可決した「主義政策要綱」に注目したい。(26)その項目の立て方は、一二日の政策協定とほぼ同一の「第一、吾党革新政策の基本綱領」「第二、事変処理並に対外国策決定の基礎的要素」「第三、議会政治の刷新と吾党更生の指標」であった。「第一」の「一」では、次のようなことが掲げられている。

国体の本義に則り、我国独特の立憲政治を顕揚し、一君万民億兆一心の家族国家体制を充実発展せしむると共に、個人主義を基調としたる西洋模擬の自由民主々義並びに専制独裁主義の政治思想を排除し、各般の政治及行政機構の改革を断行して、強力なる政治組織を確立すること。

「強力なる政治組織」とは、六月二一日の両院議員支部長連合総会で中島が演説したところによれば、「強力政党」のことであった。[27] この一文は、山崎の「中心政党」論における「全体主義」と共通の構造をもっているといえる。こうした傾向を一九三九年後半に発表された政友会久原派、民政党の基本的な政策のなかに認めることはできない。山崎の「全体主義」を基軸とする「中心政党」論は、政友会の分裂後、中島派と旧昭和会の政策協定を介して中島派に共有されていったのである。[28] このような政治体制構想は、新体制運動においてさらに展開することになる。

二　政党組織私案の構成要素

一九四〇年の新体制運動[29]は、内政面では第七五回帝国議会衆議院本会議の斎藤隆夫演説事件、外交面では前年の第二次世界大戦勃発を契機として開始される。この運動に際して、山崎・前田・久原ら既成政党の指導者は近衛文麿側近の風見章（衆議院議員、無所属）に接近する。[30] 木舎幾三郎（政界往来社社長）の回想には、「山崎達之輔、太田正孝、船田中君等（中略）は主として（中略）新党の綱領からはじまって政策面の方を研究しようと、（同社の）別室に引籠ってやっていたものだ」、「新党の綱領、新政策については内々、近衛さんから風見君を通じて話があったらしく、山崎達之輔氏が主査格となって、各党の政策などについて、方々から資料を取寄せて、やっていたようだ」とある。このように近衛の依頼を受けた山崎は、彼を中心にして船田中（政友会中島派）・太田正孝（同中立派）とともに新党の綱領および政策（本章では仮に「政党組織私案」と呼ぶ）の起草にあたっていた。[31]

残念ながら、これらを記録した文書を確認することはできなかった。しかし、政党組織私案の構成要素を知ることができる史料として、まず六月七日に政界往来会館で開かれた座談会の記事がある[32]。

この座談会において、山崎は新党の「根本精神」を問題にした。彼の「階級主義自由主義は清算する」という発言は、当然、「全体主義」に即したものであった。砂田重政（政友会久原派）が「いま自由主義論者といはれてゐる人の間には、（中略）本当の旧い時代の自由主義論を以て現在の国家組織の上にその儘実行し得ると考へてゐる人はをるまい」と語ったのに対して、山崎は「砂田君は精神は同様なのだが（中略）極めて遠慮して言はれたから意見が違ふやうに見えるかも知らぬが」と述べた。ここに示されているのは、山崎が「自由主義者」と目された鳩山一郎らを抱える久原派に批判的であったことである。このように、山崎は新党における「全体主義」的な「根本精神」の同一性を重視したのである。

では、このような同一性が確保されたとして、新党は現実政治のなかでどのように機能するのだろうか。ここで、山崎が政策形成のあり方を問題にしたことは非常に興味深い。山崎は、「こゝに強力な組織が出来れば、議会内の行動といふものは今までよりも華々しさは極く減退する」、「寧ろ普段から政府の仕事に直接協力するといふやうな建前に行くのぢやないか」と前置きして、次のように語っている。

所謂事前参加といふか、（中略）政府が案を作ること自体に政党が参加する。（中略）政党なら政党の中に政府でいふと今の企画院のやうな大調査機関が出来なければならぬ。さうしてそこでも始終研究して行つて、同時に政府の方に対しても委員組織か何かで、兎に角政府の法案の立案それ自体を今までのやうに下僚に任せないで、やはり横の国民代表の部分からの協力を事前に求めて行く。かういふやうな仕組が必要ぢやないか。

前述したように、山崎において競合から「弊習」への転化をプログラムされた政党政治に回帰することは容認されない。では、どうすれば政党内閣崩壊後の政党は、自らの政策を実現できるのか。そこで山崎は、新党の機能として政府の政策形成に「事前参加」することを構想したのである。これは、国民を代表する新党が民意を政策に反映させるという正当化の論理に基づくものであった。山崎の「中心政党」論は、政党が国民代表として行政という営為に浸透するという政治体制構想に発展したのである。

また、この座談会とほぼ同じ時期、山崎は国策研究会[33]において政官財界出身者四〇名と陸軍省軍務局軍務課員とともに「新体制試案要綱」の作成および審議に参加している。[34]八月二一日（この時点で、主要政党は解党している）に発表されたこの試案は、「第一　立案の趣意と目標」で「自由主義的原則に立脚せる議会の多党制的代議士党の性格を止揚し、国民的綜合組織を基礎とした統一的政治的指導力を有する政治新党を確立すること」などを謳い、「第二　政府自体に於て為すべき新体制要綱」「第三　政府と表裏一体を成す国民的指導部の結成と方法」「第四　政治新党による国民組織建設運動要綱」「第五　経済団体に関する新体制要綱」から成る。ここでは、「政治新党」すなわち「国民的指導部」結成のプランである「第三」に注目したい。

まず、「国民的指導部」は「総合的な国民組織を基礎とし、政府と表裏一体となり、新東亜建設の民族的理想を内外に顕現するところの強力なる政治性と指導性を具有したる皇道翼賛体制」と規定された。その構成員は「政府（但し第一段階は現職軍人官吏を除く）及び貴衆両院、財界、民間各層の実力的指導分子」である。このような体制のもとで、「議会の職能は国民的翼賛体制の一翼として再組織され、且つ政治新党の議員団として、〔中略〕国民運動の第一線に立つと同時に、内部の智能的優秀分子を送つて行政立法への事前参加、議会を通ずる国民の政治的努力の機関として充実され」ることになる。

そして、こうした役割を担う議員の資格は、「議会は選挙法を改正し、真に国民の代表的選良の府として内外国民の信頼を再組織しなければならぬ」とあるように、選挙が判別するとされた。ここでは、「〔政党が〕既に擬装と真装とを問はず、解党した」状況下での「観念的革新論や所謂既成政党撲滅論は過去の政治的対立を発展させたる一種の報復論」として退けられる。旧政党人であっても新選挙法のもとで当選し、「国民の代表的選良」であると確認されれば、「政治新党の議員団」に参加できるのである。

では、「国民の代表的選良」を担保する新選挙法とはいかなるものなのだろうか。この問いにおいて、山崎らの政党組織私案に対する近衛の「この中にある選挙の推薦制などということは、全く憲法を蹂躙する考え方」であるという批評は、断片的であるものの示唆的である。その理由は、近衛の批評の妥当性よりも、選挙における候補者推薦制が山崎らの政治体制構想の射程に入っていたことにある。この問題についてはあらためて述べる。

これまで検討してきたように、新体制運動における山崎らの政党組織私案は、少なくとも三つの要素から構成されていたといえる。第一に、新党は「全体主義」を求心力にする。第二に、新党は政府の政策形成に「事前参加」することで民意を政治に反映させる。第三に、新党の構成員は新選挙法のもとで当選することによって第二の資格を認定される。このような政党組織私案を山崎らは近衛に提出したのである。

ここで、新党をめぐる山崎らの私案と近衛周辺の認識に注意したい。一九四〇年七月、近衛のブレーンである矢部貞治東京帝国大学教授は、「新しい政治体制とは」という評論を発表した。この評論において、矢部は「新しい政治体制では、中心は議会に在るのではなく、補弼の重責をもって国策を樹立し、これを遂行するところの内閣が、全機構の主動的な中枢推進機関とならねばならぬ」と主張した。矢部の議論は、行政を重視することに限っていえば、山崎らの私案と共通する内容をもっていた。しかし、近衛周辺は既成政党との混同による悪印象、またはいわゆる幕府論を回避するために、新体制運動の目的地を新党から遠ざけていった。そして、周知のように新体制運動は公事結社としての大政翼賛会を成立させるにとどまった。その結果、旧政党人にとって矢部の議論は、彼らを内閣の下位に配置された議会に閉じ込める意味しかなくなったのである。

三　候補者推薦制案と選挙法改正問題

新体制運動における山崎らの政党組織私案は、新党の構成員としての資格を判別するため、選挙に候補者推薦制を導入するという項目を組み込んでいた。では、この候補者推薦制とはどのようなものだったのだろうか。ここでは、『政界往来』一九四〇年一一月号に掲載された、木村正義「選挙法改正の重要点」（一〇月一〇日稿）、船田中「選挙法改正の基本的検討—定員減少、大選挙区制、候補者推薦制、連記投票法等の研究—」（同月九日稿）に注目したい。旧政友会中島派の木村と船田は、政策的には選挙制度改革に造詣が深く(38)、人脈的には山崎系に位置した(39)。これらは、政党組織私案の推薦制に近い議論として検討してよいと思われる。

ところで、この二本の論文は、一九四〇年の第七六回帝国議会に候補者推薦制の導入を含む選挙法改正案の提出が予想されるなか発表された。従来の研究は、一九四〇年の選挙法改正問題を、いわゆるピラミッド型推薦会制を推進する内務省と、これに反対する大政翼賛会議会局（議会集団）という図式で描いている(40)。すなわち、ピラミッド型推薦会制は、郡単位で部落、町村から組み上げられた推薦会が候補者を決定するというものだった。また、このような行政単位を基礎にした推薦会で内務省が主導権を握ることを議会局は警戒した、とされる。では、こうした図式に旧政友会中島派の候補者推薦制案をどのようにプロットすることができるだろうか。この点も併せて検討することにする。

まず、一九四〇年の選挙法改正問題が同時代のいかなる文脈から「問題」化したのかをおさえておこう。『朝日新聞』の社説は、次のように論じている。

何故に議会はしかく国民の信頼を喪つたのか。それは既成政党が徒らに政権争奪に没頭して醜をさらしたにもよるが、さらに根底的には、議会が幾度かの選挙法の改正にも拘らず、真の国民の代表者を選出し得ない失望に発したことは争はれない。〔中略〕いはゆる「有名無名の人材」を議会に網羅する途が案出されなくては、〔中略〕兜作つて魂のなきものに外ならぬ。〔中略〕この意味から、吾人は問題をしばらく立候補制度に集中せよと主張したいのである。(41)

議会あるいは政党がほんとうに「国民の信頼」を失ったのか、そもそも「国民の信頼」なるものの増減が計測可能なのか、その当否はひとまず問わない。ここでは、議会や政党に対する批判的な視線が選挙法改正を「問題」として捉えたことを確認しておく。そして、選挙法改正の選挙区制、議員定数、選挙運動といった複数の論点のなかから、国民代表選出の根幹である候補者推薦制がクローズアップされたのである。

このような時代の要請に、旧政友会中島派の候補者推薦制案は応えようとするものであった。木村は、「議会に問題があるとするならば、それは議会を構成する人の問題であ」ると、選ばれる側を「問題」にして次のように提唱する。

選挙法改正の終局の目的は、要するに国民の代表として立派な人物を議会に送ることである。〔中略〕この点から二千円の供託金さへ出せば誰れでも立候補が出来る現行制度(自由立候補制度)は廃棄せられねばならぬ。然らば議員候補者は如何にして定むるか。若しも大政翼賛会が一党一派的のものでなく国家的国民的の団体とすれば、苟も議員たらんとする人が、この団体の外に在ることは予想出来ぬことである。然らば、大政翼賛会に

於て公認せられた候補者に限定することは何等差支ないことゝ思ふ。(42)

木村において、「自由立候補制度」は明確に否定される。その代替案が、大政翼賛会による候補者推薦であった。旧政党人は、幕府論によって攻撃される以前の翼賛会に、候補者推薦という権限を付与しようとしていたのである。ここでの論理は、「議員たらんとする人」は「国家的国民的の団体」としての翼賛会に選挙の前も後も当然所属するはずなので、翼賛会の推薦を受けた候補者だけが選挙に立候補できるというものであった。この時期、旧政党のほとんど全員が翼賛会参加に向かっていた（翼賛会発会は一〇月一二日）。したがって、このような論理は現職の推薦に有利にはたらく可能性が高い。彼は選ばれる側の「問題」を、国民全体から推薦されるという形式によって解決しようとしていたのである。

一方、船田は選ぶ側に方向を変えて次のように提案する。

候補者推薦会又は銓衡会制度の創設

〔中略〕一般選挙民より選出せられる第二次選挙人が、一般選挙民に比し原則として有能であることは当然であつて、従つて有能な議員の選出に付て間接選挙が相当の効果を挙げ得るものなることは明かである。〔中略〕間接選挙の特徴を強化しつつ其の悪弊〔買収を指す〕を除去することが制度化し得るならば、選挙制度として極めて好適のものであつて、その点に於て候補者推薦制度の創設又は銓衡会の法認の問題が考へられる。(43)

船田の議論を、「有能」な選挙人が「有能」な議員を選出するという候補者の有権者に対する責任転嫁である、とみなすなら早計だろう。ここでは、国民誰もが納得する人選で候補者の推薦会あるいは銓衡会を構成するよう主張されているのである。彼もまた国民全体の推薦という形式を、選ぶ側の支持を意識する形で目指していたのである。

以上のように、旧政友会中島派の候補者推薦制案の目的は、国民全体の推薦という形式をとることで、政党ないし議会が国民の信頼を回復するというものであった。しかし、この目的は政党組織私案の構成要素に鑑みれば、表向きに過ぎない。同案の真の目的は表向きの目的を達成することで、政党が政府の政策形成に浸透するための正当性を確保するところにあった。このような認識が、山崎—木村・船田ラインを中心とする旧政友会中島派に形成されていったのである。では、彼らの候補者推薦制案は一九四〇年の選挙法改正問題にどのような位置を占めていたのだろうか。

議会局の臨時選挙制度調査部は、「衆議院議員選挙制度改革に関する意見書」において、内務省のピラミッド型推薦会制に対抗し、「其の選挙区内の有権者壱百名以上（法律を以て其最大限を定む）よりの推薦を受けたる者を以て候補者とす」ることを提案した。[44] 一二月五日に開かれた臨時選挙制度調査部員の座談会で、立川平（旧政友会久原派）は「議会局の案の推薦といふ意味は、内務省のいふ推薦とは全然違ふ」、「内務省の推薦は所謂ピラミッド型で一定の型の下に推薦させる。議会局の作つた案の推薦といふ意味は、要するに自分が立つのだ、しかし形式としては推薦人を要するのだ」と述べる。また、東条貞（同）は議会局案なら「誰でも宜しい、百名なら百名の推薦さへあればよいのだといふことであるならば、〔中略〕わけもない話」、「事実から行けば自由立候補と同じ」であると語る。[45] つまり、議会局案の推薦制は、候補者が推薦者を揃えるだけで、実質的に自由立候補制を維持するものであった。

しかし、このような議論ばかりに座談会が支配されていたかというとそうではない。原惣兵衛（旧政友会中島派）は次のように発言し、これに山道襄一（旧民政党）・森下国雄（同）・飯村五郎（旧昭和会・第一議員倶楽部）・浅沼稲次郎（旧社会大衆党）も同調している。

問題は、政党が〔中略〕解党してしまつて、お互が大政翼賛の本義に則つて真剣に大政を翼賛して〔中略〕行くか行かないかといふ、その理論と形式とをはつきりさせる意味においても、〔中略〕また実際に一人一党の形を統一する意味においても、大政翼賛会が政治性の大きなものを持つ持たんは別として、公認なら公認、推薦なら

推薦の制度を執ることにしなければ、大政翼賛の現実の問題として収拾がつかないだらうと思ふのです。(46)

このような方向性は、国民全体の推薦というスタイルを追求する木村や船田とまったく同じであるといってよい。もちろん内務省のピラミッド型推薦会制も、こうしたスタイルを想定していたであろう。一方、旧政党は政府が選挙という領域に介入・干渉してくることに一致して反発していた。木村と船田もそれぞれ、「旧来の情実や弊害を醸生する惧ありて不適当と思はれる」、「憲法に所謂「公選」の精神に違背し、官選議員の非難を招来するの虞がある」とピラミッド型推薦会制を批判している。(47)

ここで問題となるのは旧政党対内務省という図式である。自由立候補制の賛否では、旧政党のあいだに意見の相違が生じていたし、国民全体の推薦という理念では、旧政党と内務省のあいだで提携の可能性が開かれていたのである。このような重層構造を、旧政友会中島派の候補者推薦制案は一九四〇年の選挙法改正問題のなかで体現するものであった。

もっとも、選挙法の改正は結局見送られた。代わりに「衆議院議員の任期延長に関する法律」が成立し、任期は一年延長された。(48)山崎―木村・船田ラインが企図した候補者推薦制案の実現は、保留されたのである。そして約一年後、衆議院の任期満了が再び近づくと、山崎は総選挙の実施をめぐって政府および軍部との交渉にあたることになる。

四 翼賛選挙の論理

一九四一年一〇月に成立した東条内閣は、一二月に太平洋戦争の開戦に踏み切った。第二一回総選挙は緒戦の勝利のなか政治日程にのぼり、この選挙に向けて翌年から翼賛選挙貫徹運動が展開される。その一環として、二月二三日に翼賛政治体制協議会（以下、同時代に倣い「翼協」と略）が結成された。

これまでの研究は、翼協の成立過程や候補者推薦に、山崎を含む議会集団（主に、一九四一年九月に結成された衆議院の院内会派である翼賛議員同盟、以下「翼同」）の指導者が関与していたことをすでに指摘している。(49) ここでは、翼賛選挙において山崎が国民全体の推薦をどのような候補者に、どのような論理で試みたかについて検討することとしたい。

翼協は、中央地方の議会・翼賛会関係者・財界人・有識者などを網羅した候補者の推薦団体であった。会長には阿部信行（陸軍大将）、特別委員には阿部・瀧正雄（貴族院議員）・太田耕造（貴族院議員）・後藤文夫（貴族院議員・大政翼賛会中央協力会議議長）・伍堂卓雄（貴族院議員・工業組合中央会会頭）・横山助成（貴族院議員・大政翼賛会事務総長）・藤山愛一郎（日本商工会議所会頭）・千石興太郎（貴族院議員・産業組合中央会会頭）・遠藤柳作（大日本興亜同盟理事長）・山崎達之輔・大麻唯男・永井柳太郎・岡田忠彦（以上、衆議院議員）の一三名が就任した。(50)

翼協結成の日、大木操衆議院書記官長は、彼のもとを訪れた代議士四、五名が「選挙銓衡会の話にて持ち切り」で、「昨年来中島派のプランをそのまま軍より政府に提供し発表したるものの由」と日記に記している。(51) ここから、翼協の成立過程において、山崎は「中島派のプラン」、すなわち旧政友会中島派の候補者推薦制案を諸政治集団に提供したことが推測される。もちろん、その過程は旧中島派案がそのまま翼協に発展したといえるほど単純ではないはずである。しかし、翼協は各界の代表者によって構成される団体であった。このことは、翼協の性格が旧中島派案で企図された国民全体の推薦という形式に近いものだったことを示している。

そして、こうした形式を経て当選した議員が新党を構成することを山崎は想定していた。だからこそ、山崎は「〔翼協を〕唯一の政党にしようじゃないか。戦争遂行の政党にしようじゃないか」と提案したのである。(52) このような文脈において、翼協は候補者の推薦団体にとどまらない、新党の母体になる必然性を備えて成立したといえよう。

では、翼協における候補者銓衡はどのような経過をたどったのだろうか。三月二八日から三一日にかけて地方支部は候補者の銓衡にあたった。その際、中央本部から指示された「銓衡基準」は、「推薦すべき候補者は広く各界に亙り、国体の本義に徹し人格識見高く、部分的利害に捉はることなく、国民の信望を担うに足るものにして、且つ聖戦完遂のため翼賛議会確立の旺盛なる熱意と実践力とを有すと認むる者の中より厳に情実因縁を排し各選挙区毎に定員数を銓衡す」というものであった。(53)

二月二五日の総会において、阿部会長は候補者銓衡特別委員に井田磐楠（貴族院議員）・遠藤柳作・大麻唯男・太田耕造・太田正孝（衆議院議員）・岡田忠彦・勝正憲（衆議院議員）・小磯国昭（陸軍大将）・後藤文夫・伍堂卓雄・下村宏（貴族院議員）・末次信正（海軍大将）・千石興太郎・高橋三吉（海軍大将）・瀧正雄・田中都吉（日本新聞会会長）・永井柳太郎・平生釟三郎（貴族院議員・大日本産業報国会会長）・藤山愛一郎・前田米蔵（衆議院議員）・山崎達之輔・横山助成の二二名を指名した。三月三一日から四月五日にかけて銓衡委員の審議が行われた。審議の結果、翼協は新人二一五名、現職二三〇名、元職一九名（合計四六四名、沖縄県の二名が審議未了）を推薦することになった。(54)

このように、山崎は翼同を代表して翼協の候補者銓衡に加わっている。議員倶楽部の太田正孝は「実際推薦候補の選定については大麻、永井、前田、山崎（以上、翼同）、太田の五人があたり、〔内務省〕警保局長の今松治郎が関係した」と回想している。(55)また、翼協事務局長の橋本清之助は「私がいろいろさい配を聞いたのは前田さんを主にしました」、「やはり選考のときは、〔大麻に対して〕山崎、永井のほうが……」と述懐している。(56)これらから、山崎にはかなりの発言力があったといえよう。では、山崎らが企図した国民全体の推薦に値するのは、どのような候補者なのだろうか。

山崎は、湯沢三千男内相に対して次のように語っている。

今の翼賛議員同盟の中の二百名は如何なる選挙でも当選する実力をもつてゐる。従つてこれらの人達は抱込むことにする。でこの二百名は旧議員の中から当選させる。後の百五十名はつまり好しからざるものとして追放する、追つぱらい新人物を出さうではないか、これだけ確保すれば戦争遂行の基盤になるではないか(57)

この発言から指摘できるのは、当選第一主義の見地から翼協に翼同の現職を推薦させようとする思惑だけではない。ここには、候補者の「好ましさ」を測定するために何らかの指標があることも見出せるのである。

山崎は、翼賛選挙における自身の選挙公報(58)のなかで次のように述べている。

必勝の国内体制を確立しますには、あらゆる派閥的対立をかなぐり捨て、真に大政を翼賛し奉るべき皇国本然の翼賛政治体制を建設することが何よりも大切であり、そのためには、あまねく大政翼賛の熱意に燃えた有為な人材を動員して、清新強力なる翼賛議会を建設することが絶対に必要であります。

このような政見は、同時代の代議士あるいは候補者たちと比べて別段珍しいものではない(59)。その反面、このありふれた文言のなかから、「あらゆる派閥的対立」の否定（それは「政府と議会と国民」が「一身同体」になるとも表現される）という一貫した議論を抽出することができる。こうした議論に賛成する候補者さらには議員の結集を、山崎は翼賛選挙の目的とした。それゆえ、彼は「翼賛政治体制の確立が戦争完遂のために最も緊要なる先決要件と確信」し、「翼賛政治体制協議会の一員に加は」ったのである。

もっとも、このような目的の達成は必ずしも容易ではなかった。山崎をはじめとする旧既成政党出身の翼協委員は、候補者の銓衡にあたって、ジャーナリズムで台頭した「新人待望論(60)」に向き合うことになった。『朝日新聞』は、第二一回総選挙の意義を「非常時なるがゆゑにこそ、〔中略〕総選挙を断行し、〔中略〕真に国民に基礎を置く翼賛議会の実現が要請される」と説明している(61)。では、どうすれば「翼賛議会」は「実現」することになるのか。その構成員を「新人待望論」は問題にした。

当面の問題としては、今回の選挙に際し、議会の人的内容を一新し、先づ大東亜建設の大業を翼賛するに相応しい議会たらしむることが第一の要件である。〔中略〕それ〔「新人登場」〕には、公正にして強力な候補者推薦会の問題も真剣に考慮されねばならぬ。[62]

このように「新人待望論」は、旧既成政党系現職が再選されることに異議を唱え、翼協の候補者銓衡が「新人」に有利にはたらくことを要求するものであった。しかし一方で、「新人待望論」の台頭自体、「新人」の弱さ、逆に言えば「旧人」の強さを認めることの裏返しであることを示唆していた。

協議会や翼賛会あたりでしきりに唱へてゐるやうな〔中略〕ことは最も大切な条件に相違ないが、これはまた同時に最も当然な条件で、誰が見てもこの条件に反するといふやうな人物はさう沢山はない。大抵の人物はこの条件に当てはめようと思へば当てはまるのである。[63]

山崎ら旧既成政党出身の翼協委員は、候補者の銓衡基準によって、ジャーナリズムの「新人待望論」に対抗していた。前述したように、山崎は旧既成政党出身者であっても、政府に協力する姿勢を認定できれば、推薦の対象になるという認識であった。このような論理を山崎らは候補者の銓衡基準に滑り込ませていたのである。そして、山崎らの論理は、戦時における「挙国一致」という誰もが納得する論理に内包されるものであった。したがって、いくらジャーナリズムが「新人」を応援しても、「新人」は「新人」という理由だけでは推薦されない、困難な状況に追い込まれたのである。

加えて、「新人」というブランドに対する冷めた雰囲気も醸成されていった。

新人旧人といふ言葉も不当に使はれてゐる場合が多いやうである。いはゆる時局便乗の新人が政府の唱へてゐる

「時局の要請に応ずるの材」と混同される場合は極めて多いやうである。最近では新人といふ言葉に対して一種の批判的な空気が出て来た(64)

雑誌のある論者によれば、「新人の根拠を求めようとする意見」として、「過去に於て既成政党人的経歴をもたない者といふ要求」がある。この場合、推薦が予想されるのは「地方の所謂徳望家ないし顔役のごとき者」である。そのうち、「平常強く政治的関心を抱き或程度の政治的自負心をもつてゐる程の者」は、「過去において既成政党に関係をもつてゐたものが尠くない」。また、「その外の人々」は「何等の野心もなく、潔癖で、政治的社会に出て活動することを不得手」とする、あるいは「政治的な活動が打算上不利益」とする者に大別される。既成政党とまったく無縁な人々のなかから政治意識の高い候補者を発掘することは、至難の業なのであった(65)。

つまるところ、この時期広く流布していた「新人」の定義は、前職か元職の候補者を対置することくらいでしか成り立たないものであったといえよう。実際、翼協が推薦した「新人」は「一般には清新な感じを与へ」ず、「何時の間にか「新人」の代り〔に〕「新顔」と呼ばれる」ようになる(66)。

四月三〇日、翼賛選挙の投票が実施された。当選者（合計四六六名）の内訳は翼協推薦三八一名、非推薦八五名であり、「新顔」では推薦一六九名、非推薦三〇名、前職では推薦二〇〇名、非推薦四七名、元職では推薦一二名、非推薦八名であった。「推薦候補者はかくて圧倒的多数を占めることになつた(67)」。このように、国民全体の推薦というスタイルが各選挙区の国民によって承認される形で、翼賛選挙は成功を収めたのである。

五　「事前参加」の制度化

翼賛選挙から間もない五月二〇日、唯一の政事結社として翼賛政治会（会長阿部信行、以下「翼政」）が創立される。翼政の「目的」は、規約で「国体の本義に基き大東亜戦争完遂のため挙国的政治力を結集し翼賛政治体制の確立を図り以て大政翼賛の実を挙ぐる」ことに定められた[68]。また、翼政の発会当初の会員数は、「貴族院関係三二六名、衆議院関係四五八名、各層〔各界〕関係二〇二名、合計九八六名」を擁した[69]。翼賛選挙の終了以降、山崎は翼賛政治結集準備会の特別委員、翼政の規約・綱領の起草委員、翼政創立準備委員を歴任しているように、翼政の結成に重要な役割を果たした[70]。

山崎を会長とする翼政の政務調査会（以下「翼政政調会」「政調会」）が第一回役員会を開催するのは、六月二三日のことである。この政調会が翼政における政策形成の主要な機関であることはいうまでもない。「政務調査会規程」によれば、同会は「各省別調査委員会を置く」（第四条第一項）。各省別調査委員会は「内閣及各省所管事項の調査に従事」する（同第二項）。また、「必要に応し特殊の重要事項の調査に従事するため」の「特別調査委員会」を設ける（同第三項）とされた[71]。さらに、各省別調査委員は「庁務を補け」ることを目的として政府に新設された、内閣委員および各省委員[72]に任命された。

この翼政政調会について、従来の研究は、衆議院調査会（一九四一年設置）と同様に帝国議会の常置委員会構想を具体化したものと評価している[73]。政党内閣崩壊前後より、政党は議会の機能を拡充・強化するべく常置委員制度を構想したが、政府や貴族院が常置委員制度と憲法（議会の会期に関する規定）の関係に問題を見出して反対していた[74]。この点については、山崎も「私はこの〔「常置委員」の〕問題の実際の解決は却々困難ぢやないかと見てをる」と認め、「これ等〔「内閣及び各省専属の委員」「翼賛会内の調査」「議会に於る調査機関」〕の調査施設をうまく綜合して運営すればですね、常置委員設置論者の考へてをる目的をほゞ達し得るんぢやないか〔中略〕と斯う考へてをります」と述べている(75)。

ここでは、同時代において翼政政調会に対する次のような評価もあったことに注目したい。各省分属の調査員の制度が適切であるかどうかは、頗る疑はしいと思ふ。〔中略〕翼政主脳部は何故に、翼賛議会の確立をめざし、継続委員会乃至常置委員会を設置するの抜本的英断に出でようとしないのであらうか。〔中略〕いづれにせよ、翼賛議会の本質は、補弼道への協働、行政能率の促進にこそあれ、役所の嘱託となつて徒らに不熟練なる行政委員となることにはなし得ないはずである(76)。

これは、翼政政調会に各省別調査委員会を設ける必要はない、帝国議会に継続委員会や常置委員会を置けばよいという、「翼賛議会の確立」に名を借りた翼政に対する批判である。

批判の根拠として二つの「疑問」が挙げられる。まず政調会に対する「疑問」は、「議院法上の各種委員会のごとき公の機関とは認め難く、〔中略〕果して然らば、帝国議会の政府当局への協力機能を増大する上に未だ足らざるの憾みなきや否やに存する」。また各省別調査委員会に対する「疑問」は、「官制による場合ならば一層、行政機関の下請作業に堕し、内閣の補弼作用に対し〔中略〕協力建設の念願に基いて、堂々大局的観点より貢献するはたらきが、いささか鈍化する惧れがないかどうかにある(77)」。

これは、政調会には法的な裏付けがないため政府と議論しがたく、各省別調査委員会には法的な裏付け（勅令）があるため政府に従属しやすいという、一見矛盾ともとれる論理であった。とはいえ、ここでは帝国議会の常置委員会を優先するジャーナリズムが翼政政調会の各省別調査委員会を批判したこと、さらに、そのような批判に遭遇した翼政幹部があえて各省別調査委員会を設置したこと、この二点が確認できればよい。

なぜ、翼政幹部は各省別調査委員会の設置にこだわったのだろうか。その理由を探るには山崎の認識が重要になってくるだろう。

『朝日新聞』紙上の座談会において、彼は次のように発言している。

〔「支那事変発生」前、〕政府で大きな立法の計画をする、あるひは大きな予算の計画を立てるといふやうな場合には実はそれが表面に現れる前に相当の期間をかけて〔中略〕表面に現れる、〔中略〕議会に現れるといふやうな状態がまづ普通であつた、この事変下においてはさういふやうな悠長なことは出来ない、もう刻々と情勢は変り、その情勢に応じて、しかも相当影響の大きい問題も政府としては取極めをして行かねばならぬやうな事実があるために、政府の施設が当を得ないやうなことが少くない

さういふことは〔中略〕〔翼政が〕広く眺め静かに考へて政府に示唆を与へ、あるひは時に反省を要求するといふことは戦時下の行政運用を健全ならしむる上において、決して効果少からざるものがあると確信してゐる(78)

山崎は、日中戦争の開戦と長期化のなかに、行政の過密化という傾向を読み取っていた。そのような状況において、政府は事務の処理に忙殺されて、国民の現状を軽視する形で法案と予算を立案してしまうかもしれない。この問題への対応として、山崎は翼政政調会の各省別調査委員会と政府の各省が密接に協力することで、法案と予算の立案を適正化していくという方法を考慮していたと思われる。

さらに第一回政調会役員会の席上、彼は次のように挨拶している。

常時政府に協力して国政の運行に寄与すると共に、健全なる翼賛議会を建設することは翼賛政治会の重大使命で

ありますが、本調査会は此の使命達成の基礎工作を整備すべき役割を担任するものであります。(79)
この論理構成で注意すべきは、山崎が政府と議会の並立を前提として、両者の基礎に翼政政調会を位置づけていることである。このことから、さしあたり翼政政調会は政策形成において行政府と立法府を横断する存在であるといえよう。だとすれば、翼政政調会は政府と議会における既存の機関や権限との整合性を問われることになるはずである。この問題を掘り下げることで、翼政政調会の性格をクリアにしていきたい。

翼政常任総務会が政調会の委員を決定した六月二五日、山崎は『政界往来』誌上で同社の木舎幾三郎と対談している。まず、貴衆両院の調査会との関係については、「議員各自の調査の資料を議会の事務局として提供するところに重点がある訳だから、あそこで政策を協議したり、政策を定めたりしていくわけぢやない」、「去年まで〔中略〕各省別でヒヤリングをやつて居つたが、〔中略〕これは翼政会の方で受持つていく」と述べる。(80)翼政政調会は、議会による情報収集に取って代わることで、機能を拡大するとされたのである。

一方、政府との関係については、「本拠はつまり翼政会の調査会に置いて、さうして翼政会調査会のメムバーが、政府の委員として出ていく」、「政府の委員として得られた材料なり資料なりを、やはり翼政会の調査会に持つて来て、〔中略〕翼政会に於ていろいろ研究し、調査した結果を齎して、政府の委員としての任務遂行に当る」と語る。(81)翼政政調会の各省別調査委員は、政事結社である翼政を主たる活動の場とする。また、官制の保証を内閣委員および各省委員として受けることで、政府の政策形成に参加するとされたのである。

ここから導き出すことができる翼政政調会の性格は、第一に、各省で政策の素材を調達し、会内において調査研究を遂げ、再び各省で法案を作成する、第二に、政調会における事前審査済みの法案を、翼政全体の意思として議会において議決するというものである。すなわち、翼政政調会は「事前参加」を制度化する形で成立したのであり、そのような意味で「翼賛政治」体制下の行政府と立法府を横断する存在であった[82]。

これに加えて、翼政政調会は「事前の審議といふことばかりでなしに、常時やはり政府に意見を持ち込んで、議会に至らずして解決し得るものは解決してもらふと、斯ういふ両面の働きをしていく」とされた[83]。翼政政調会は政府と議会を横断することで、ある政治課題の解決に法律化を必要とする場合と、現行法の運用で対応する場合の二つの回路を形成しうるのである。

また、翼政政調会は「国民の政治的志意を国政の上に暢達せしむる」ために、「各界との連絡を密にし、調査の完璧を期することが必要で」、「殊に大政翼賛会調査会との連絡は最も大切であ」るとされた。ここで問題となるのは「調査の重複」であった[84]。大政翼賛会調査会は、「一般方針」において「現実生活に即する調査ならびに一般基本的調査を行ふを主眼」とし、「翼賛政治会調査会の調査と常に連絡を緊密にし、重複競合にわたることを避くるを旨とする」とした[85]。このような方向性を、山崎は「翼賛会の調査会で得た材料を翼政会に採り入れて、翼政会の調査の基礎材料にすることも出来るでせう」と解釈した[86]。

先行研究は、公事結社としての翼賛会が内務省の「行政補助機関」化したことを指摘している[87]。しかし、翼賛会が行政の領域にいったん含まれたからこそ、山崎にとって翼賛会調査会は翼政政調会が浸透すべき対象になったのではないだろうか。この文脈において、翼政政調会と翼賛会調査会が山崎の会長兼任に象徴される「人的機構」の「相互交流」によって「緊密化をはかった」事実は[88]、重要であるといえよう。

山崎は、先に引いた役員会の挨拶を「本調査会が充分なる成果を収むることに抛て翼賛政治会は其の使命を達成して国家の要請に応じ国民の信頼に答ふることが出来ると信じます」と結んでいる[89]。以上の検討から、山崎は「中心政党」論以来の政治体制構想が翼政政調会によって具体化されたと確信していたといっても、過言ではないように思われる。

おわりに

ここまで本章は、「翼賛政治」体制の形成と政党人の係わりを山崎達之輔の場合で検討してきた。さいごに本章の論点を整理し、その意義を説明したい。

「憲政常道」の崩壊以降、山崎は政党指導者として新しい政治体制を創出する様々な試みに主体的に参加した。近衛新党運動において、彼は「全体主義」を基軸とする「中心政党」論を作成した。山崎の「全体主義」は政党が競合したために政治が混乱したとして、従来の政党政治を否定するものであった。この文脈において、彼は「憲政常道」の復活を放棄することになった。しかし山崎の「全体主義」は、ドイツやソ連のそれとは異なり、あくまで明治憲法の枠組みを維持する形で新しい政党政治を志向するものであった。

そこで山崎は、新体制運動において、新党が政府の政策形成に「事前参加」するという構想を描いた。この「事前参加」という機能によって、政党は行政という営為に浸透することが可能になる。こうした機能を新党が確保するために、山崎は新党による民意の政策への反映という正当化の論理を用いた。しかし「憲政常道」の崩壊前後、政党は政争やスキャンダルに対する厳しい批判を受けていたのであり、正当化の論理を担保する方法を必要とした。

このような必要に応じて、旧政友会中島派は選挙における候補者推薦制を案出した。候補者推薦制案は、国民全体が候補者を推薦したという形式をとることで、政党および議会が国民の信頼を回復したというフィクションを創造するものであった。このような山崎らの意図に沿って翼賛選挙は実施される。翼協は、候補者を推薦する団体として各界の代表者によって構成された。また、翼協委員に就任した山崎は、旧既成政党出身者であっても政府に協力すれば推薦の対象になるという論理を銓衡基準に組み込んだ。

そして翼政が翼賛選挙の成功を受けて創立された。この翼政のなかに山崎を会長として設置された政調会は、「事前参加」を制度化する形で成立した。すなわち翼政政調会は各省で政策の素材を調達し、会内において調査研究を遂げ、再び各省で法案を作成する。さらに政調会における事前審査済みの法案を、翼政全体の意思として議会において議決するのである。そのような意味で、翼政政調会は「翼賛政治」体制下の行政府と立法府を横断する存在であった。

以上において、山崎が「翼賛政治」体制を明治憲法の枠組みのなかで志向していたことは興味深い。「憲政常道」崩壊の要因は、政党が明治憲法のもとで多元化した政治権力の一元化に失敗したことにあった。[90]その反省に立って、山崎は「全体主義」を標榜したのである。しかし、この「全体主義」は、強力な統合の主体が権力の分立状況を一挙に解決するというものではなかった。そのことは、彼が憲法を尊重する立場から、「独裁」や「専制」に違和感を覚えていたことに表れている。そこで、山崎は分立した政治権力をゆるやかに包摂する新党を構想した。こうした構想の具体化が、翼政政調会における行政と立法の横断だった。このように、政党人が「翼賛政治」体制の形成にコミットした現象の基層には、明治憲法のもとで政治秩序を安定化させるという「翼賛政治」体制の可能性が存在していたのである。

註

（1）その全体像については、升味準之輔『日本政党史論』第七巻（東京大学出版会、一九八〇年）、伊藤隆『近衛新体制』（中央公論社、一九八三年）、赤木須留喜『近衛新体制と大政翼賛会』（岩波書店、一九八四年）、同『翼賛・翼壮・翼政』（岩波書店、一九九〇年）参照。

（2）例えば、粟屋憲太郎『昭和の政党』（小学館、一九八八年、初出一九八三年）。

（3）矢野信幸「新体制論者としての太田正孝」（『日本歴史』第五〇二号、一九九〇年）、同「戦前期既成政党政治家「革新」化の軌跡―大政翼賛会成立以前の太田正孝を事例として―」（『中央史学』第二三号、二〇〇〇年）。奥健太郎「斎藤内閣期における久原房之助の一国一党論」「新体制運動と政党人―久原房之助を中心に―」（『昭和戦前期立憲政友会の研究―党内派閥の分析を中心に』慶應義塾大学出版会、二〇〇四年、初出二〇〇〇・一九九九年）。

（4）衆議院・参議院編『議会制度百年史　衆議院議員名鑑』『同　院内会派編　衆議院の部』（大蔵省印刷局、一九九〇年）。

（5）「第六十二回帝国議会衆議院議事速記録第三号」（『帝国議会衆議院議事速記録』五七、東京大学出版会、一九八三年）。

（6）山崎達之輔「政党政治擁護論」（『政界往来』一九三三年一一月号）一六〇頁。

（7）こうした期待が現実的であったことは、佐々木隆「挙国一致内閣期の政党―立憲政友会と斎藤内閣―」（『史学雑誌』第八六編第九号、一九七七年）が指摘している。

（8）新政倶楽部は、一九三四年一二月に内田信也（政友会を山崎とともに脱党）が地元の茨城県で結成した地方政党。山崎は同倶楽部の名誉顧問に就任した。

（9）昭和会結成前後の政治過程については、拙稿「「挙国一致」内閣期における政党再編の展開」（『日本歴史』第六一九号、一九九九年）参照。

（10）新政倶楽部発会式（一九三四年一二月）における「宣言」（『読売新聞　茨城県版』一九三四年一二月二三日付）。

（11）第二〇回総選挙（一九三七年四月）における昭和会の「声明」（『大阪毎日新聞』一九三七年四月一一日付夕刊）。なお、山崎は林内閣の成立に際して昭和会の党籍を離脱したが、望月圭介とともに同会の指導にあたっていた。

（12）この新党運動については、伊藤隆「昭和一三年近衛新党問題」（『昭和期の政治』山川出版社、一九八三年、初出一九七三年）参照。

（13）以上、原田熊雄『西園寺公と政局』第六巻（岩波書店、一九五一年）二四六〜二四七頁（一九三八年二月二六日条）。

（14）「非常大権干犯」論については、池田順「日中全面戦争下の国家機構再編」（『日本ファシズム体制史論』校倉書房、一九九七年、初出一九八八年）、増田知子「「立憲制」の帰結とファシズム」（歴史学研究会・日本史研究会編『日本史講座九　近代の転換』東京大学出版会、二〇〇五年）参照。総動員法案をめぐる政民両党と近衛内閣の駆け引きについては、ゴードン・M・バーガー／坂野潤治訳『大政翼賛会―国民動員をめぐる相剋』（山川出版社、二〇〇〇年、初出一九七七年）、古川隆久「国家総動員法をめぐる政治過程」（『昭和戦中期の議会と行政』吉川弘文館、二〇〇五年、初出一九八七年）参照。

(15)　『東京朝日新聞』一九三八年二月二〇日付。

(16)　「第七十三回帝国議会衆議院議事速記録第二十九号」（『帝国議会衆議院議事速記録』七一、東京大学出版会、一九八四年）。

(17)　「新党私見　山崎達之輔　秘（未定稿　昭和十三年十月）」（木戸日記研究会編『木戸幸一関係文書』東京大学出版会、一九六六年）三五四～三五五頁。

(18)　前掲「政党政治擁護論」一六〇頁。

(19)　「美濃部博士事件に関する思い出」「山崎辰《〔ママ〕》之助《〔ママ〕》氏と竹田省氏についての追想」（京都府立総合資料館所蔵「佐々木惣一博士関係文書」八五所収）。

(20)　国民協議会案を含む一九三八年の近衛新党運動および新体制運動の諸案は、今井清一・伊藤隆編『現代史資料四四　国家総動員二』（みすず書房、一九七四年）、前掲『木戸幸一関係文書』に収録されている。久原の一国一党論と国民協議会案については、奥前掲論文参照。

(21)　「大日本帝国国民協議会要綱」（前掲『木戸幸一関係文書』）三八四～三八五頁。

(22)　高田勇夫「久原氏の国民協議会案に対する検討」（『民政』第一三巻第一〇号、一九三九年一〇月一日）六七、七二頁。

(23)　以上、湘南隠士『新体制秘録』（新興亜社、一九四一年）二九〇～二九一頁（一九三九年六月一一日付の記事）。なお、徳島県のある町とは横瀬町のことだろう（生田和平「横瀬町協議会の機構」『立憲政友』一九三九年一〇月号、一二～一四頁）。

(24)　以上、『東京朝日新聞』一九三九年六月三、七、一一日付。

(25)　「山崎氏外七氏の立憲政友会合流」（『政友』第四六五号、一九三九年八月一日）二四～二七頁。

(26)　「立憲政友会の主義政策要綱」（前掲『政友』第四六五号）一〇～一四頁。

(27)　「吾が党革新政策の大綱」（前掲『政友』第四六五号）八～九頁。

(28)　久原派では八月一一日、国民協議会案と産業対策からなる「二大政策」を決定している（「二大政策決定」『立憲政友』一九三九年一〇月号、一五頁）。民政党では一〇月九日、「革新政策」を策定している（「我が党の革新政策全貌」『民政』第一三巻第一一号、一九三九年一一月一日、一二～二〇頁）。

(29)　新体制運動については、伊藤前掲書参照。この時期の政友会に関する研究として、前掲「新体制運動と政党人」、民政党に関する研究として、井上敬介「町田忠治と立憲政治の危機」(『立憲民政党と政党改良—戦前二大政党制の崩壊』北海道大学出版会、二〇一三年、初出二〇〇九年）参照。

(30) 風見と山崎らの交渉については、雨宮昭一「大政翼賛会形成過程における諸政治潮流」(『近代日本の戦争指導』吉川弘文館、一九九七年、初出一九八三年）参照。

(31) 木舎幾三郎『政界五十年の舞台裏』(政界往来社、一九六五年）二三八～二三九頁。

(32)「新政治体制を語る・座談会」(『政界往来』一九四〇年七月号)。以下、引用は五二～五六頁。

(33) 国策研究会については、伊藤隆「「挙国一致」内閣期の政界再編成問題」(二)(『社会科学研究』第二五巻第四号、一九七四年）参照。

(34)「新体制試案要綱」(前掲『現代史資料四四　国家総動員(二)』）三一六～三二六頁。各界出身者四〇名のうち、政党人は清瀬一郎・河野密・船田中・三輪寿壮・前田米蔵・小川郷太郎・山崎達之輔の七名、瀧正雄を数えると八名であった（下中弥三郎『翼賛国民運動史』翼賛運動史刊行会、一九五四年、七一～七二頁)。

(35) 木舎幾三郎『近衛公秘聞』(高野山出版社、一九五〇年）六五頁。

(36) 矢部貞治「新しい政治体制とは」(『週刊朝日』一九四〇年七月一〇日号）六～七頁。

(37) 伊藤前掲書参照。

(38) 木村は犬養毅内閣期に政友会の選挙法改正特別委員会に属したころより、選挙制度問題に携わっている。また、船田は「政界革新の第一歩」(『政友』第四二四号、一九三五年一一月一日）を執筆してから、選挙制度問題関連の論考を多数発表している。

(39) 木村は文部官僚時代以来、山崎の側近であった。それは、山崎が岡田内閣の農相に就任した際の「文部省内には今でも山崎系といふものがあり〔中略〕政友会代議士の木村正義君などはその錚々たるもの」という人物評（『東京朝日新聞』一九三四年七月一〇日付）や、木村が香川県知事に就任した際の「最近は山崎達之輔氏の直系として活躍してゐた」という異動評（『朝日新聞』一九四五年四月二一日付）からうかがえる。また、船田は日中戦争勃発後、政策研究をとおして山崎との親交を深めたようである。このことは、矢次一夫の「〔阿部信行内閣期の船田は〕中島派でもあったが、より以上に山崎に近い人物といってよかろう」という回想（矢次『昭和動乱私史』経済往来社、一九七一年、一三五頁）や、先にみた『政界五十年の舞台裏』の記述から推測される。
(40)「解説」(吉見義明・横関至編『資料日本現代史』五、大月書店、一九八一年、以下「解説」)、前掲『近衛新体制と大政翼賛会』参照。
(41)「選挙法改正の眼目」(『朝日新聞』一九四〇年一一月四日付)。
(42)木村正義「選挙法改正の重要点」(『政界往来』一九四〇年一一月号)六七〜六八頁。
(43)船田中「選挙法改正の基本的検討」(『政界往来』一九四〇年一一月号)六四頁。
(44)「衆議院議員選挙制度改革に関する意見書」(吉見義明・横関至編『資料日本現代史』四、大月書店、一九八一年)二六頁。
(45)「選挙法改正座談会」(『政界往来』一九四一年一月号)二一四、二一七頁。
(46)以上、前掲「選挙法改正座談会」二二一〜二二三頁。
(47)前掲「選挙法改正の重要点」六八頁、前掲「選挙法改正の基本的検討」六四頁。
(48)前掲「解説」、前掲『近衛新体制と大政翼賛会』参照。
(49)古川隆久『戦時議会』(吉川弘文館、二〇〇一年)、玉井清「東條内閣の一考察—大麻唯男を中心に—」(大麻唯男伝記研究会編『大麻唯男—論文編』櫻田会、一九九六年、初出一九八九年)、矢野信幸「翼賛政治体制下の議会勢力と新党運動」(伊藤隆編『日本近代史の再構築』山川出版社、一九九三年)、菅原和子「翼賛選挙における「新党運動」—その歴史的経緯と実際—」(『法学新報』第一〇七巻第七・八号、二〇〇〇年)。
(50)「第廿一回衆議院議員総選挙並に之を繞る最近の政治情勢に関する資料」(『内外調査資料』第一四年第六輯、一九四二年、以下「資料」)二五頁、桜木俊晃編『翼賛選挙大観』(朝日新聞東京本社、一九四二年)九〜一〇頁。
(51)「衆議院手帖日記写　1　昭和一〇年一月〜一七年一二月」(国立国会図書館憲政資料室所蔵「大木操関係文書」二〇三)。
(52)『橋本清之助氏談話速記録』(内政史研究会、一九六四年)一七〜一八頁。
(53)前掲「資料」六二頁。
(54)前掲「資料」六六〜六九頁。
(55)有竹修二『前田米蔵伝』(前田米蔵伝記刊行会、一九六一年)四五〇頁。
(56)「橋本清之助氏座談会(翼賛選挙)速記録　昭和四三年四月二六日」(国立国会図書館憲政資料室所蔵「大霞会所蔵内政関

係者談話速記録」)。橋本は農業報国連盟常任理事、のちに翼協事務局長。
(57)「湯沢三千男氏訪問速記」(国立国会図書館憲政資料室所蔵「国策研究会文書」〇〇〇〇七七一五)。
(58)『大東亜建設代議士政見大観』(都市情報社、一九四三年)一二二〇～一二二二頁。
(59) 前掲「解説」参照。
(60)「新人待望論」の諸相については、中村勝範「翼賛選挙と旧政党人」(前掲『大麻唯男―論文編』、初出一九九一年)参照。
(61)「総選挙への期待」(『朝日新聞』一九四二年一二月五日付)。
(62)「来たるべき総選挙の意義」(『朝日新聞』一九四二年二月一八日付)。各紙(「新人出でよ」『東京日日新聞』、「総選挙対策」『読売新聞』ともに同年二月一九日付)も同様の論調であった。
(63)「誰が適格候補者か」(『東京日日新聞』一九四二年三月二三日付)。
(64) 前掲「誰が適格候補者か」。
(65) 以上、三島助治「新人論―翼賛政治体制協議会に寄す―」(『政界往来』一九四二年四月号)二九～三一頁。また、吉村正「選挙の透視と政局の透視」(『中央公論』一九四二年五月号)にも同様の記述がある。
(66) 前掲『翼賛選挙大観』一五頁。
(67) 前掲『翼賛選挙大観』一八～一九頁。
(68)「翼賛政治会規約」の「第二条」による(『翼賛政治会の結成まで』翼賛政治会、一九四二年、四七頁)。
(69)『昭和十七年度翼賛政治会の概況』(翼賛政治会、一九四三年)一〇頁。
(70) 前掲「解説」参照。
(71) 以上、「政務調査会規程」(前掲『昭和十七年度翼賛政治会の概況』)一一三頁。
(72)「勅令第五六六号　内閣委員及各省委員設置制」一九四二年六月九日公布・施行(『昭和十七年　法令全書』第六号、内閣印刷局、一九四二年)。
(73) 村瀬信一『帝国議会改革論』(吉川弘文館、一九九七年)参照。
(74) 衆議院・参議院編『議会制度百年史　議会制度編』(大蔵省印刷局、一九九〇年)九七頁。
(75)「新しき政治の発足　座談会　七」(『都新聞』一九四二年六月一一日付)。

(76)「継続委員会を活用せよ」(『朝日新聞』一九四二年六月二日付)。
(77)前掲「継続委員会を活用せよ」。
(78)「決戦政治の確立　本社主催座談会①」(『朝日新聞』一九四二年一二月一七日付)。
(79)「政務調査会長挨拶要旨」(前掲『昭和十七年度翼賛政治会の概況』)三五頁。
(80)山崎達之輔・木舎幾三郎「翼政会対談」(『政界往来』一九四二年七月号)五一〜五二頁。
(81)前掲「翼政会対談」五二頁。
(82)戦時期の「事前審査制」に関する研究として、矢野信幸「戦時議会と事前審査制の形成」(奥健太郎・河野康子編『自民党政治の源流　事前審査制の史的検証』吉田書店、二〇一五年)がある。矢野氏は事前審査の場が衆議院調査会から翼政政調会へと「拡大」していったと指摘するが、山崎において翼政政調会が「事前参加」の主体として構想されていたことは看過できないと思われる。
(83)前掲「翼政会対談」五二頁。
(84)前掲「政務調査会長挨拶要旨」三六頁。
(85)前掲『翼賛国民運動史』二八二頁。
(86)前掲「翼政会対談」五一頁。
(87)升味前掲書参照。
(88)前掲『翼賛国民運動史』二八三頁。
(89)前掲「政務調査会長挨拶要旨」三六頁。
(90)例えば、高橋進・宮崎隆次「政党政治の定着と崩壊」(坂野潤治・宮地正人編『日本近代史における転換期の研究』山川出版社、一九八五年)参照。

第二章　「翼賛議会」の位相

――議会運営調査委員会の審議を素材に――

はじめに

　太平洋戦争期の一九四二年五月、翼賛政治会（翼政）が唯一の政事結社として創立された。総裁は阿部信行陸軍大将、会員は貴衆両院議員の大部分と各界の代表者、約九〇〇名である。[1]翼政創立後の帝国議会については、粟屋憲太郎氏に代表される、政府に迎合的な「翼賛議会」に変質したという評価が、長く通説的位置を占めてきた。[2]その一方で、この評価に対しては再検討も進められてきた。玉井清氏は東条内閣の議会工作を、矢野信幸氏は翼政の国民運動一元化と地方支部設置に向けた動きを検討し、議会が一定の政治力を維持していたことを指摘している。[3]また、村瀬信一氏は戦前期の議院制度改革の展開を検討するなかで、一九四一年に設置された衆議院調査会と翼政調会の役割に言及し、両者をとおして「議会が実質的な活動をしていた」と指摘している。[4]

　このような状況において、古川隆久氏の一連の研究は、太平洋戦争期の議会勢力（翼政）に総括的な評価を提示しているという点で注目されよう。同氏によれば、議会勢力は一九四〇年の政党解消前後、利益団体の議員集団を中心に政策過程に関与していたが、翼政の結成後、翼政政調会を中心に政策過程に関与するようになった。そして、その変化の要因は、翼政が「政府と議会主流の協調によって生まれ、様々な政治勢力を包含し、しかも政府与党的色彩を強く持った、「戦時体制の一環としての包括与党」としての性格を持っていたことによる」とされる。(5)

この翼政を「政党」と捉える評価において重視されているのは、総裁制・総務制・政調会といった「組織構成に関する旧政党組織の強い影響」(6)、すなわち翼政の外観である。しかし翼政は、「過去に於ける政党と異り、また一国一党的存在とも異る真に皇国独自の政治的組織」を標榜していた。(7)このような翼政の自己規定の意味は、翼政の外観から翼政を「政党」と捉えた場合、説明できないように思われる。だとすれば、翼政の評価にあたって不可欠なのは、「政党」という既成の概念を翼政に当て嵌めることではなく、同時代の翼政に対する認識のあり方を読み解くことである。では、太平洋戦争期において、翼政はいかなる政治的機能を果たすべき存在であると構想されていたのか。この問題を明らかにしないかぎり、翼政や「翼賛議会」を的確に理解することはできないだろう。

前章では、政党内閣崩壊から翼政創立に至る山崎達之輔（旧昭和会の衆議院議員、翼政政調会の初代会長）の政治体制構想の変遷を検討し、次のことを指摘した。山崎は従来の政党政治における政党の競合が政治を混乱させたと認識して、政党内閣の復活を否定する一方、新しい政党政治のあり方として、彼らを中心とする新党が政府の政策形成に参加する、法案の議会提出前に「事前参加」するという構想を打ち出した。そして、翼政のなかに設置された政調会は、政調会の各省別調査委員会と政府の内閣委員、各省委員の兼任により、「事前参加」を制度化する形で成立したのである。(8)もっとも筆者の検討も、翼政創立時点における政調会の組織と機能の可能性を指摘したにとどまる。

そこで本章では、翼政において会務運営、議会運営、政府対策がどのように認識されていたのかという問題を検討してみたい。その検討にあたって、議会運営調査委員会の審議は重要な素材となるように思われる。議会運営調査委員会は、一九四三年六月一四日、岡田忠彦衆議院議長が衆議院議員三八名に委員を委嘱することで(9)、衆議院に設けられ、同月から一〇月にかけて調査と審議にあたった。その記録として、「議会運営調査委員会書類」（国立国会図書館憲政資料室所蔵「西沢哲四郎関係文書」二六、以下「書類」）、憲政記念館所蔵「議会運営調査委員会速記」（以下「速記」）が現存している。(10)この委員会については、村瀬氏が衆議院調査会に関する議論に触れているが、本格的な考察は行われていない。

議会運営調査委員会は、第一回総会で岡田が「全国ノ政治力ガ一ニ結集セラレタル今日ニ於テハ、議会ノ運営モ過去ニ囚ハレズ、新シキ構想ノ下ニ我ガ国独自ノ議会ノ運営方法ガ攻究セラレネバナラナイ」と挨拶しているように（「速記」）(11)、翼政の創立を理由として設置された。さらに新聞報道によると、委員会設置の直接的な契機は、翼政衆議院部理事会が八一議会（会期一九四二年一二月二六日～一九四三年三月二五日）の戦時刑事特別法（戦刑法）改正案をめぐる翼政代議士会の「紛議」を問題視して、「議会運営専門委員会」の設置を「衆議院ならびに翼政首脳部」に要求したことにあった。(12)

戦刑法改正案は、「国政変乱」の罪を規定した第七条の対象を拡大して国内の治安を強化しようとするもので、これにより包括的に言論を取り締まることができるとする反発を引き起こした。この法案の取扱いに関して、旧二大政党系の主流派は翼政と政府の協調関係を維持するため、政調会と役員会で原案賛成を決定した。これに対して、国家主義団体系と旧二大政党系の非主流派は衆議院の委員会での反対論・修正論の存在を理由に挙げて、代議士会でも反対・修正を求めたのである。(13)こうして八一議会を契機として、翼政は翼政と議会の関係、さらに政府と議会の関係はいかにあるべきかという問題を争点化することになった。この問題を主に議論するために、議会運営調査委員会は設置されたのである。

戦刑法改正問題については、粟屋氏の研究以来、翼政の「亀裂」、戦時議会の「波乱」を物語る政局の一コマとして言及されてきた。(14) そのような翼政各派の対抗関係を政局の分析から政治構想の分析へと展開させる意味において、議会運営調査委員会の議論は検討の価値があるだろう。(15)

以上を踏まえて本章は、議会運営調査委員会の審議を素材に、翼政各派が描いた翼政と議会の関係、政府と議会の関係をめぐる構想、そこで用いた論理に注目することで、「翼賛議会」に対する新しい説明を試みるものである。「翼政」と「政府」が「議会」を規定する主要なファクターであることに鑑みれば、翼政と議会、政府と議会の位置関係の検討と解明は、「翼賛議会」の理解にあたって非常に重要であると思われる。以下、「一」では議会運営調査委員会の経過を確認し、「二」と「三」では翼政と議会の関係、政府と議会の関係をめぐる議論を検討することとしたい。

一　議会運営調査委員会の経過

まず、議会運営調査委員会の経過を確認しておこう。(16)

第一回総会（一九四三年六月二四日）、第二回総会（七月九日）では、委員から審議事項が提案された。第三回総会（七月一三日）では、「議会運営調査委員会審議事項」（以下「審議事項」）が配付された。「審議事項」は、各委員の提案を「議院法及衆議院規則ノ改正ヲ要スル事項」（「議長副議長候補者選挙ノ方法ヲ改ムルコト」など九項目）、「運営ニ依リ改メ得ル事項」（「勅語奉答文ノ議事ニ引続キ全院委員長及常任委員ノ選挙並ニ其ノ他必要ナル議事ヲ行フコト」など一八項目）、「其ノ他ノ事項」（「議会予算ヲ大蔵省ヨリ独立セシメ且増額スルコト」など六項目）に三分類したものである。

また、第三回総会では、「其ノ他ノ事項」の「議員待遇ヲ改善スルコト」について、正副議長および委員中の正副議長経験者にあたる「長老」（小山松寿・秋田清・田子一民・岡田忠彦・内ケ崎作三郎）に「一任」すること、それ以外について、全て小委員で「纏メル」ことになった。七月一六日、一八名の小委員が岡田議長によって指名された。[17] 第一回小委員会（七月二一日）では、八月末までを個々の小委員が「審議事項」を検討する期間とした。そして「前議長及翼政幹部等懇談会」（九月一四日）[18]、第二〜四回小委員会（九月二二・二三日、一〇月六日）が開かれ、「審議事項」の逐条審議を行った。

さらに一〇月二〇日、第四回総会が開催され、「議会運営調査委員会申合」（以下「申合」）を決定した。二一日に発表された「申合」は、次のようなものであった。

議会運営調査委員会申合

帝国議会ノ地位ハ憲法上明確ニシテ敢テ之ガ紛更ヲ許サズト謂モ其ノ運営ニツキテハ現下ノ決戦態勢ニ即応スベク刷新ヲ図リ其ノ機能ヲ発揮スルハ喫緊ノ急務ナリトス如上ノ要請ニ鑑ミ本委員会ハ慎重審議ヲ重ネタル結果此ノ際常置委員ノ設置等法規ノ改正ヲ必要トスル事項ハ暫ク之ヲ措キ本会議及委員会ニ於ケル議事ノ取扱方法、全院委員長選挙、懲罰委員会及特別委員会ノ構成等ニツキ専ラ運営ニ依リ之ガ改善ヲ期セントス

昭和十八年十月

議会運営調査委員会

一、全院委員長選挙ノ方法ヲ簡易ニスルコト

二、議事ノ取扱ニ付適当ナル改善ヲ加フルコト（中略）

三、懲罰委員会ノ構成ニ付一層慎重ナルヘキコト

四、特別委員ノ員数ハ稍々多キニ失スルヲ以テ之ヲ適当ニ改ムルコト

五、委員会ニ於ケル審査方法ニ付適当ナル改善ヲ加フルコト（中略）

六、建議案ノ提出、請願ノ紹介及是等ノ採否ニ付慎重ナル手続ヲ執ルコト
七、議長、副議長及議員ノ地位待遇ヲ改善スルコト
八、永年在職議員優遇ノ方途ヲ講スルコト（「書類」）

以上の経過のなかで二つの重要な問題が議論された。一つは、国家主義団体系の橋本欣五郎（翼政総務・代議士会副会長）が「議員ノ審議権ト政治結社ノ拘束力トノ関係」という形で発議した、翼政と議会の関係である。もう一つは、旧二大政党系の秋田清（翼政顧問）が「議会ノ憲法上ノ地位ヲ明確ナラシムルコト」という形で提議した、政府と議会の関係である。「審議事項」の分類は、いずれも「其ノ他ノ事項」であった。しかし、この二項目が「申合」の八項目のなかに組み込まれることはなかった。では、これらは議会運営調査委員会においてどのように議論され、処理されたのだろうか。その過程について検討していくことにしよう。

二　翼政と議会の関係をめぐる議論

まず、「議員ノ審議権ト政治結社ノ拘束力トノ関係」について。橋本欣五郎は、第一回総会で次のように主張している。

ソコ（翼政会）デ政策ヲ（中略）大体「イエス」カ「ノー」カト云フ所マデ漕ギ付ケテシマフト貴衆両院ノ運営ト云フモノガ憲法上意義ノナイヤウニナッテ来ル虞レガアル、（中略）（翼政会ノ）拘束力ト議場内ニ於ケル議員ノ独自ノ立場ト云フコト——事実トシテハ翼政会カ〔ガ〕決メレバサウシナケレバナラヌヤウニ思ッテ居ルガ、其ノ点ガ議員全般ニハッキリシテ居ナイト私ハ思フ（「速記」）

ここでは翼政と議会の関係が問題にされている。橋本によれば、翼政は会内の諸機関の活動をとおして、議会審議前に議案に対する賛否を決定する。そこに翼政の「拘束力」が発生し、会員である議員に作用する。議員は翼政の「拘束力」を受けるために、議員本来の「審議権」を妨げられるのであった。この点について、真崎勝次も「橋本君ノ御意見ノヤウニ、翼政会ト議会トノ関係ガ余リニ混同サレテ居リハシナイカ、他ノ言デ申スト、ドウモ憲法ニ牴触スルヤウニ思フ」と賛同している（「速記」）。

ここで興味深いのは、橋本が翼政に参加するにあたり、「〔翼政の結成は、〕従来見られたやうな自由主義的民主主義的政党派閥感《〔ママ〕》を一掃して、日本的翼賛議会の確立に一歩を踏み出したもの」と期待を表明していたことである[19]。したがって、国家主義団体系は旧二大政党系の会務運営、とくに八一議会での戦刑法改正案への対応に不満を蓄積し、翼政に対する立場を支持から批判に転換したといってよいだろう。その結果、「議員ノ審議権ト政治結社ノ拘束力トノ関係」を問題として、議会を擁護することで翼政を批判するという論法を採用したのである。

では、旧二大政党系は国家主義団体系の提案にどのように対応したのだろうか。次に掲げるのは、第一回小委員会における発言である。

三好〔英之〕君　議員ノ審議権ト政治結社ノ拘束力トノ問題ノ如キハ取扱ニ付慎重ナルベキダ〔中略〕

作田〔高太郎〕君　政党ニハ拘束力アルモノダトノ前提ノ下ニ解釈シテルカラ此ノ問題ハ此ノ委員会カラ除クコトニハ賛成ダ〔中略〕

秋田〔清〕君　拘束力ガアルカラ政党ダ、ソノ政党員デアルカラ審議権ガ制限サレルノハ当然ダ、〔中略〕多数ノ意見ニ服従スル訓練ガ少数ノ人ニハ不足シテル（「書類」）

旧二大政党系は、「議員ノ審議権ト政治結社ノ拘束力トノ関係」という項目の審議自体に慎重ないし反対であった。

彼らの議論から、旧二大政党系の二つの論理を導き出すことができる。

一つは〈翼政の政党化〉という論理である。翼政は政党だから党員の議員は党議拘束を受ける。このような論法によって、旧二大政党系は、国家主義団体系の翼政批判はあたらないと主張しているのである。前述したように翼政は、公式には自らを従来の政党とも一国一党とも異なる「皇国独自の政治的組織」であると説明していた。しかし、この論理に示されているように旧二大政党系は、非公式には翼政を政党として認識していたのである。旧二大政党系にとって、「翼政と議会」というシェーマは、「翼政」を「政党」に置き換え可能なものだったといえよう。

いま一つは〈翼政と議会の差異化〉という論理である。翼政の党議拘束は、国家主義団体系の認識においては翼政と議会の「混同」であったが、旧二大政党系の構想においては翼政と議会の差異化であった。すなわち旧二大政党系が、翼政は政党だから党員の議員は党議拘束を受けると主張するとき、翼政の実質的な意思決定の局面は、「政党」と「議会」を区別する形で、「政党」としての翼政に設定されているのである。

この二つの論理には、「翼賛議会」から複数政党の競合という過去の政党政治・議会政治の要素が排除されたために、唯一の政事結社・翼政に党議拘束という政党的要素が要求される、「翼賛議会」の逆説を確認することができる。その問題性に清瀬一郎は自覚的であった。第一回小委員会において、彼は三好らに「他ノ政党ノ存在ヲ許サナイト云フ〔政府の〕行政措置ガアツテソノ政党ガ拘束力アレバ憲法違反デハナイカト云ノ論ガ成立スル」と主張し、「異論ハソノハケ口ヲ見付ケテヤラネバナラヌ、議論ヲスル余裕ヲ持チタイ」と提唱している（「書類」）[20]。ここでの翼政違憲論は、過去の大政翼賛会に対する違憲論と共通の枠組みのなかにあるといえよう。周知のように翼賛会違憲論は、憲法に根拠のない翼賛会が「一国一党」として存在すること、国務大臣の「輔弼」や帝国議会の「協賛」に影響力を行使することを違憲と判断して、非難・攻撃するものであった[21]。清瀬は、翼政が二つの論理によって「一国一党」に転化され、翼賛会と同様、違憲論によって批判されるような事態を憂慮しているのである。

では、議会運営調査委員会は、「議員ノ審議権ト政治結社ノ拘束力トノ関係」をどのように処理したのだろうか。この項目をめぐっては、前議長と翼政幹部の懇談会で「秋田氏ノ説明デ分ッタ筈ダ、学会デハナイコトヲ銘記スヘ〔べ〕キダ」という意見が提出され、第四回小委員会で「削除」された（「書類」）。この委員会は学会ではないという発言は印象的である。旧二大政党系は、清瀬にも指摘されたように、「政党」としての翼政に違憲の可能性が存在することを十分理解していた。この項目が再び総会で議論されるとき、旧二大政党系が翼政は政党であると主張すれば、国家主義団体系は翼政は違憲であると反論し、総会は翼政の違憲性を追及する場となるだろう。そのような事態を未然に防止するために、旧二大政党系は、総会前の小委員会の段階で項目そのものを「削除」したのであった。このように旧二大政党系は、翼政を政党と認識しつつも、違憲論を回避すべく、その認識を公言しないという戦略を選択していたといえよう。

ところで、旧二大政党系の二つの論理は、常置委員会構想(22)にも大きな影響をもたらすものであった。第二回総会の席上、衆議院書記官長の大木操は、一九四一年六月に常置委員会構想が保留される形で、衆議院調査会が設置された事情を説明している。なお、彼自身は常置委員会構想の実現に前向きな立場であった(23)。

大木によれば、政府は「議院法上ニ根拠ヲ持ッタ常置委員ヲ設ケルコトハ、憲法〔第四二・四三条〕ニ牴触スル疑ガアルト云フ見解」を採用している(24)。そこで、議院法の改正ではなく「衆議院調査会規約」の申合せという方法により、衆議院調査会が「閉会中絶エズ調査シ、又政府カラ人ニ来テモライ、色々話ヲ聴クト云フ実質的ニ常置委員ニ代ルベキ仕組」として設置された。そして、さいごに大木はこう不満を漏らしている。「併シ此ノ調査会モ翼政トノ関係ニ於テ御承知ノヤウナ現況デアル」（「速記」）。

この衆議院調査会と翼政の関係の「現況」について、大木は詳しく語っていない。とはいえ、翼政の八一議会に対する論評が糸口となるように思われる。そこでは、翼政が「政務調査会の活発なる活動とその成果の建言によつてこれ〔「諸般の議会準備」〕を事前に政府の諸施策に反映せしめるとともに、各法案の策定に当つて種々の内面参与をなした。「いよ〳〵提案となつては貴、衆両院とも、調査会を動員して事前審査会を開催、当局の説明を聴取して質議検討を行つた」と記述されている(25)。大木の説明に立ち戻ると、衆議院調査会は、議会閉会中の恒常的な活動を企図していたはずであった。ところが、そうした衆議院調査会の機能の大部分は、翼政政調会に代替される状況となっていたのである。

このように、同時代において、翼政政調会と衆議院調査会は、議会の「実質的な活動(26)」という同一の範疇で捉えられてはいなかった。翼政政調会と衆議院調査会の関係をめぐる問題の延長線上には、翼政と議会の関係をめぐる問題が位置していたのである。旧二大政党系が二つの論理によって、「政党」としての翼政に実質的な意思決定の局面を設定すれば、翼政政調会の活動領域は拡大する一方、衆議院調査会のそれは縮小せざるをえない。そうであるなら、この論理は衆議院調査会の本来の理想、常置委員会構想までも解体しかねない可能性を内包していたといえよう。

三 政府と議会の関係をめぐる議論

次に、「議会ノ憲法上ノ地位ヲ明確ナラシムルコト」について。秋田清は、第二回総会で「重点的ニ議会ノ憲法上ノ地位〔ヲ〕ノ強化確保シ本来ノ姿ニモドシテ行キタイ、根本義ニ付テ先ヅ研究シタイ」と主張している（「書類(27)」）。では、秋田は何が「議会ノ憲法上ノ地位」を「本来ノ姿」から遠ざけているというのだろうか。それは、「内閣委員及各省委員設置制」（以下「各省委員」「各省委員制」）であった。一九四二年六月、各省委員制は各省委員に「庁務ヲ輔ケシム」ことを目的として創設され（第一条）、各省委員は一年の任期で「帝国議会ノ議員及学識経験アル者」から選任された（第二条）[28]。同月、翼政常任総務による銓衡を経て、貴族院議員七九名、衆議院議員二四五名、学識経験者五一名、計三七五名が各省委員に就任した[29]。一九四三年七月には、委員の改任が実施された[30]。

第二回小委員会の席上、秋田は各省委員制を次のように批判している。

一体貴衆両院議員ガ政府カラ命ゼラレ庁務ヲ輔ケルト云フヤウナ官制ガ生レルコトガ、（中略）「議会ノ憲法上ノ地位ヲ明確ナラシムルコト」、是ト相対照シテ如何ナル感ヲ起スカ、一体政府、議会及ビ翼賛会三位一体トナッテ、（中略）漠然タルコトデ議会ノ権威ト言フカ、（中略）ソレガ如何ニモ漠タルモノニナッテ来テ、遂ニ行政官府カラ議会ノ審議ニ踏込マレル、（中略）議会ハ協賛ノ任ヲ尽ス一方行政ヲ監督スル任務ガアル、被監督者カラ命ゼラレテ庁務ヲ輔ケテ居ル、コンナコトデ一体監督ガ出来ルカ、コウ云フ論ニナッテ来ル（「速記」）

ここでは政府と議会の関係が問題にされている。秋田によれば、そもそも議会は政府を監督する機能をもっている。にもかかわらず、政府が各省委員をとおして議会にその活動を補助させるのは主客転倒である。政府は政府と議会の境界を曖昧にし、議会の操作を図っているのであった。翼政と議会の関係に関して、国家主義団体系が議会の擁護を主張したとき、秋田は彼らの主張に同調しなかった。しかし、政府と議会の関係に関して、秋田は各省委員制を批判するなかで議会の擁護を主張しているのである。

秋田以外の委員においても、各省委員制への評価は芳しくなかった。例えば、田子一民は「委員ハ嘱託トシカ考ヘラレナイ、之ヲ是認スル翼政ノ幹部ノ意思ガ分ラナイ」、また、作田高太郎は「行政府ト立法府トノ一体化ノ余弊ハモウ既ニ表ハレテル、次ノ議会ニハキットヒドイコト、思フ」と発言している（「書類」）。各省委員制の規模の大きさや、翼政の総務による人事の掌握に鑑みれば、各省委員制は、旧二大政党系の主流派が翼政の主導権を確保・維持するための重要な基盤であったといえよう。したがって、秋田ら非主流派は各省委員制を批判することで、主流派の主導権に揺さぶりをかけることを企図しているのである。

ここで重要なのは、主流派の総務たちが各省委員制をどのように認識していたかということである。議会運営調査委員会を見渡せば、該当者は津雲国利・三好英之・勝田永吉の三名。しかし、この問題に関する彼らの発言を審議の記録のなかに確認することはできない。そこで、翼政常任総務として各省委員の銓衡を担当した、山崎達之輔（一九四三年四月二〇日まで翼政政調会長、同日より農相）の議論に注目することにしよう。

山崎は、木舎幾三郎（政界往来社社長）との対談のなかで、「各省の委員となつてゐる諸君は入つては翼政会の調査会委員であり、出でては各省委員たる建前になる」、「委員諸君は、政府の委員として得られた材料なり資料なりを、やはり翼政会の調査会に持つて来て、（中略）翼政会に於ていろいろ研究し、調査した結果を齎して、政府の委員としての任務遂行に当る」と発言している。[31] このような議論をもとに前章では、山崎が翼政の政調委員と政府の各省委員の兼任をとおして、政府の政策形成への「事前参加」を構想していたことを明らかにした。さらに本章では、各省委員の制度上の権限に検討の対象を広げてみたい。

その各省委員の権限は、「内閣委員及各省委員職務規程基準」のなかで「職務ノ概目」として規定された。具体的には、「一、諸般ノ企画立案ニ付諮問ニ応ジテ意見ヲ開申スルコト」「二、特ニ委嘱セラレタル調査ニ当ルコト」「三、施政ノ国民生活ニ対スル適応状況ノ査察等行政ノ考査ニ関シ協力スルコト」「四、請願及陳情ノ処理ニ関シ諮問ニ応ジテ意見ヲ開申スルコト」「五、国策ノ普及徹底ニ関スル啓発宣伝ニ当ル等上意下達ニ協力スルコト」「六、帝国議会、翼賛政治会、大政翼賛会等トノ連絡ニ当ルコト」である。[32] このことから、山崎ら主流派は、翼政調会が政府の政策立案・政策評価といった領域で政治力を行使するための方法として、政調委員と各省委員の兼任を重視していたといえよう。(33)

このような各省委員制に対して、秋田ら非主流派は批判を展開したのであった。ここで注目すべきは、議会運営調査委員会の活動とほぼ同時期に、翼政政調会の「民情査察に関する委員会」(「決戦行政刷新に関する特別委員会」の分科会、委員長・宮沢裕)が、「参政官制度設置に関する件」を作成していたことである。(34)本来、参政官制度は第二次近衛内閣期、政府と大政翼賛会の連絡機関として、また、従来の政務官制度(35)の代替として創設が検討されたものである。(36)民情査察に関する委員会の成案は、参政官制度を「政治、経済、社会各方面ノ優秀ナル知能ヲ政治及行政運営ノ上ニ活用シ国家総力ノ結集ヲ高度ニ国政ノ運営ニ具現セシムル」ための「最モ緊要ナル施策」と評して、次の「要項」を示している。

一、内閣ニ参政官ヲ置クコト、而シテ参政官ハ必要ニ応ジ各省ニ之ヲ配属スルコトヲ得ルモノトスルコト
一、参政官ハ内閣総理大臣及各省大臣ヲ補佐シテ政務ニ参画スルモノトスルコト、即チ内閣及各省ノ機務ニ参与スルト共ニ帝国議会トノ交渉事項ヲモ掌ラシムルコト
一、参政官ノ員数ハ三十人以内トスルコト
一、参政官ハ自由任用ノ官トシ其ノ官等ヲ一二等トシ必要ニ応ジ親任官ノ待遇トスルコト
一、(中略)貴衆両院議員中ヨリ真ニ錬達堪能ナル適材ヲ　簡抜スルト共ニ、必要ニ応ジ其ノ他各界ヨリ卓抜ナル知識経験ヲ有スル者ヲ選抜シテ之ニ充ツルコト(中略)
一、現行内閣委員及各省委員ノ制度ハ之ヲ廃止スルコト(37)

参政官制度は各省委員制の廃止を前提としていた。したがって、議会運営調査委員会の各省委員制批判と民情査察

に関する委員会の参政官制度構想は、連動していたものと思われる。そうすると、参政官制度の特徴は、各省委員制との比較によって明確になるだろう。そこから指摘しうるのは、参政官制度が少数化と高官化を志向し、政府のなかでもとくに「内閣」を活動の対象として想定していたことである。このことを踏まえれば、参政官制度は首相や各省大臣による政策決定の領域に照準を合わせ、翼政がその領域に参画することで、政治力を行使するという構想であったといえよう。

しかし主流派は、民情査察に関する委員会の成案を採用しなかった。政調会の「調査の成果」は、「一、総務会の議を経て総裁の統裁を仰ぎたる事項」「二、総務会に諮り適宜処理したる事項」「三、総務会長、政務調査会長に於て処理したる事項」「四、当該委員会に於て成案又は中間報告案を得たる事項」「五、調査継続中の事項」のいずれかに振り分けられたが、「参政官制度設置に関する件」は、「四」に留まったのである(38)。前述したように、主流派にとって、各省委員制は翼政の主導権を確保・維持するための重要な基盤であった。したがって、非主流派の要求を受け入れる形で、各省委員制を廃止し参政官制度を導入することは、自らの主導権を弱体化させることにも繋がりかねない。このような理由により、主流派は参政官制度の採用に消極的であったと思われる。

以上の議会運営調査委員会前後の政治過程は、旧二大政党系が内在した、ある構図の存在を示している。すなわち、旧二大政党系は、前述の二つの論理によって、翼政に実質的な意思決定の局面を設定するという認識を共有していた。しかし、その内部では、政府の政策形成へのコミットをめぐって、各省委員制を支持する主流派と参政官制度を支持する非主流派が競合していたのである。この構図において、秋田ら非主流派は、各省委員制を批判する論法として、「議会ノ憲法上ノ地位ヲ明確ナラシムルコト」を使用したのであった。

では、その憲法と各省委員制ないし翼政政調会の「事前参加」の関係を、主流派の山崎はどのように認識していたのだろうか。彼は前述の対談のなかで、木舎の「事前参加といふことは憲法ではどうなんです？」という問いに対して、次のように答えている。

事前参加といふが要するに政府に協力する意味に於て、政府に進言する訳だから、一つの権限を以て行動するわけぢやないですね。権限を以て行動するものは議会だ。だからその建前からいふと、憲法上の問題には少しも触れる必要はない訳ですな。(39)

山崎の発言で注意したいのは、「事前参加」が議会の憲法上の「権限」としてではなく、翼政の政府への「協力」「進言」として説明されている点である。その説明の憲法学からみた適否はともかく、山崎は翼政と議会を差異化する論理を援用し、「事前参加」の主体を翼政とみなすことで、「事前参加」と各省委員制に向けられた違憲論の払拭を試みていたといえよう。

では、議会運営調査委員会は、「議会ノ憲法上ノ地位ヲ明確ナラシムルコト」をどのように処理したのだろうか。この項目をめぐっては、第二回小委員会の後、第四回小委員会で、松田竹千代（翼政代議士会副会長）が「此所デ決定シテモ政治力ガナイカラ審議無用デハナイカ」と発言している（「書類」）。これは、議会運営調査委員会が議会の運営を議論する場であり、政府の官制を議論する場でないことを確認したものであろう。こうして、委員会の議論が各省委員制の存廃にまで進むことはなかった。ただし、文言自体については、清瀬の「前文又ハ結論トシテ之ヲ文章化スルコト」、「議長一任」という提案が認められ（「書類」）、「申合」前文の一文目に組み込まれることになった。

おわりに

以上、議会運営調査委員会において、旧二大政党系と国家主義団体系のあいだで議論された翼政と議会の関係、旧二大政党系の主流派と非主流派のあいだで議論された政府と議会の関係について検討してきた。まず、本章の論点を整理しておこう。

旧二大政党系の主流派は、〈翼政の政党化〉〈翼政と議会の差異化〉という二つの論理によって、翼政の実質的な意思決定の局面を、「政党」と「議会」を区別する形で、「政党」としての翼政に設定していた。そして、その意思決定の中心に位置していたのが、翼政政調会と各省委員制であった。彼らは翼政の政調委員と政府の各省委員の兼任という方法により、翼政政調会が政府の政策立案・政策評価といった領域で政治力を行使するという構想を描いていたのである。

一方、旧二大政党系の非主流派は、各省委員制の廃止と参政官制度の導入を要求することでは主流派と対立していたが、実質的な意思決定の局面を「政党」としての翼政に設定することでは主流派と共通していた。もっとも、「政党」としての翼政については、政府が翼政以外に政事結社を認可していない状況のもと、国家主義団体系が翼賛会違憲論と同様の批判を展開する可能性も存在していた。したがって、旧二大政党系は、翼政は政党であると認識はしても、公言はしないという戦略を選択していたのであった(40)。

ところで、旧二大政党系の主流派は、非主流派が提案した「議会ノ憲法上ノ地位ヲ明確ナラシムルコト」をめぐり、その意図（各省委員制の廃止）は認めなかったが、表現自体は「申合」前文に採り入れた。このことは、二つの項目の議論において、国家主義団体系や非主流派によって要求された、議会の擁護あるいは強化に主流派が否定的であったことを考慮に入れると、注目に値するだろう。こうした「申合」の表現が、議会に対する主流派のポジティヴな認識の存在を示していると思われるからである。

ここで、山崎の「権限を以て行動するものは議会だ」という説明を想起したい。法律案・予算が翼政と政府の合意形成の後、議会に提出されるとき、議会の「権限」はどのような行為を意味するのか。この問題については、柳瀬良幹（東北帝国大学教授）の評論が手掛かりとなる。柳瀬は、「此の政府と議会との一体化〔各省委員制〕が、両者対等の地位に立つての謂はば聯立内閣の形に依らず、政府が議会を膝下に吸収する謂はば吸収合併の形をとつたこと」を「意義の深いこと」と評価している。その一方、「〔各省委員制によって、議会は、〕短い会期の間に演説と決議と拍手と表決とに依つて外部から政府を鞭撻支持する外に、自ら政府部内に入つて常住に誘掖と協力とを与へる途を得た」と指摘している。(41)

この議会の役割と各省委員制の対比から、山崎がいう議会の「権限」の含意は、法律案・予算への賛成を前提とした「演説と決議と拍手と表決」にあったものと思われる。法律案・予算は、翼政と政府の合意形成を終えて、憲法で規定された「協賛」（審議と議決）において支持され可決されることで、正当性を付与されることになるのである。このように、旧二大政党系の主流派は、憲法の枠組みのなかで「翼賛議会」に意思決定の正当化の局面を設定していたといえよう。ここに、山崎が「権限を以て行動するものは議会だ」と説明し、主流派が「申合」前文に「帝国議会ノ地位ハ憲法上明確」を採用した理由は求められるのである。

以上、本章は、議会運営調査委員会において議論された翼政と議会の関係、政府と議会の関係をとおして、「翼賛議会」の位相を確認してきた。あらためて論点を整理すれば、旧二大政党系の主流派は、唯一の政事結社・翼政と政府の協調関係のなかで、翼政に実質的な意思決定の局面を、議会に意思決定の正当化の局面を、それぞれ設定する構想を形成していたのであった。このような「翼賛議会」のあり方をもって、「翼賛議会」が形骸化・無力化していたと評価するのは適当ではないだろう。むしろ注目すべきは、同時代の文脈において、旧二大政党系の主流派が翼政と議会に異なる局面を設定すると同時に、意思決定の正当化の局面として議会の機能の重要性を認識していたことである。

註

（1）『翼賛政治会の結成まで』（翼賛政治会、一九四二年）一九〜二〇頁。
（2）粟屋憲太郎『昭和の政党』（小学館、一九八八年、初出一九八三年）参照。
（3）玉井清「東條内閣の一考察―大麻唯男を中心に―」（大麻唯男伝記研究会編『大麻唯男―論文編』櫻田会、一九九六年、初出一九八九年）、矢野信幸「翼賛政治体制下の議会勢力と新党運動」（伊藤隆編『日本近代史の再構築』山川出版社、一九九三年）。
（4）村瀬信一『帝国議会改革論』（吉川弘文館、一九九七年）二〇二〜二〇三頁。
（5）古川隆久『戦時議会』（吉川弘文館、二〇〇一年、以下「前掲書」）、同『昭和戦中期の議会と行政』（吉川弘文館、二〇〇五年）。引用は『昭和戦中期の議会と行政』収録の「太平洋戦争期の議会勢力と政策過程」（初出一九九三年、以下「前掲論文」）一一八頁。
（6）古川前掲論文一〇一頁。
（7）翼政創立総会の「総裁挨拶」（前掲『翼賛政治会の結成まで』）二二頁。
（8）本書第二部第一章参照。
（9）委員を委嘱された衆議院議員は次のとおり。小山松寿・清瀬一郎・田子一民・秋田清・東郷実・津雲国利・橋本欣五郎・三好英之・勝田永吉・加藤鯛一・窪井義道・中井一夫・作田高太郎・川島正次郎・今牧嘉雄・高橋守平・武知勇記・紅露昭・津崎尚武・青木精一・森下国雄・原惣兵衛・佐々井一晁・原口純允・山口喜久一郎・前田房之助・三浦一雄・松田竹千代・横川重次・蠟山政道・安藤正純・深水吉毅・牛塚虎太郎・真崎勝次・江口繁・薩摩雄次・赤城宗徳・山口馬城次（国立国会図書館議会官庁資料室所蔵「衆議院公報」一九四三年六月一四日付）。

(10)「書類」は、西沢哲四郎衆議院事務局書記官（委員課長兼調査課長）の作成による委員会の議事摘要・配布資料などの綴、「速記」は、委員会の議事録（抜粋）の綴である。

(11) 以下、「書類」と「速記」の引用にあたっては、本文中に会議名を示し、引用の文末に（　）で「書類」と「速記」の別を付す。

(12)『朝日新聞』一九四三年六月三日付。

(13) 戦刑法改正問題の経過については、中谷武世『戦時議会史』（民族と政治社、一九七四年）一四七〜一五〇頁参照。本章では、旧二大政党系のうち翼政総務とその系列の会員を「主流派」と、東条内閣に協力的な「主流派」に対し批判的な翼政会員を「非主流派」と、それぞれ称する。

(14) 粟屋前掲書三八五頁、古川前掲書一九八〜二〇二頁。

(15) この点については、有馬学『帝国の昭和』（講談社、二〇〇二年）から示唆を受けた。有馬氏は、八一議会の戦刑法改正にあたり、「旧政党人と皇道派・観念右翼系および東方会、旧社会大衆党系」が連合して反対運動を展開したことに、「右翼」と鳩山一郎など「自由主義者」の議論の「同位性」を指摘している（三〇三〜三〇六頁）。太平洋戦争期の各派の動向については、横越英一「無党時代の政治力学―大政翼賛会の成立から大日本政治会の解散まで―」（一）（二）（『法政論集』三二・三三、一九六五年）参照。

(16) 以下、委員会の経過については、「書類」による。

(17) 小委員に指名された委員は次のとおり。小山・清瀬・田子・秋田・津雲・三好・勝田・窪井・中井・作田・武知・紅露・津崎・青木・三浦・深水・牛塚・薩摩。

(18) メンバーは、岡田議長、「前議長」の秋田・小山・田子、「翼政幹部」（総務）の勝田永吉（翼政企画部座長）・津雲国利（同情報宣伝部座長）・三好英之・清瀬一郎。ただし、津雲と清瀬は欠席している。

(19) 橋本欣五郎「新政治力の国策推進」（『政界往来』一九四二年六月号）二七頁。

(20) 政府は、翼政以外に政事結社を認可しない意向を表明していた（粟屋前掲書三八三頁参照）。

（21）この問題については、伊藤隆『近衛新体制』（中央公論社、一九八三年）参照。
（22）常置委員会構想については、村瀬前掲書参照。同書によれば、常置委員会は、「挙国一致」内閣期、政党内閣の復活を目指す政党人たちによって「会期の短さを補うとともに議会の審査能力を高め、行政府に対する強力なチェック機能を果たすこと」を期待されて構想された。以後、この構想を含む議院法改正案は、しばしば議会に提出されたが、反対論に遭い審議未了に終わった（二三三頁）。
（23）村瀬前掲書一九三頁。
（24）常置委員会への主要な反対論は、憲法第四二・四三条が議会の活動を会期中に限定しているにもかかわらず、閉会後、常置委員会が活動することを問題視するものであった（衆議院・参議院編『議会制度百年史　議会制度編』大蔵省印刷局、一九九〇年、九六〜九七頁参照）。
（25）「第八十一決戦議会」（『翼賛政治』一九四三年四月号）三七〜三八頁。
（26）村瀬前掲書二〇二〜二〇三頁。
（27）なお、真崎勝次も、第二回総会で「議会ノ憲法上ノ地位ヲ明確ニスルコト　殊ニ統帥事項トノ限界ヲ明カニスルコト」と提起している。さらに、津雲国利の「統帥権ニハ議会ハ触レルベカラズ」、真崎の「統帥府カラノ自発的ノ説明ヲ求ムルノ意味ダ、（中略）戦争ハ政策ノ延長ト謂ヘルト思フ」という問答が交わされた（以上、「書類」）。このように真崎は、議会における「統帥府」（参謀本部・軍令部）の戦況説明を要求したのである。当時、真崎は兄・甚三郎のグループの一員として東条内閣の打倒を画策していた。この問題については、伊藤隆「昭和一七〜二〇年の近衛―真崎グループ」（『昭和期の政治』山川出版社、一九八三年、初出一九七九年）参照。したがって、ここでの真崎の要求も、東条内閣と軍部に動揺を与えようとしたものといえよう。
（28）「勅令第五百六十六号　内閣委員及各省委員設置制」（『官報』一九四二年六月一〇日付）。
（29）『朝日新聞』一九四二年六月六日付、『官報』一九四二年六月一一日付。
（30）『官報』一九四三年七月二日付。
（31）山崎達之輔・木舎幾三郎「翼政会対談」（『政界往来』一九四二年七月号）五二頁。
（32）「内閣委員及各省委員職務規程基準（十七　六　十二閣議決定）」（国立公文書館所蔵「公文類聚　昭和十七年　巻六」二

A／一二／類二五六四）。

(33) 各省委員の活動の実態と制度の変遷については、本書第三部第三・四章参照。

(34)『翼賛政治会報』一九四三年九月二五日付、一〇月一六日付、一二月二五日付。

(35) 政務官は、一九二四年八月の各省官制通則中改正によって設けられた。政務官には政務次官と参与官があり、政務次官は「一人勅任」、「大臣ヲ佐ケ政務ニ参画シ帝国議会トノ交渉事項ヲ掌理ス」、参与官は「一人勅任」、「大臣ノ命ヲ承ケ帝国議会トノ交渉事項其ノ他ノ政務ニ参与ス」と定められ、各省に置かれた（「勅令第百七十六号」『官報号外』一九二四年八月一二日付）。政務官制度については、奈良岡聰智「政務次官設置の政治過程―加藤高明とイギリスモデルの官制改革構想―」(一)～(六)（『議会政治研究』六五、六六、六八～七一号、二〇〇三・二〇〇四年）参照。なお、第二・三次近衛内閣と東条内閣において、政務官は任命されていない。

(36) この問題については、とりあえず、『朝日新聞』一九四〇年九月二五日付参照。

(37)「参政官制度設置ニ関スル件」（『昭和十八年度政務調査会報告』翼賛政治会、一九四四年）一四五～一四六頁。

(38)「最近までの政務調査会の成果」（『翼賛政治会報』一九四四年一月二二日付）。

(39) 前掲「翼政会対談」五二頁。

(40) このことをもって、翼政を〈非公式の一国一党〉と位置づけることも可能であるかもしれない。もっとも、こうした概念規定よりも重要なのは、旧二大政党系に翼政を政党と公言させなかった、すなわち翼政を〈公式の一国一党〉として成立させなかった明治憲法の存在であろう。それゆえ翼政は、ドイツのナチ党やソ連の共産党と異なり、政権を獲得することも支部を設置することもできなかったと考えられる。そうした翼政と諸外国の「一国一党」との比較・検討は今後の課題としたい。

(41) 柳瀬良幹「各省委員制度と地方事務所制度―その性質と意味と―」（『法律時報』一九四二年七月号）四頁。源川真希氏は、一九三〇年代の知識人が議会制の危機を克服するために、「執行権力」の「強化」を指向するようになったことを指摘している（源川真希「天皇機関説後の立憲主義―黒田覚の国防国家論」『近衛新体制の思想と政治』有志舎、二〇〇九年、初出二〇〇三年）。柳瀬における「政府と議会との一体化」の「意義」も、「執行権力」の「強化」という方向性に沿うものかもしれない。

第三章　中小商工業整備の政策過程
——生活援護共助金問題と商工省委員——

はじめに

戦時経済研究は、大企業の重化学工業を中心として厚い蓄積をなしてきた。そうしたなか、近年、国民更生金庫資料（国立公文書館所蔵「閉鎖機関清算関係」所収）の整理と公開が進み、中小商工業整備の研究が活況を呈している。(1)中小商工業整備は、中小商工業から軍需産業に労働力を転換する政策であり、国民更生金庫は、転廃業者の営業用資産の管理・処分の引受け、資金の融通、債務の引受け・保証を担当した特殊金融機関であった。(2)これらの研究は中小商工業整備の業種別、または地域別の実態を掘り起こし、大きな成果を挙げている。

その前提に位置づけられているのが、商工省の「革新官僚」の存在である。例えば、山崎志郎氏は「中小企業整備の理念」として、「中小商工業整備の基本方針は、徹底的に合理的で計画的な生産資源の活用であった」、「膨大な過剰労働力の存在を背景に形成された日本の中小商工業を、こうした方向に向けて、強引に大転換しようというのが、革新派官僚たちの構想だった」と指摘している。(3)

しかし、商工省の「革新官僚」が中小商工業整備を構想することと、それを実現することは、さしあたり別の問題である。その意味において、太平洋戦争期の商工次官・椎名悦三郎の回想は興味深い。

> 開戦後いちばん商工省全体として揺さぶられたのは、企業整備の問題です。思い切って中小企業の人々に対して転業を勧告したり、あるいはそういう場合における心構えを植えつけたり、そういうことをやったわけですね。当時、個々の政党は一切解消されて日本〔翼賛〕政治会というものができたが、戦時行政を力強く行なう必要から、非常時的な協力をすることになりました。そして〔中略〕各省別に分野を分けて、そこに委員会をつくって、それがお手伝いしようということになったわけです。〔中略〕私のところは、これらの人人が非常に熱心にやってくれてね。地域ごとに班を分けて、企業整備のだいたいの趣旨〔中略〕を、説得に回ったわけだ。〔中略〕とにかく納得させて、だいたいの空気をつくったんです。(4)

商工省委員は、「内閣委員及各省委員」(以下、各省委員)の一つである。各省委員は、一九四二年六月九日公布・施行の「内閣委員及各省委員設置制」(以下、各省委員制)によって設置された。(5)委員に就任したのは、衆議院議員二四五名、貴族院議員七九名と学識経験者五一名の計三七五名(商工省委員に就任したのは、衆議院議員三三名、貴族院議員六名の計三九名)である。彼らは政事結社・翼賛政治会(翼政)によって銓衡され、政府によって任命された。(6)この商工省委員の中小商工業整備における役割の重要性を、椎名は指摘している。

つまり中小商工業整備は、商工省の「革新官僚」の構想がそのまま実現するような性格の政策ではなかった。その政策過程には、商工省委員のある政治手法が機能していたのである。では、その政治手法を、彼ら、とくに翼政の結成・運営の中心にあった衆議院議員は中小商工業整備の政策過程のなかで、どのように形成し、展開していったのだろうか。この問題は、太平洋戦争期の中小商工業整備、さらには戦時期の政策過程の理解にあたって、重要な位置を占めるように思われる。

以上を確認したうえで本章は、生活援護共助金問題における商工省委員の活動を考察する。生活援護共助金は、一九四一年一二月五日付の商工次官名地方長官宛通牒「中小商工業再編成費補助要綱」と別紙「中小商工業再編成費補助実施要綱」に基づいて、残存業者から転廃業者に支給された。支給額は一業主一ヵ年あたり六〇〇円で、内訳は三〇〇円が組合の負担、もう三〇〇円が国庫の補助であった。(7) 近年の研究も中小商工業整備の実態を分析するなかで、生活援護共助金の存在に言及している。(8) これを踏まえて本章は、生活援護共助金の政治性に議論を展開してみたい。生活援護共助金は、支給する残存業者にとっても、支給される転廃業者にとっても重大な関心事であった。そうすると、この問題をめぐる商工省・商工省委員・商工業者の利害関係を考察することで、商工省委員における政治手法の形成と展開にアプローチすることが可能となるだろう。

なお、これまで、各省委員の報告書や会合記録などについては、太平洋戦争期の国民生活に関する史料として知られてきた。(9) また、各省委員の活動についても、翼政の農業政策、戦時国民運動の文脈のなかで触れられてきた。(10) しかし、それらの各省委員に対する説明は、官制の概観の域を出るものではない。したがって本章は、商工省委員の考察により、各省委員の特徴づけとともに事例研究の積み重ねも試みたい。

一　生活援護共助金問題

まず、生活援護共助金問題について確認しておく。この共助金の予算は、一九四一年一一月の七七議会によって承認された。

一八日の衆議院予算委員会において、翼賛議員同盟（翼同）の岡田忠彦は「残存業者が三百円を持ち、政府が三百円を持つと云ふ風な御考へではないかと思ふのであるが、〔中略〕其の御考へは〔中略〕姑息である」と思う。なぜなら、「残存者が自分の明日が分らぬのに、今死ぬる奴に対して三百円の香奠〔中略〕は〔中略〕実行し難いものであらう」からである。したがって、「寧ろ是は国家今日の非常時の為に職を抛つのであるから、全部六百円と云ふものを政府が出すと云ふ方針にされなければならぬと思ふ」と質問している。これに対して、岸信介商工相は「先づ第一に考ふべき事柄は是は同業者共助の精神の発露であります」、「中小商工業の再編成に依りまして、生産配給が合理化せられ、之に依つて従来の冗費をなくすると云ふやうな点も考慮しまして、出来るだけ業者で共助して貰ひたい」と答弁している。(11)

このように翼同と商工省は、中小商工業から軍需産業へ労働力を転換することの重要性、そのために転廃業者に生活援護共助金を支給することの必要性を共通して認識していた。問題は、残存業者に共助金を負担させるか否かであった。岡田は残存業者の経営と生活を保護するべく、政府の全額補助を要求している。その意味で、翼同にとって、生活援護共助金問題は残存業者保護問題であった。一方、岸は「同業者の共助精神」を喚起しつつ、「生産配給」の「合理化」により「従来の冗費」を節約し、それを共助金に充当するよう提案している。

この岸の「従来の冗費」という表現は、商工省が当時の中小商工業のあり方を問題視していたことを示している。その問題は、商工省の豊田雅孝振興部長によれば、業者の「濫立」にあった。そのために、「平時の際に於きましてもお互が激しい競争を致しまする為に売崩しをやる、或は濫売をやる。或は粗製濫造をやりまして社会に悪影響を及ぼして居つた」。さらに、「一度戦時になりまして物が足らなくなつて参りますと、売崩しをやつて居つた商人は逆に売惜しみをやります。安価で売ることに競争して居つた者が逆に闇取引をやります。或は情実販売、縁故販売といふものをやりまして今日非常な問題になつてゐる」。では、業者の「濫立」を抑制するためには、どうすればよいのか。

豊田は、「〔工場や店舗を〕適限経営に引直しましてこれを再配置していくといふことは中小商工業年来の積り積った弊害を一掃致す所以でありまするとと同時に、長い目で見ますれば同業者相互間の共倒れ、共喰ひを救ふ途でありますと主張している(12)。なお、振興部は総務課・商務課・工務課から成り、中小商工業の統制・助長・転換、その他振興に関する事務を掌る部局であった(13)。

このように、商工省は「適限経営」の実現という戦前の政策課題を、中小商工業整備、すなわち労働力の転換という戦時の政策課題に滑り込ませていた。その意味で、商工省にとって、生活援護共助金問題は商工業適限化問題であった。商工省は、残存業者が転廃業者に共助金を支給できるほど「適限経営」化しているかどうかを判断する指標として、生活援護共助金を認識していたのである。

二　商工省委員

東条内閣は、一九四二年三月一〇日に「中小商工業者ノ整理統合並ニ職業転換促進ニ関スル件」を、四月二一日に「小売業ノ整備ニ関スル件」を閣議決定した。これらの措置により、「中小商工業者の労働者への大規模な転換は避けられないものとなり、経済界と国民に大きな動揺をよびおこした」。また、「この段階での要転換者の総数はおよそ七〇万人と推定され」た(14)。

このような状況のなか、五月二〇日に翼政が結成され、六月一〇日に各省委員が任命された。商工省委員に就任したのは、表4-1の貴衆両院議員であった。彼らの活動については、商工次官から内閣書記官長に一九四二年七月一三日付で送付された「商工省委員運営概要」（国立公文書館所蔵「昭和十七年公文雑纂　巻六」二A／一五／纂二七〇二、以

表4　商工省委員の構成

表4－1　　表4－2　　表4－3

氏　　名	議会	備　　考	翼政政調会	全国現地調査
蜂須賀正氏	貴院	侯爵	商工	近畿班
高木正得	貴院	子爵	商工	中国・四国班
河瀬　真	貴院	子爵	商工	近畿班
肝付兼英	貴院	男爵	商工	北海道・東北班，班長
秋田三一	貴院	多額納税者	商工	—
上野喜左衛門	貴院	多額納税者	商工	北海道・東北班
赤城宗徳	衆院	茨城3区，当選2回	農林	北海道・東北班
安倍　寛	衆院	山口1区，当選2回	文部	九州班
伊豆富人	衆院	熊本2区，当選4回，旧国民同盟	文部	九州班
今尾　登	衆院	京都1区，当選1回	外務	関東班
宇田耕一	衆院	高知1区，当選1回	商工	近畿班
上田孝吉	衆院	大阪3区，当選5回，旧政友会	逓信	関東班，班長
大倉三郎	衆院	大阪5区，当選1回	内務	関東班
川島正次郎	衆院	千葉1区，当選6回，旧政友会	商工	中部班，班長
川俣清音	衆院	秋田2区，当選3回，旧社会大衆党	商工	中部班
木下　郁	衆院	大分2区，当選1回	司法	関東班
九鬼紋七	衆院	三重1区，当選1回	商工	中国・四国班
木暮武太夫	衆院	群馬2区，当選7回，旧政友会	商工，委員長	近畿班
坂本宗太郎	衆院	埼玉2区，当選2回	商工	中部班
笹川良一	衆院	大阪5区，当選1回	商工	中国・四国班
田中　好	衆院	京都2区，当選3回，旧政友会	鉄道	中国・四国班
田村　稔	衆院	三重2区，当選1回	司法	九州班
鶴　惣市	衆院	福岡3区，当選3回，旧政友会	商工	関東班
南雲正朔	衆院	北海道5区，当選3回，旧民政党	司法	中国・四国班
中西敏憲	衆院	福井，当選1回	理事（農林・商工・拓務）	—
野田武夫	衆院	神奈川2区，当選2回，旧民政党	商工	中国・四国班，班長
古田喜三太	衆院	広島1区，当選3回，旧民政党	商工	九州班
本多鋼治	衆院	愛知4区，当選1回	農林	—
正木　清	衆院	北海道1区，当選1回	鉄道	関東班
松永　東	衆院	埼玉1区，当選4回，旧民政党	内務	九州班，班長
松本治一郎	衆院	福岡1区，当選3回，旧社会大衆党	商工	北海道・東北班
三木武夫	衆院	徳島2区，当選2回	大蔵	中部班
三好英之	衆院	鳥取，当選6回，旧民政党	商工	近畿班，班長
森川仙太	衆院	和歌山2区，当選1回	商工	中部班
八木宗十郎	衆院	山口2区，当選1回	商工	中部班
山田順策	衆院	静岡1区，当選2回，旧民政党	厚生	北海道・東北班
横川重次	衆院	埼玉2区，当選6回，旧政友会	鉄道，委員長	北海道・東北班
渡辺善十郎	衆院	東京3区，当選1回	商工	近畿班
渡辺泰邦	衆院	北海道3区，当選4回，旧東方会	商工	九州班

註　(1)ゴシックは世話人を示す．

(2)『官報』1942年6月11日付，『朝日新聞』1942年6月21日付，衆議院・参議院編『議会制度百年史　衆議院議員名鑑』『同　院内会派編　衆議院の部』『同　貴族院・参議院議員名鑑』（大蔵省印刷局，1990年），「商工省委員の現地調査」（『商工通報』1942年8月15日号），「政務調査会名簿」（国立国会図書館憲政資料室所蔵「中原謹司関係文書」400）より作成．

下「概要A」）、同じく一九四三年四月二八日付で送付された「商工省委員運営概要」（同「昭和十八年公文雑纂　巻十四」二A／一五／纂二八四五、以下「概要B」）によって、ある程度知ることができる。以下、「概要A」「概要B」を使用して、商工省委員の活動を検討していく。

まず、商工省委員の基本的性格について、「概要A」をとおしてみていこう。

六月二〇日、第一回打合会が開催され、「委員運営方針」が協議された。挨拶に立った岸商工相は、「商工行政ノ浸透並ニ之ガ是正ノ見地ヨリ特ニ積極的ニ委員ヲ活用スル旨」を「言明」している。この打合会では、「毎月第二及第四水曜日ヲ定例日トシ全委員出席シテ懇談、討議ヲ行フ外必要ニ応ジ随時委員ノ招集ヲ為スコト」「世話人ヲ選ビ常時委員側ト当省側トノ連絡ニ当ラシムルコト」「当省側ノ連絡員ハ一応文書課長トスルコト」「委員ニ商工行政ノ予備知識ヲ与フル意味ニ於テ先ヅ関係局長ヨリ所管事項ノ説明ヲ行フコト」などを決定している。併せて、「委員職務規程ニ付テハ数回ノ会合ノ後之ヲ立案スルコト」も申し合せている。世話人には肝付兼英・上田孝吉・川島正次郎・中西敏憲・野田武夫・松永東・三好英之の七名が選出された(15)。

さらに、第一回打合会の決定に基づいて、六月二五日から二七日にかけて、商工省各局の所管事項説明会が開催された。ここでは、「次官以下関係局課長」が出席して、委員との「質疑」が行われている。また、その過程で、「委員ノ特ニ活動スベキ分野」が検討され、「産業再編成、物資配給及公価維持ノ三問題ニ重点ヲ置クコト」が決定された。こうした三問題の設定を受けて、「各委員ノ希望ヲモ斟酌シテ」、全委員の「一応ノ分担」が割り当てられた。七月七日の第一回定例日では、「産業再編成」「物資配給」「公価維持」の事項別委員会が開かれ、委員と「次官以下関係局課長」との「熱心ナル意見ノ交換」が行われた。

以上の第一回打合会から事項別委員会に至る一連の活動は、「次官〔椎名悦三郎〕」、「〔大臣官房〕文書課長〔吉田悌二郎〕

ト世話人トノ間ニ随時打合セヲ行ヒタル」うえでのものであった。また、七月中旬時点では、「今後ノ運営」として、「全委員ヲ六班ニ分チ全国六ブロックニ之ヲ派シ産業再編成、物資配給、公価維持等ノ諸問題ニ付審ニ地方事情ヲ調査セシメ商工行政ノ浸透並ニ之ガ是正ニ資スベク目下具体案ノ作成中」で、この具体案を世話人会に諮問し、さらに定例日に決定することが予定されている。

表5　翼政政調会各省別委員会と各省委員（衆議院議員の場合）

	①翼政政調会	②各省委員	③　重　複	③÷②(%)
内　閣	38	42	15	35.7
外務省	25	12	9	75.0
内務省	42	14	9	64.3
大蔵省	30	25	11	44.0
陸軍省	22	—	—	—
海軍省	22	—	—	—
司法省	29	17	7	41.2
文部省	28	10	3	30.0
農林省	45	32	17	53.1
商工省	45	33	16	48.5
逓信省	28	19	7	36.8
鉄道省	26	12	4	33.3
拓務省	32	15	6	40.0
厚生省	28	14	5	35.7
合　計	440	245	109	44.5

註　(1)翼政政調会は，各省別委員会の委員長と委員の合計である．
(2)翼政政調会の内閣委員会は第一と第二に分かれるが，ここでは一括した．
(3)「政務調査会名簿」（国立国会図書館憲政資料室所蔵「中原謹司関係文書」400），『官報』1942年6月11日付より作成．

ここで注目すべきは、翼政政調会と商工省委員の関係、具体的には人事と調査項目である。まず人事について。表4-2は、商工省委員の翼政政調会における所属をまとめたものである。ここからは、商工省委員三九名のうち、二二名が商工省委員と翼政政調会の商工委員会委員を兼任していたことが分かる。なお、表5は、衆議院議員について、翼政政調会各省別委員会と各省委員の重複関係を数値化したものである。ここからは、各省別委員会と各省委員の高い重複率を確認することができるだろう。すなわち各省委員全体では、四四・五％が同一の各省別委員会に所属し、商工省委員でも、四八・五％が商工委員会に所属していた。

次に調査項目について。翼政政調会の各委員会は、七月一日から三一日にかけて、各省と民間から重要問題の聴取と調査項目の協議を実施し、八月一日に調査項目を決定した。そのうち、商工委員会の調査項目には「一、経済統制の運営改善方策」「二、企業再編成対策」「三、物価政策の整備」「四、大東亜共栄圏内に於ける重要必需物資対策」が、また実地調査には「(一)炭坑及金属山に於ける事情」「(二)転廃業実施事情」「(三)重要物資の配給事情」が挙げられた(16)。このように商工省委員は、商工委員会委員との兼任をとおして、翼政政調会の調査項目を商工省の調査項目に投影していったといえるだろう。

ところで、商工省委員の第一回打合会で立案が申し合された「委員職務規程」は、七月二一日に「商工省委員職務規程」として制定されている(17)。そもそも、このような規程は、六月一二日に閣議決定された「内閣委員及各省委員職務規程基準」の「備考」で、「各庁ニ適応スル定ヲナスモノトス」と義務づけられていたものであった(18)。「内閣委員及各省委員職務規程基準」は、職務の概目、登庁招請への対応、部外に対する意見の開陳、書類・説明の要求方法、秘密厳守の心得から構成されていた。この基準に則して、商工省と商工省委員は「商工省委員職務規程」を立案したのである。ここでは、「商工省委員職務規程」全七条のうち、とくに第二条「委員ノ職務」に注目したい。

第二条　委員ノ職務左ノ如シ

一　諸般ノ企画立案ニ関スル意見ノ開申

二　委嘱ニ依ル調査

三　商工行政ノ国民生活ニ対スル適応状況等ノ考査ニ関スル協力

四　商工行政ノ趣旨徹底ニ関スル啓発宣伝

五　請願及陳情ノ処理ニ関スル意見ノ開申

六　帝国議会、翼賛政治会、大政翼賛会等トノ連絡(19)

「企画立案」「調査」「考査」「啓発宣伝」あるいは「帝国議会」「翼賛政治会」「大政翼賛会」といった語句は、商工省委員の全国現地調査から政策課題が設定され、政策が立案・決定・実施されていく過程のキーワードとなるものである。

三　全国現地調査

1　調査の経過

次に、商工省委員の全国現地調査について、「概要B」をとおしてみていこう。まず、全国現地調査の経過を整理しておく。

前述の「各地ノ実情調査」は、七月二一・二二日の世話人会で「現地調査事項」「現地調査班別」「分属及班長」が決定されていった。

「現地調査事項」は「産業再編成ニ関スル事項」八項目、「物資配給ニ関スル事項」六項目、「公価維持ニ関スル事項」五項目である。(20)また、分属と班長は表4-3のとおりである。班長を担当したのは、調査自体に参加していない一名を除いて世話人であった。以後、数回の世話人会・定例委員会で関係官の説明、国民更生金庫・商業報国会関係者の「業務説明」「調査依頼」を受けている。

そして、八月七日から二七日にかけて、全国現地調査が実施された。表6は九州班の調査日程である。ここからは、九州班が福岡・長崎・鹿児島・熊本計四県を調査するなかで、各県関係当局、商業組合など各界代表との会合、会

表6　全国現地調査九州班調査日程

調査日・調査地	調　　　査　　　日　　　程
8月17日・福岡県	県庁にて知事・経済部長と会見，県関係当局との調査会，商業組合代表・各市商工課長・各市商工会議所代表・各種業者代表・消費者代表・婦人会代表・商業報国隊代表・鉱山代表・各工場代表などとの懇談会
8月18日・福岡県	飯塚市・大牟田市・八幡市にて各界代表者との懇談会
8月19日・福岡県	高松炭坑・八幡製鉄所にて視察・調査
8月20日・福岡県	県庁にて更生金庫代表・翼賛会代表・商業報国会挺身隊代表との懇談会
8月21日・長崎県	県庁にて知事・経済部長と会見，県関係当局との調査会，各界代表者との懇談会，長崎公会堂にて講演
8月22日・長崎県	県庁にて県当局より聴取，三菱造船所・河南造船所の視察調査，小浜町の製塩所の視察調査
8月23日・長崎県	各界代表との懇談会
8月24日	〔移動〕
8月25日・鹿児島県	県庁にて知事・経済部長と会見，県関係当局との調査会，商工会議所にて各界代表との懇談会，商工会館にて講演
8月26日・鹿児島県	高千穂電機株式会社・田辺航空工業株式会社・日本竹織製鋼株式会社工場・鹿児島絹織物作業場など各種産業の視察
8月27日・熊本県	県庁にて知事・経済部長と会見，県関係当局との調査会
8月28日・熊本県	阿蘇にて各委員協議・報告書作成

註　「現地調査報告書　商工省委員九州班」（国立国会図書館憲政資料室所蔵「美濃部洋次関係文書」Aa／36／8）より作成.

社・工場への視察を精力的に行ったことが読み取れる。

帰京後、各班は班ごとに報告書を作成している。[21]また、委員全体の答申作成のため、委員のなかに「産業再編成」などの各事項ごとに「答申作成委員」が設置され、九月一四日から一〇月五日にかけて数回にわたって委員会が開催されている。一〇月九日の世話人会では「商工省委員現地調査答申前文案」が提示され、承認された。そして翌一〇日、「商工省委員現地調査答申（前文及附属答申書）」が「答申作成聯合委員会」の承認を経て、大臣に提出された。同日、答申は新聞各社にも発表された（一一日付で朝刊各紙に掲載）。この答申は、総論にあたる前文（「商工省委員現地調査答申」）と、「産業再編成」「物資配給」「公価維持」の各論にあたる本文（「商工省委員現地調査答申書」）から構成される。[22] ここでは、全国現地調査の総括と展望を示した前文に注目したい。[23]

前文は、「中小商工業ノ再編成ハ閣議決定（「中小商工業ノ整理統合並ニ職業転換促進ニ関スル件」と「小売業ノ整備ニ関スル件」）通リ関係各省及地方庁一貫セル態度ノ下ニ強力ニ之ヲ促進スルノ要アリ。就中小売業ノ整備ハ生活必需物資ノ適正配給及公定価格維持ノ基礎条件ナリ」で始まる。つづけて、その対策として、政府に「綜合的労務動員計画」、「不均衡」のない「共助金ノ支給」などを要望し、さらに委員の今後の活動として、「産業再編成ニ関スル模範地区」の選定と育成、「商業報国運動」の促進、「転廃業共助施設」の企画立案などを提示している。このように商工省委員は、全国現地調査をとおして、生活援護共助金問題をクローズアップしたのであった。

2　調査の意味

では、この全国現地調査について、商工省委員はどのように認識していたのだろうか。世話人の川島正次郎は、調査の感想を次のように述べている。

商工省委員の現地調査班は各地とも意外な歓迎を受けたのであつた。〔中略〕商工省は各省と異なり委員は全部貴衆両院議員であつて一方議会人であり、他方商工省に片足踏み込んでゐる点に一種の魅力を感じたのではなかつたかと思はれる。

旧政党時代の地方調査のやうに調査し放し陳情の聴き放しではなく、又上意下達のみに専念してゐると思はれ易い官吏の地方出張とも違つて役所と国民との間の潤滑油的役目を果してくれるのだとも考へたのであらう。[24]

ここで、川島が商工省委員を「潤滑油」と表現していることは興味深い。実際はひとまず措くとして、彼によれば、従来、政党の「地方調査」は国民の意見を聞くことに、官吏の「地方出張」は政府の方針を伝えることに終始する傾向があった。しかし商工省委員は、議会の議員と政府の委員という二つの性格を備えている。だからこそ、国民と政府のあいだに介在して両者の摩擦を緩和しうるのであった。そのような機能を発揮する意味において、商工省委員は全国現地調査を重視していたといえよう。

では、この全国現地調査について、商工省はどのように認識していたのだろうか。商工省大臣官房の事務官（大臣秘書官・考査課課員）であった、松村敬一の評論「各省委員制度の機能」に注目したい。松村は、「現地調査に依つて、中小商工業の整備を阻害しつゝある一般的事由が明かになつたが、その多くの点は既に一応気付かれてゐた事項であつた。只それを多数の議会人が実地について拾ひ上げて来た所に権威があつた」と述べている。[25] そうだとすると、商工省委員が商工省にとって既知の事柄とされる中小商工業整備の問題点を調査したことに、どのような意味があるのだろうか。

ここで、松村の各省委員制に対する理解が重要になってくる。

今回の制度の特徴は、〔中略〕多数の議会人及学識経験者から成る各省委員といふ一つの集団を、集団として、如何に政治的に、或は事務的に活用するかといふ点にある様に思はれるのである。〔中略〕そしてそのことは、一面〔中略〕我国の政治情勢の推移並に行政の実体の変質に照応するものとも考へられるのである。[26]

松村が各省委員制に確認した「特徴」は、委員の「集団」的性格であった。そして、その性格の活用が「政治情勢の推移」と「行政の実体の変質」に「照応」しているという指摘は、たいへん興味深い。以下、各省委員の「集団」的性格と①「政治情勢の推移」の関係、②「行政の実体の変質」の関係について、詳しくみていこう。

まず①は、どのような関係にあるのだろうか。

政府と議会との関係について見れば、多数の議会人を同時に委員にするといふことは、政府と議会とが既にその構成に於て、極めて緊密な関係に結ばれることを意味する。〔中略〕そしてこの太い紐帯が、翼賛選挙に基く国民議会の成立を待つて始めて出来上つたことを、もう一度注意しなければならない。つまり多数の委員の任命は、政府議会表裏一体といふ現下の政治情勢を反映すると同時に、議会を通じて国民の政治参与について、質的及量的な進展を示したものといへるであらう。(27)

松村がいう「政治情勢の推移」は、「翼賛選挙に基く国民議会の成立」であった。翼賛選挙（第二一回総選挙）においては、各界の代表から成る翼賛政治体制協議会が候補者の推薦を行い、推薦候補者が当選者の約八割を占めた。その経緯を踏まえて、松村は翼賛選挙の結果を「国民議会の成立」と認識し、衆議院議員の各省委員就任を「国民の政治参与」の制度化として重視しているのである。

次に②は、どのような関係にあるのだろうか。

現在の様に行政が凡ゆる国民組織の中に深く入り込んで、施策の一つ〳〵が直ちに日々の生活に関係する様になれば、民情の実相を上通することと、行政の趣旨を徹底することが、政治の重要な部面を占めるのは当然である。然るにこの様な複雑煩瑣な仕事は、〔中略〕政府の参与者であると同時に自由な民間人である委員が、その最適任者であることも亦事実である。そしてその場合には、〔中略〕多数の委員があつてこそ、或は委員といふ一つの集団が働いてこそ、始めてその機能を充分に発揮し得るのだといへるであらう。(28)

松村がいう「行政の実体の変質」は、戦時における行政と国民の関係の微細化・緊密化であった。この状況を踏まえて、松村は各省委員における政府の委員と議会の議員の二面性および「集団」性を考慮し、各省委員を行政と国民のあいだを媒介する存在として重視しているのである。

では、このように商工省委員を積極的に評価する商工省の意図は、どこにあったのだろうか。松村は答申における閣議決定への支持表明を評価したあとで、「商工省としても、議会との太い紐帯である委員の、生きた調査に依る結論であれば、施策の実行に強力な後盾を得たことにな」る、「国民としても、信頼する清新議会の構成者の一致した意見であるならば、自己の針路に対する確信と慰めとを得ることになる」と指摘している(29)。このように商工省は、商工省委員の全国現地調査をとおして、彼らの政策の正当化を試みていたといえよう。

なお、松村は「委員の担当地域を決定するに当って一切選挙区を避けたことは、調査内容の公正を印象づける意味で、極めて賢明であった」とも述べている(30)。確かに表4－1と表4－3を照らし合わせると、衆議院議員の選挙区と現地調査のエリアは意図的に組み換えられていたことが窺える。このような措置は、委員の答申により自らの政策の正当性を証明しようとする商工省にとって、不可欠なものであった。

ここで問題となるのは、選挙区と現地調査の分離が衆議院議員の商工省委員に与える影響である。そのような措置に対して、選挙区から選び出される彼らが異論を唱える事態も否定できないだろう。

この問題の手掛かりは、『帝国大学新聞』の「文化評論」にある。

陳情活動は、特に議員にとつては選挙地盤の維持培養のために行はれたために、議員をして余りに多く個々一部の利害に熱心させるに至つた弊は決して少くないが、またかやうな機能の必要性が現実に根強く存してゐたといふ点も認めなければならない。〔中略〕各省委員に期待することの一つは、かやうな各個の陳情、視察を合理化して、その間の連絡事務を確立することにあるのではないか(31)。

「商工省委員職務規程」第二条は、「委員ノ職務」として「五　請願及陳情ノ処理ニ関スル意見ノ開申」を掲げていた。したがって、商工省委員も従来の衆議院議員と同様に、選挙区の陳情に協力していたことは想像に難くない。問題は、その方法である。ここでは、商工省委員の活動によって、全体状況が把握されたうえで個々の陳情が調整される可能性が指摘されている。このような方法のメリットを認識していたために、商工省委員は選挙区と現地調査の分離を、さしあたり受容していたと思われる。

四　共助会構想

では、商工省委員は、全国現地調査をとおしてクローズアップした生活援護共助金問題にどのように対応したのだろうか。

全国現地調査の答申本文において、生活援護共助金問題は、次のように説明されている。

中小商工業者ノ企業整備ニ伴フ転廃業者ノ援護ハ一面重大ナル社会問題タルニ鑑ミ之ガ共助施設ノ運営ハ慎重公平ヲ期セザルベカラズ。即チ共助機関ガ転廃業者ノ属スル同業者団体ノ出資ノミニ依ル場合ハ其ノ組合ノ強弱、良否ニ依リテ共助金支給ノ方法ニ差異ヲ生ジ不均衡ヲ来スノ虞極メテ多カルベク、其ノ運営ニ付テモ公平ヲ失スルコトナキヲ保シ難シ(32)。

前述したように七七議会の共助金をめぐる議論では、残存業者の負担能力が問題とされていた。議会は残存業者保護の観点から全額国庫補助を求めたが、政府は商工業適限化の観点から半額補助を譲らなかった。一九四二年度においては、「中小商工業者共助費補助」という名目で一三一七万五〇〇〇円の補助金が確保されてはいた(33)。しかし、今回の全国現地調査をとおして、商工省委員は残存業者における負担能力の偏差、それに伴う転廃業者に対する共助金の「不均衡」を、実際に確認したのであった。そこで、商工省委員は次のような対策を提案している。

依テ共助機関ハ府県一円ヲ単位トスル共助施設団体ト為シ資金ノ潤沢ヲ図リ運営ノ正皓ヲ期セシムルノ要アリト

信ズ。尚之ガ立案ニ際シテハ全国的共助施設ニ付テモ併セ考慮ヲ払フノ要アルベシ。(34)

ここに示されているのは、道府県共助会構想と全国共助会構想である。道府県共助会構想は残存業者の共助機関による共助金の「不均衡」と「不公平」を是正するため、各道府県内の共助機関を統合しようとするものであった。なお、福島・愛知・三重・岡山・広島・鹿児島の各県では同様の趣旨の共助会がすでに設立されていた。(35) したがって、道府県共助会構想は、各県に点在している共助会を全国化するものであったといえよう。

一方、全国共助会構想の具体像は答申本文には記されていないが、中部班（班長・川島正次郎）の報告書には「転業者厚生中央会」という形で示されている。(36)

一、共助施設ニ就テ

〔中略〕組合共助トハ別ニ此ノ際全国ノ時局産業関係者ノ協力其他ノ方法ニヨリ相当巨額ノ基金ヲ集メ転業者厚生中央会（仮称）等ノ財団法人ヲ組織シ各府県ニ支部ヲ設ケ

イ、転廃業中正当ナル事由ニヨル生活困難者ヘノ救助

ロ、特殊ナル病気其他災害ヲ受ケタル場合ノ貧困者救済

ハ、教育資金ノ貸付

ニ、其他適当ナル厚生事業

等ヲ行ハシムル施設ヲ為スコトハ転廃業者ニ対シ安心感ヲ与ヘ整理ヲ明朗ニ遂行スル一方途ナリト信ジソノ実現ヲ要望スルモノナリ。

このように「転業者厚生中央会」は、共助会の業務を共助金支給から転廃業者の「厚生」全般へと拡大する形で構想されている。従来、生活援護共助金問題において、議会の視線は残存業者の保護に注がれていたが、商工省委員の

視線は転廃業者の保護にも注がれている。このことは、全国現地調査をとおして、彼らが転廃業者の生活自体に関心を広げていったことを示しているかもしれない。

では、商工省委員は、共助会構想の実現をどのように試みたのだろうか。

その状況について、松村敬一は「現地調査の各班から各一名、計六名の小委員を出して企業局と研究を共にし、或は七名の委員世話人に於て各方面の之に対する意向を打診」したと述べている(37)。なお、企業局は振興部の改組拡充により発足し、「商工鉱業ノ組織ニ関スル綜合事務、資金調整及会社経理統制ニ関スル事務」などを管掌した部局であった(38)。さらに、「概要B」によれば、一〇月二一日、商工省委員の「転廃業共助施設小委員会」は、「企業局「共助会設置要綱案」ヲ審議決定」している。また、一一月六日の「大臣、世話人懇談会」は、「全国的共助会ノ設置ノ可否、其ノ設置方法ニ付懇談」している。

「共助会設置要綱案」の内容は不明である。とはいえ以上の経過から、少なくとも商工省委員と企業局のあいだで全国・道府県共助会構想は合意に達していたと思われる。そうすると、生活援護共助金問題において、全額国庫補助を求めていた翼同・翼政と、半額国庫補助を譲らなかった商工省の妥協点が、全国・道府県共助会構想であったといえるだろう。この構想を実現することで、翼政は全額国庫補助を断念する代わりに残存業者の負担を軽減でき、商工省は共助会を支援する代わりに全額国庫補助を回避できるのである。

ここで注目すべきは、一一月二〇日、翼政政調会の商工委員会（企業再編成対策小委員会）が「小売業整備対策要綱」を決定し、翌朝、各紙が要綱を掲載したことである。そのなかには、全国・道府県共助会構想が盛り込まれていた。このうち、全国共助会構想に関する説明「広ク寄附金ニヨリ其ノ基金ヲ造成シ、道府県共助会間ニ於ケル共助ノ不均衡ヲ是正シ、且ツ転廃業者ノ為ニ厚生及育英施設ヲ講ジ以テ将来ニ対スル不安危惧ナカラシムル要アリ」から窺えるように、翼政の全国共助会構想と商工省委員中部班の「転業者厚生中央会」構想は非常に近いものであった[39]。商工省委員の約半数が商工委員会の委員であったことに鑑みれば、彼らは商工省委員の構想を翼政政調会の構想として公にすることにより、共助会設立に向けた機運をさらに高めようしたといえよう。

もっとも、最終的に全国・道府県共助会構想は実現しなかった。それは、政府が新たな企業整備計画を立案していたからだと思われる。その計画は、一九四三年六月一日に「戦力増強企業整備基本要綱」として閣議決定された。「この基本要綱による企業整備は、中小工業のみならず大工場をも含めて、軍需その他重点部門へ転用できるものは可能なかぎりこれを転用し、不急工場を廃そうとする大規模なものであった[40]」。

三月二九日のある対談において、豊田企業局長は「今後の事態如何によつてはどの程度の商品が果して廻つて行くかといふことが見透しがつかんといふことになると、適限経営といふこともなか〳〵難かしい問題になつて来ます」、「随つて共助金の負担力といふことも問題になつて来る」と発言している[41]。豊田は、軍需産業重視の「戦力増強企業整備」のなかに中小商工業の「適限経営」の前提、すなわち商品の確保が逼迫する可能性を確認していた。そのため彼は、生活援護共助金について残存業者の負担能力に配慮し、半額国庫補助から全額国庫補助への転換を示唆しているのである。このように「戦力増強企業整備基本要綱」の立案前後、商工省は、生活援護共助金問題を残存業者保護問題として認識せざるをえなくなったといえよう。

こうした認識は、八一議会の衆議院戦時行政特例法案外二件委員会（二月九日）における岸商工相の発言「今後の中小商工業の整備の場合に、残存業者が共助金を出すと云ふやうな事柄自体は、迚も想像は出来ないのでありまして、是等に対しましては政府として之に代る施設をして行かなければならないと云ふ考へで、考慮を致して居ります」にも示されている[42]。

この岸の発言に対して、商工省委員で世話人の野田武夫は「誠に妥当の処置である」と評価している。[43] こうして「戦力増強企業整備基本要綱」の閣議決定後、生活援護共助金の全額国庫補助は、八月二四日付の商工次官名地方長官宛通牒「中小商工業者生活援護共助費補助要綱」と別紙「中小商工業者生活援護共助費補助実施要綱」によって実現された。「実施要綱」は、全額国庫補助の規程を「本補助ニ依ル生活援護共助金ハ商工業者共一業主当リ一ヶ年六〇〇円（月五〇円十二ヶ月分）迄トシ其ノ一部又ハ全額迄ヲ国庫ヨリ補助スルモノナルコト」と明記している。[44] その補助金（中小商工業者共助費補助）については、八一・八二議会が四一四万二〇〇円、六二九四万六〇五〇円をそれぞれ承認していた。[45]

五　産業再編成推進地区運動

商工省委員は共助会構想を立案する一方、産業再編成推進地区運動を実施した。ここでは、その意味と運動の概要について検討しよう。

全国現地調査の答申前文において、産業再編成推進地区運動の発想は、次のように説明されている。

一、先ヅ広ク全国ニ中小商工業整備ノ円滑ニ遂行セラレ居ル実例ヲ顕揚シテ範ヲ垂ルコトトシ更ニ進ンデ適当ナル地区ヲ選定シテ之ヲ産業再編成ニ関スル模範地区ニ育成セントトス。之ガ為地方庁ト連絡ノ下ニ委員数名ハ一定期間該地域ニ滞在シ中小商工業再編成協議会ノ運営ニ協力スル外整備ヲ阻害セル原因ノ除去ニ付進ンデ関係方面ト折衝シ之ガ解決ニ当ルモノトス。而シテ此ノ模範地区ヲ拡大シテ府県全体ニ及ボシ更ニ他府県ヲシテ順次之ニ倣ハシムル様斡旋ノ労ヲ取ラントス。[46]

このように、商工省委員は中小商工業整備の円滑化のため模範地区を設定し、模範地区の地方庁・中小商工業再編成協議会と協力して整備を進展することを希望している。中小商工業再編成協議会は、一九四二年二月二三日付の商工・農林・厚生次官より各地方長官宛の通牒・要綱によって、「企業ノ整理統合計画ノ樹立、転廃業者ニ対スル共助施設ノ整備、職業転換ノ指導斡旋等ニ関スル事項ヲ協議スル」機関として、各府県に設置された。その組織は地方長官を会長とし、商業組合・工業組合・商工会議所その他産業団体の代表、緊要産業の事業主、関係官公吏、大政翼賛会関係者などを委員とした(47)。

では、産業再編成推進地区運動は、どのように企画立案されたのか。表7は、「概要B」の産業再編成推進地区運動に関連する記述をまとめたものである。この一連の過程から、商工省委員が候補地区の官吏・商業報国会・商業組合中央会との協議を重ね、運動の輪郭が整えられていったことが読みとれる。

なお、ここで「商業報国会ノ産業再編成促進運動」「商業報国会側運動」は、「商業再編成促進運動」を意味する。一九四二年度に入って、商業報国会は、商業報国運動の「当面ノ重点」を「企業ノ整理統合及ビ職業転換ニ関スル自主的運動」に置いた。そして、その目的を達成するため、一九四二年一〇月二四日、「商業再編成促進運動実施要綱」を発表した。この要綱は、「実施スベキ事項」として、「商業再編成ノ国家的意義ノ昂揚」「道府県中小商工業再編成協議会及部会（又ハ支部会）ヘノ積極的協力」などの実施を、また、「再編成促進班ノ設置」として、「中央再編成促進班」「地方再編成促進班」の設置を予定していた。このうち、「中央再編成促進班」は商業報国会の中央本部職員を構成員とし、全国を六班に分け各班に班長を置くことで組織されるものであった(48)。

このように一一月五日の世話人会は、商工省委員が産業再編成推進地区運動の各班班長と、商業再編成促進運動の中央再編成促進班班長を兼務することを申し合せた。また、一一日の世話人会は商業組合中央会が「課長級ノ責任

表7　「概要B」産業再編成推進地区運動関連（1942年10～11月）

日　付	会　　合	内　　容
10月19日	世話人会	産業再編成推進地区選定ニ関シ意見交換
10月24日	臨時委員会	産業再編成推進地区運動ニ関スル協議
10月28日	世話人会	愛知県，京都府関係官ト推進地区運動実施ニ付懇談
10月28日	定例委員会	商業報国会企画部長〔永井保〕ヨリ商業報国会ノ産業再編成促進運動実施要綱ニ付説明
		産業再編成推進地区運動ニ関スル決定事項報告，決議
11月5日	世話人会	商業報国会本部長〔喜多壮一郎衆議院議員〕出席
		商業報国会側運動ハ産業再編成推進地区運動ニ合セテ行フコトトシ商業報国会促進班ノ班長ハ産業再編成推進地区運動ノ班長ニ依頼スルコト
11月11日	世話人会	商業組合中央会専務理事〔向井鹿松〕出席
		商業組合中央会ハ産業再編成推進地区運動ノ技術的指導ニ当ルコトトシ地区毎ニ課長級ノ責任者ヲ定メ企業局連絡官ト同道シテ援助スルコト
		産業再編成推進地区ニ関スル次官通牒案審議決定
11月11日	定例委員会	産業再編成推進地区運動方法，日程決定

表8　産業再編成推進地区運動の班割

	商　工　省　委　員	商工省企業局	商業組合中央会
宮城県	**肝付**，上野，赤城，松本，山田，横川	近江整備課事務官	稲川総務課長
千葉県	**上田**，今尾，大倉，木下，鶴，正木	高橋商政課事務官	久保田企画課長
愛知県	**川島**，川俣，坂本，三木，森川，八木	霄商政課事務官	坂田指導課長
滋賀県	**中西**，蜂須賀，河瀬，宇田，木暮，本多，三好，渡辺(善)	近江	稲川
岡山県	**野田**，高木，秋田，九鬼，笹川，田中，南雲	霄	坂田
長崎県	**松永**，安倍，伊豆，田村，古田，渡辺(泰)	高橋	久保田

註　(1)ゴシックは班長を示す．
　　(2)「日日展望」（『商業組合』1942年12月号）105頁より作成．

者」を、商工省企業局が「連絡官」を派遣することを確認した。その結果、表8のように産業再編成推進地区運動の地区と班割が決定されたのである。

では、産業再編成推進地区運動は、どのように展開されたのだろうか。ここでは、岡山班の事例を取り上げることにしたい。岡山班のメンバーは、野田武夫（班長）・高木正得・秋田三一・九鬼紋七・笹川良一・田中好・南雲正朔（以上、商工省委員）、霄金磨（商工省企業局商政課課員）・坂田武雄（商業組合中央会指導課長）であった。一一月一八日、九鬼・高木・秋田・霄・坂田の五名が岡山を訪問し、中小商工業再編成協議会に出席した。一行を代表して、九鬼は次のように語っている。

私等が来岡したのは表面に立って小売業整備を督励するためではない、整理方針は各県それぞれの事情によって異ふので県の方で決めて貰ひ私等は本省と業者との中に立って希望などの取次役を果し謂はゞ整理促進の潤滑油としての役割を果すつもりでやって来ました(49)

この前後、岡山県が推進地区に選定されたことについては、岡田武彦企業局商政課長が「二、三業者の中に誤解を抱かれた人があるやうである」、「推進地区に選ばれた地区が他の地区と切離されて真先に整理され、先に転業者を出さなければならぬやうに誤解されるおそれがあるやうである」と弁明している(50)。こうした懸念を払拭するために、九鬼の発言では小売業整備の「督励」といった目的ではなく、「整理促進の潤滑油」という岡山班の機能が強調されているのである。

そのような意味で、生活援護共助金問題と産業再編成推進地区運動が同時に進行していたことは重要である。八一議会における岸商工相の発言以前、岡山班は商工省や翼政の共助会構想を説明することで、また発言以後、全額国庫補助の決定を説明することで、残存業者・転廃業者たちに安心感を与えようとしたものと思われる。

さらに岡山班は、転廃業者の営業実績を補償する「岡山県商業組合聯合会共助施設」の立案に参加している。(51)一九四二年一二月から翌年一月にかけて、商工省委員は岡山県で同県商業報国会本部の共助会会則研究小委員会に臨席し、また、商工省で同県商業組合聯合会と折衝するなどした。そして一月二六日、岡山県商業組合聯合会は、共助施設の規程を決定することになった。(52)共助施設の成立について、商業組合中央会岡山県支部主事は「商工省、更生金庫、商工省委員、商業組合中央会等の指導、斡旋」や岡山県商業組合聯合会・県内一般業者の「理解」が「一丸体制を確立した結果」と評価している。(53)このように、「岡山県商業組合聯合会共助施設」の立案は、前述の答申前文で商工省委員が掲げた「整備ヲ阻害セル原因ノ除去」という課題に、ある程度の成果が挙がった一例であるといえよう。

産業再編成推進地区運動の終了時期は定かではないが、「概要B」によると、商工省委員各班が一九四三年三月中旬から四月上旬に「産業再編成進捗状況調査」として二府二五県で出張調査を実施し、四月九日に報告会を開催していることから、一九四三年三月をもって一段落したと思われる。

おわりに

本章は、生活援護共助金問題における商工省委員の活動を考察してきた。さいごに、本章の論点をまとめて結びにかえたい。

七七議会以降、議会と政府は、中小商工業整備の重要性と生活援護共助金の必要性を共通の認識としていた。問題は、残存業者に共助金を負担させるか否かであった。議会は残存業者保護の観点から全額国庫補助を求めたが、政府は商工業適限化の観点から半額補助を譲らなかった。商工省は、残存業者における共助金の負担能力を「適限経営」

化の指標として認識していたのである。

そうしたなか、商工省委員は、全国現地調査をとおして残存業者における負担能力の偏差、それに伴う転廃業者に対する共助金の「不均衡」を確認した。そして、この「不均衡」を調整するために、全国・道府県共助会構想を立案した。その立案が商工省委員と商工省企業局の協力のもと進められたことから、共助金の全額国庫補助を求めていた翼同・翼政と、半額国庫補助を譲らなかった商工省の妥協点が、全国・道府県共助会構想であったといえよう。さらに、産業再編成推進地区運動において、商工省委員は共助会構想を説明することで、転廃業推進に貢献したものと思われる。

このような中小商工業整備の政策過程から浮き彫りになるのは、補助金をめぐる商工省の政策と商工業者の利害に介在し、調停案を提示する商工省委員の政治手法である。こうした政治手法は、彼らが「商工省委員職務規程」を活用し、政策過程の末端にまで浸透することで形成され、展開されていったものとみてよいだろう。すなわち共助会構想の立案は、商工省委員の政治力が省内の中下層（企業局とその各課）に向かっていたことを、産業再編成推進地区運動の実施は、商工省委員の影響力が地方の諸主体（地方庁・中小商工業再編成協議会など）へ広がっていたことを示すものであった。ここには、各省委員制の展開による政治空間の拡大というべき方向性が表れている。

商工省委員は、一九四三年一一月の企画院・商工省の統合による軍需省の設置により、軍需省委員となった。彼らは、「戦力増強企業整備」の実施状況に関して調査・研究を行い、転用工場の「戦力化」や小売業の「再整備」に取り組んでいくことになる。(54)

註

（1）　原朗・山崎志郎編『戦時中小企業整備資料』全六巻（現代史料出版、二〇〇四年）、同編『戦時日本の経済再編成』（日本経済評論社、二〇〇六年）参照。

（2）通商産業省編『商工政策史　第十二巻　中小企業』（商工政策史刊行会、一九六三年）三二四、三四四頁。

（3）山崎志郎「戦時中小商工業整備の展開と国民更生金庫」（前掲『戦時中小企業整備資料』第一巻、解説）七頁。

（4）中村隆英・伊藤隆・原朗編『現代史を創る人びと』四（毎日新聞社、一九七二年）二八四頁。

（5）勅令第五六六号「内閣委員及各省委員設置制」の全文は次のとおり（『官報』一九四二年六月一〇日付）。

第一条　内閣及各省（陸軍省及海軍省ヲ除ク）ニ内閣委員及各省委員若干人ヲ置キ庁務ヲ輔ケシム

委員ハ必要ニ応ジ之ヲ所管部局ニ属セシムルコトヲ得

第二条　委員ハ内閣総理大臣又ハ各省大臣ノ奏請ニ依リ帝国議会ノ議員及学識経験アル者ノ中ヨリ内閣ニ於テ之ヲ命ズ

委員ノ任期ハ一年トス但シ特別ノ事由アル場合ニ於テハ任期中之ヲ解任スルコトヲ妨ゲズ

第三条　委員ノ服務ニ付テハ内閣総理大臣又ハ各省大臣ノ定ムル所ニ依ル

委員ハ其ノ職務ニ関シ知得シタル秘密ヲ厳守スベシ

（6）『朝日新聞』一九四二年六月六日付、『官報』一九四二年六月一一日付。

（7）振興部「商、工業組合等の共助金に対する国庫補助に就いて」（『商工通報』一九四二年一月一日号）四〇〜四二頁。一ヵ月あたり五〇円という金額は、「勤労奉仕」（勤労動員）を基準として算定されたものであった（豊田雅孝「企業整備と転業対策」『綿輸月報』一九四二年七月号、一一頁）。

（8）山崎前掲論文二二頁、前掲『戦時日本の経済再編成』各章参照。

（9）赤沢史朗・北河賢三・由井正臣編『資料日本現代史』一三（大月書店、一九八五年）所収の「（厚生省委員現地視察報告）」「情報局委員第四次会合に関する件」など参照。

（10）翼政の農業政策については、古川隆久「太平洋戦争期の議会勢力と政策過程」（『昭和戦中期の議会と行政』吉川弘文館、二〇〇五年、初出一九九三年）、戦時国民運動については、矢野信幸「翼賛政治体制下の議会勢力と新党運動」（伊藤隆編『日本近代史の再構築』山川出版社、一九九三年）参照。

（11）『帝国議会衆議院委員会議録　昭和篇』一三三（東京大学出版会、一九九八年）。

（12）豊田雅孝「経済再編成は何故行はれねばならぬか（その一）」（『公民講座』一九四二年五月号）六五〜六七頁。

(13)　通商産業省編『商工政策史　第三巻　行政機構』（商工政策史刊行会、一九六二年）二六三〜二六四頁。
(14)　通商産業省編『商工政策史　第一・二巻　総説（上）・総説（下）』（商工政策史刊行会、一九八五年）一九二頁。
(15)　『朝日新聞』一九四二年六月二一日付。
(16)　『昭和十七年度　翼賛政治会の概況』（翼賛政治会、一九四三年）三六、四〇〜四一頁。
(17)　「商工省委員職務規程制定ノ件」（国立公文書館所蔵「通商産業省公文書集」通商産業省四七／三A／一二―一四／一四〇）。
(18)　「内閣委員及各省委員職務規程基準（十七　六　十二閣議決定）」（国立公文書館所蔵「公文類聚昭和十七年　巻六」二A／一二／類二五六四）。
(19)　「商工省委員職務規程」（国立公文書館所蔵「昭和十七年公文雑纂　巻一」二A／一五／纂二六九七）。
(20)　「商工省委員の現地調査」（『商工通報』一九四二年八月一五日号）三八頁。
(21)　これらの報告書は、国立国会図書館憲政資料室所蔵「美濃部洋次関係文書」のなかに確認することができる（整理番号Aa／三六／五〜Aa／三六／一〇）。
(22)　「商工省委員現地調査答申」「商工省委員現地調査答申書」（国立公文書館所蔵「収受文書（各省、各官庁関係）」第三冊、厚生省四七／三A／二一―一／三五）。
(23)　以下、前文の引用は、前掲「商工省委員現地調査答申」による。
(24)　川島正次郎「商工省委員」（『政界往来』一九四二年一〇月号）八六頁。
(25)　松村敬一「各省委員制度の機能―商工省委員の活動より見て―」（『地方行政』一九四三年一月号）二〇〜二一頁。
(26)　前掲「各省委員制度の機能」一一頁。
(27)　「各省委員制度の機能」一一〜一二頁。
(28)　「各省委員制度の機能」一二頁。
(29)　「各省委員制度の機能」一六頁。
(30)　「各省委員制度の機能」一六頁。
(31)　「産業再編制答申と省委員制」（『帝国大学新聞』一九四二年一〇月一九日付）。

(32) 前掲「商工省委員現地調査答申書」。
(33) 「七九　帝国議会　予算案　昭和一七年度」（国立国会図書館議会官庁資料室所蔵「昭和十七年度商工省所管予定経費追加要求書」）。
(34) 前掲「商工省委員現地調査答申書」。
(35) 「日日展望」（『商業組合』一九四二年八月号）一〇八頁。
(36) 商工省委員中部班「昭和十七年八月　愛知県長野県石川県　調査報告」（前掲「美濃部洋次関係文書」Ａａ／三六／五）
(37) 前掲「各省委員制度の機能」二〇頁。
(38) 前掲『商工政策史　第三巻　行政機構』二八二〜二八三頁。
(39) 「小売業整備対策要綱」（『昭和十七年度政務調査会報告』翼賛政治会、一九四三年）一四七〜一四八頁。
(40) 前掲『商工政策史　第十二巻　中小企業』三三五頁。
(41) 豊田雅孝・小笠原三九郎「対談　企業整備はどこまで来てゐるか」（『実業之日本』一九四三年四月一五日号）四九頁。
(42) 『帝国議会衆議院委員会議録　昭和篇』一四五（東京大学出版会、一九九九年）。
(43) 野田武夫「決戦議会の断想」（『政界往来』一九四三年三月号）八五頁。
(44) 企業局「転廃業共助金　政府補助を拡張」（『商工通報』一九四三年九月一五日号）三六〜三八頁。
(45) 「昭和十八年度商工省所管予定経費要求書」（議会官庁資料室所蔵「八一　帝国議会　予算案　明細書二　昭和一八年度」）、「昭和十八年度商工省所管予定経費追加要求書」（同「八二—八三　帝国議会　予算案　追加　昭和一八年度」）。
(46) 前掲「商工省委員現地調査答申」。
(47) 振興部「中小商工業再編成に地方に協議会設置」（『商工通報』一九四二年三月一五日号）四三頁。
(48) 以上、「商業再編成促進運動実施要綱」（『昭和十七年度指示事項要覧』商業報国会中央本部、一九四三年）五二〜五七頁。
(49) 『合同新聞』一九四二年一一月一九日付夕刊。
(50) 『合同新聞』一九四二年一一月二五日付夕刊。
(51) この共助施設については、森本益一「岡山県に於ける共助施設」（『商業組合』一九四三年四月号）参照。
(52) 『合同新聞』一九四二年一二月四日付、一九四三年一月一九・二七日付、「概要Ｂ」。

(53) 前掲「岡山県に於ける共助施設」五二頁。

(54) 「軍需省委員運営ニ関スル件」(国立公文書館つくば分館所蔵「雑件綴り」経済産業省／平成一九年度／つくば書庫六／六—一九／二二七)、「企業整備ニ関スル件報告」(同「自昭和十八年十一月至昭和十九年十二月　雑通牒綴 (六)」経済産業省／平成一九年度／つくば書庫六／六—一九／二〇九)。

第四章　内閣各省委員制の展開

はじめに

本章は、内閣各省委員制（以下「委員制」）の展開に関する検討を試みる。委員制は一九四二年六月、「内閣委員及各省委員設置制」（各省委員制）により創設され、一九四四年六月には「参与委員設置制」（参与委員制）、一九四五年六月には「内閣行政委員及各省行政委員設置制」（行政委員制）へと変遷し、敗戦後の一九四五年九月、廃止された（表9参照）。

この委員制については、従来、翼政の農業政策、戦時国民運動の研究などで官制が概観される程度であった。[1] 近年、内閣の統合強化という観点から研究が行われつつあるが、[2] 基本的に内閣を主語としているために、委員に任じられた貴衆両院議員・学識経験者、なかでも多数を占めた翼賛政治会（翼政）―大日本政治会（日政）の衆議院議員の意図や動向はほとんど解明されていない。前章までに示したように、翼政主流は、政調会が政調会員と各省委員の兼任をとおして政府の政策立案・政策評価といった領域で政治力を行使することを構想していた。そして各省委員は、第一期の活動のなかで彼らの政治力と影響力を省内の中下層と地方の諸主体に向けて広げていったのだった。このような前提のもと本章の課題を、第一に、翼政―日政を中心に委員制の展開を明らかにすること、第二に、その過程における

表9　内閣各省委員制の変遷

内閣委員及各省委員設置制 1942年6月9日公布・施行	参与委員設置制 1944年6月30日公布・施行	内閣行政委員及各省行政委員設置制 1945年6月16日公布・施行
第1条①　内閣及各省(陸軍省及海軍省ヲ除ク)ニ内閣委員及各省委員若干人ヲ置キ庁務ヲ輔ケシム 第1条②　委員ハ必要ニ応ジ之ヲ所管部局ニ属セシムルコトヲ得	第1条①　内閣及各省(陸軍省及海軍省ヲ除ク)ニ各参与委員若干人ヲ置キ重要庁務ニ参セシム 第1条②　内閣ノ参与委員ハ之ヲ内閣部内ノ部局ニ属セシムルヲ例トス	第1条①　内閣及各省(外務省,陸軍省及海軍省ヲ除ク)ニ内閣行政委員及各省行政委員若干人ヲ置ク 第1条②　内閣行政委員ハ之ヲ内閣部内ノ部局ニ属セシムルヲ例トス
		第2条　行政委員ハ主トシテ其ノ庁所管ニ依ル諸施策ノ浸透具現ノ状況ニ関スル考査ニ当リ兼ネテ其ノ他ノ庁務ヲ輔ク
第2条①　委員ハ内閣総理大臣又ハ各省大臣ノ奏請ニ依リ帝国議会ノ議員及学識経験アル者ノ中ヨリ内閣ニ於テ之ヲ命ズ 第2条②　委員ノ任期ハ一年トス但シ特別ノ事由アル場合ニ於テハ任期中之ヲ解任スルコトヲ妨ゲズ	第2条①　参与委員ハ内閣総理大臣又ハ各省大臣ノ奏請ニ依リ帝国議会ノ議員又ハ学識経験アル者ノ中ヨリ内閣ニ於テ之ヲ命ズ 第2条②　参与委員ノ任期ハ一年トス但シ特別ノ事由アル場合ニ於テハ任期中之ヲ解任スルコトヲ妨ゲズ	第3条①　行政委員ハ内閣総理大臣又ハ各省大臣ノ奏請ニ依リ帝国議会ノ議員及学識経験アル者ノ中ヨリ内閣ニ於テ之ヲ命ズ 第3条②　行政委員ノ任期ハ一年トス但シ特別ノ事由アル場合ニ於テハ任期中之ヲ解任スルコトヲ妨ゲズ
第3条①　委員ノ服務ニ付テハ内閣総理大臣又ハ各省大臣ノ定ムル所ニ依ル 第3条②　委員ハ其ノ職務ニ関シ知得シタル秘密ヲ厳守スベシ	第3条①　参与委員ノ服務ニ付テハ内閣総理大臣又ハ各省大臣ノ定ムル所ニ依ル 第3条②　参与委員ハ其ノ職務ニ関シ知得シタル秘密ヲ厳守スベシ	第4条①　行政委員ノ服務ニ付テハ内閣総理大臣又ハ各省大臣ノ定ムル所ニ依ル 第4条②　行政委員ハ其ノ職務ニ関シ知得シタル秘密ヲ厳守スベシ
	附則　内閣委員及各省委員設置制ハ之ヲ廃止ス	附則①　参与委員設置制ハ之ヲ廃止ス 附則②　行政査察規程第十条第一項中「参与委員」ヲ「行政委員」ニ改ム

註　『官報』1942年6月10日付，1944年7月1日付，1945年6月16日付より作成.

諸構想の内容と意味を明らかにすることとする。

一　協議会・世話人制の導入

第一期の各省委員の任期満了（一九四三年六月）が近づくと、政府と翼政の双方で各省委員制の問題点が指摘され、その「改革」が議論されるようになった。

まず政府について。新聞報道は、政府の立場を「委員制はその委員数において多数であり、かつ玉石混淆し、各省、約二、三十人の委員をして省務の中核に参与せしめることは委員の身分関係からみても不可能なことである」と伝えている。(3) さしあたり、政府は各省委員制の規模の大きさを問題視していたといえるだろう。

さらに、船田中（翼政政調会内閣第二委員長）は、黒田覚（京都帝国大学教授）との雑誌の対談で、次のように語っている。

現実に各省の状況を見ると云ふと折角委員は作つた、まあ活用しようと云ふ気持ちは上の方には相当ある。然し局長以下の方面になると云ふと、又厄介者が入つて来たと云ふような気持ちも相当ある。或は利用しようと云ふやうな議会人がないとも限りませぬから、そこは互ひに慎んで、〔中略〕さうして事前の参画事後における上意下達と云ふ方面に機能を発揮すれば、もつとうまく行くのぢやないかと思ふのです。(4)

船田は厚生省委員であった。厚生省かどうかは不明だが、彼は各省の局課レベルの官僚が各省委員を警戒していることを指摘している。そうした官僚のなかでは、各省委員の機能、すなわち翼政が政府の政策形成に参加する、法案の議会提出前に「事前参加」すること自体も問題視されていたのである。商工省委員の場合、転廃業者の生活援護共助金問題において、彼らが商工省と商工業者のあいだに立ち、企業局と協力して全国・道府県共助会を立案した(5)。そのような各省委員と各省局課の「協力」も、両者の微妙な利害関係のうえに成立していたのである。

次に翼政について。新聞報道は、「翼政会側からみて政府各省に多数の翼政会所属の貴衆両院議員が配置されたため翼政会内部の統制力につき兎角摩擦と欠陥を生じやすい、そのため翼政会自体としても現在の委員制を余り歓迎しない」、「目下予想される案として翼政方面で希望してゐるものは現在の委員制を存続しその委員数は極く少数に限定し、かつ、身分関係を、勅任官程度の官吏とする点に改正することである」と伝えている(6)。

翼政主流にとって、政調会員と各省委員の人事権の掌握、両者の兼任による政府の政策形成への「事前参加」は重要な政治基盤であった。しかし、政調会員と各省委員の兼任は、委員の人数を「極く少数に限定」すれば、動揺することになるだろう。つまり、ここには、実質的に各省委員制を廃止することで主流派の政治基盤を解体しようとする非主流派の議論が示されているのである。このような非主流派の議論は、参政官構想へと展開していく(7)。

では、各省委員制の「改革」は、どのように決着したのだろうか。この問題については、大麻唯男国務相、星野直樹内閣書記官長らが協議にあたった(8)。その結果が、一九四三年七月一日付の内閣書記官長より各省大臣（陸海軍大臣を除く）、企画院・情報局・技術院総裁、内閣東北局長宛の通牒別紙「内閣及各省委員運営ノ件」である。ここでは、委員の「運営ヲ円滑ナラシムル為」に、おのおのの委員に世話人が設けられること、また、委員の「綜合調整ヲ図ル為」に、内閣に「内閣及各省委員協議会」が置かれ、内閣書記官長を座長、おのおのの世話人の一名を協議員とすることが定められた(9)。

そして、同日付で各省委員の改任が実施され、新委員に衆議院議員二六一名、貴族院議員九五名、学識経験者四八名、計四〇四名が任命された(10)。同時に、一五名の協議員を含む四八名の世話人が発表された(11)。表10は衆議院議員の協

表10　内閣各省委員世話人（1943年７月，衆議院議員）

所　属	氏　名	選挙区（当選回数）	政務官 1940年まで	各省委員 1942年	翼政政調会 1943年	政務官 1944年から
内閣東北局	**小山倉之助**	宮城２区（５回）	商工参与官(阿部)	内閣東北局	通信・長	農商政務次官(小磯)
企画院	豊田　収	鳥取（６回）	大蔵参与官(岡田)	企画院	大蔵	大東亜政務次官(鈴木)
	赤松寅七	福岡２区（１回）		—	大東亜	
情報局	**中井一夫**	兵庫１区（５回）	内務参与官(平沼)	内務省	内閣	司法政務次官(小磯)
	森下国雄	栃木２区（３回）		情報局	商工	外務参与官(小磯)
技術院	石坂養平	埼玉２区（４回）		農林省	文部	
外務省	小泉純也	神奈川２区（２回）		外務省	商工	内務参与官(鈴木)
	馬場元治	長崎１区（３回）		農林省	商工	厚生参与官(小磯)
内務省	綾部健太郎	大分２区（４回）	厚生参与官(平沼)	厚生省	鉄道	海軍政務次官(鈴木)
	加藤鯛一	愛知３区（７回）	内務政務次官(阿部)	興亜院	内務	
	窪井義道	山口２区（５回）	海軍参与官(岡田)	内務省	海軍	内務政務次官(鈴木)
大蔵省	**小笠原三九郎**	愛知４区（３回）	農林参与官(阿部)	大蔵省	商工・長	大蔵政務次官(小磯)
	田村秀吉	徳島１区（３回）		大蔵省	外務	大蔵参与官(小磯)
	永野　護	広島２区（１回）		大蔵省	理事，重要産業・副	
司法省	**浜野徹太郎**	兵庫１区（５回）	司法参与官(平沼)	司法省	司法・長	司法政務次官(鈴木)
	山本粂吉	茨城３区（３回）		司法省	司法	
文部省	中井川浩	茨城２区（４回）	陸軍参与官(平沼)	文部省	陸軍	厚生政務次官(小磯)
	今井健彦	千葉２区（７回）	農林参与官(犬養)，商工政務次官(平沼)	文部省	鉄道・長	文部政務次官(小磯)
農林省	**高橋守平**	埼玉２区（６回）	商工参与官(岡田)，農林政務次官(第１次近衛)	農林省	大東亜	
	助川啓四郎	福島２区（５回）	農林参与官(第１次近衛)	農林省	綜合食糧・副	
	恒松於菟二	島根２区（１回）		農林省	農林	
商工省	**川島正次郎**	千葉１区（６回）	海軍参与官(斎藤)	商工省	海軍	
	野田武夫	神奈川２区（２回）		商工省	商工	軍需政務次官(鈴木)
	中西敏憲	福井（１回）		商工省	商工	大東亜参与官(小磯)
逓信省	**武知勇記**	愛媛１区（５回）	文部参与官(広田)，逓信政務次官(米内)	逓信省	逓信	内務政務次官(小磯)
	真鍋儀十	東京６区（５回）	海軍参与官(阿部)	逓信省	海軍	運通政務次官(鈴木)
	肥田琢司	広島２区（４回）		逓信省	逓信	

鉄道省	**青木精一**	群馬1区（7回）	逓信政務次官(岡田)	逓信省	逓信	
	羽田武嗣郎	長野2区（2回）		鉄道省	鉄道	運通参与官(鈴木)
厚生省	加藤鐐五郎	愛知1区（7回）	商工参与官(犬養)，商工政務次官(米内)	厚生省	厚生・長	
	河野　密	東京9区（3回）		厚生省	理事	
大東亜省	**一宮房治郎**	大分1区（7回）	内務参与官(浜口)，海軍政務次官(第1次近衛)	興亜院	海軍	
	依光好秋	高知2区（3回）	外務参与官(阿部)	外務省	外務	陸軍参与官(小磯)

註 (1)「氏名」のゴシックは協議員を示す．
(2)「政務官」の（　）は就任したときの内閣を示す．
(3)「翼政政調会」の「長」「副」はそれぞれ正副会長を示す．
(4)『朝日新聞』1943年7月1日付夕刊，衆議院・参議院編『議会制度百年史　衆議院議員名鑑』(大蔵省印刷局，1990年)，『官報』1942年6月11日付・1943年7月2日付，「昭和十八年度政務調査会名簿」(国立国会図書館憲政資料室所蔵「中原謹司関係文書」398)より作成．

表11　翼政政調会各省別委員会と各省委員（1943年，衆議院議員）

	①翼政政調会	②各省委員	③　重　複	③÷②(%)
内　　閣	24	29	4	13.8
外務省	24	13	5	38.5
内務省	43	21	7	33.3
大蔵省	34	30	7	23.3
陸軍省	21	—	—	—
海軍省	21	—	—	—
司法省	21	17	8	47.1
文部省	22	12	4	33.3
農林省	49	35	14	40.0
商工省	43	33	10	30.3
逓信省	23	22	8	36.4
鉄道省	24	15	7	46.7
厚生省	30	16	7	43.8
大東亜省	30	18	5	27.8
合　　計	409	261	86	33.0

註 (1)翼政政調会は，各省別委員会の委員長と委員の合計である．
(2)「昭和十八年度　政務調査会名簿」(国立国会図書館憲政資料室所蔵「中原謹司関係文書」398)，『官報』1943年7月2日付より作成．

議員・世話人（三三名）の一覧である。ここから、第一期の官庁の留任者が多いこと（二四名、七二・七％）、政務官（政務次官・参与官）の経験者が多いこと（一九名、五七・六％）を指摘することができる。また、表11は翼政政調会各省別委員会と各省委員の重複関係を数値化したものである。第一期の重複率四四・五％と第二期の重複率三三・〇％を比較すると、第二期は一一・五％低下している。これは、各省委員の運営の中心が、翼政政調会から各省委員の協議員・世話人へと移行していく傾向を示しているかもしれない。

七月二日、第一回協議会が内閣書記官長室で開催された。出席者は、星野内閣書記官長・大麻国務相・天羽英二情報局総裁・森山鋭一法制局長官・協議員一二名。この会合では、協議会の「運営方針」、「決戦下の国政運営」の「具体的諸方策」が話合われた。また、今後、協議会を毎月二回定期的に開催することが申し合わされた(12)。

このように、大麻と星野は各省委員制を「改革」するために、協議会・世話人制を導入した。彼らは、各省委員制について規模の維持と運営の適正化という方向で、合意を形成したのであった。これは、翼政と政府それぞれの内部の不満に配慮する形で、各省委員制を修正したものといえる。

二　参与委員制の創設

八四議会（通常会、一九四三年一二月〜一九四四年三月）の衆議院予算委員会（一月二八日）において、勝田永吉（翼政企画部座長）は「一、天下の人材を洩れなく決戦行政に参与せしむることは現下特に緊要である、其の方途に付きまして、政府は更に一層の勇断的措置を御講じになる御意思があるかどうか」、「一、決戦行政の運営を完璧たらしむるが為に、朝野の人材を網羅する行政全般に亙る査察の体制を確立せられる所の御意思があるかどうか」と発言している。[13]

これらは、八四議会における翼政の行政参与論と行政査察論を集約したものであった。第二期に入った各省委員制は、翼政の行政参与論と行政査察論が交錯することによって、参与委員制へと展開することになる。ここでは、その過程を検討していこう。

まず、翼政の行政参与論は、どのような議論だったのだろうか。一月二三日の衆議院予算委員会において、太田正孝（翼政常任総務）は、次のように発言している。

民間には人はあります、唯現行制度の下に於ては官場に御奉公することが出来ないのである、我等衆議院に席を置く者亦然りである、此の貴い国政参与の地位にある者が物欲しさうなことを言ふのではない、併し此の大戦争の秋に方つては、何がしたりとも国の為に尽すと云ふことが必要である、〔中略〕さう考へると平時の取締の考へよりして選挙法に依つて衆議院議員を唯縛つて置くのは無意義であります、〔中略〕有為の人材が一層効率的に戦闘配置に就き、御奉公が出来るやうにすべきではないか、此の意義に於きまして、〔中略〕戦時官吏任用特別制度を設けたらどうかと思ふのであります[14]

ここで「戦時官吏任用特別制度」は、文官任用令の改正と選挙法第一〇条の改正から構成されていたといえよう。文官任用令の改正により、試験任用のポストを縮小し自由任用のポストを拡大する。さらに衆議院議員選挙法第一〇条の改正により、議員と官吏の兼職禁止を緩和する。[15] このように翼政は、議員と官吏の兼職をとおして、政府の政策立案・決定・実施の領域に政治力を行使しようとしているのである。

次に、翼政の行政査察論は、どのような議論だったのだろうか。一月二一日の衆議院本会議において、前田房之助（翼政政調会副会長）は、次のように発言している。

行政査察使のあの実績に徴しましても、決戦行政の刷新を図つて、其の運営の円滑と適正を期しまするが為には、中央地方に強力なる行政監査機関を設け、特に第一線の監査に重点を置きますることは、現下緊切の要務なりと確信を致すものであります（拍手）更に此の機構には民間の事情に精通せる者を参与活用せしめまして、以て行政事務の適正と敏活とを期するの要ありと認むるものであります(16)

行政査察制度は、一九四三年三月公布・施行の勅令「行政査察規程」によって創設された。行政査察は、「実地ニ就キ行政ノ実績就中生産力拡充ニ関スル重要政策ノ浸透具現ノ状況ヲ査察スルヲ以テ本旨トシ兼ネテ綱紀ノ張弛ヲ検明スルモノトス」（第二条）とされた。その主体は、行政査察使と随員であった。行政査察使は「国務大臣及内閣顧問ノ中ヨリ之ヲ勅命ス」とされ（第三条）、随員は「内閣総理大臣ノ奏請ニ依リ各庁高等官又ハ学識経験アル者ノ中ヨリ内閣ニ於テ之ヲ命ズ」とされた（第五条）(17)。行政査察は敗戦までに一三回におよび、鉄鋼・石炭・航空機・木造船・甲造船・輸送・食糧・勤労行政・電波兵器・未稼働物資・陸上小運送・決戦行政を対象に行われた(18)。前田は行政査察使の成果を認め、だからこそ、いっそう強力な行政監査機関の新設を求めている。

この前田の発言は、翼政政調会、おそらく「決戦行政刷新に関する特別委員会」がまとめた「行政監査機構整備ニ関スル件」を踏まえたものと思われる。

その「要項」は、六項目から成るものであった。

一、内閣ニ有力ナル監査部ヲ設置シ行政各部ノ事務ノ監査ヲ行ハシムルコト

一、各省（陸海軍省ヲ除ク）ニ監査部ヲ設置シ其ノ省所管ノ行政事務ノ監査ヲ行ハシムルコト

一、地方庁ニ監査機関ヲ設置シ地方行政事務ノ監査ヲ行ハシムルコト

一、内閣監査部、各省調査部並ニ地方監査機関ハ相互ニ緊密ナル連絡ヲ保持シ、行政監査ノ目的達成ニ遺憾ナキ

ヲ期スルコト

一、行政監査ハ特ニ第一線ニ於ケル行政事務ノ刷新ニ其ノ重点ヲ置クコト

一、民間ノ陳情ハ主トシテ行政監査機関ニ於テ之ヲ受理スルモノトスルコト(19)

行政監査機関と行政査察使を比較した場合、行政監査機関の特徴は、常設、中央と地方の網羅、に求められる。ここで、「第一線」という表現は印象的である。翼政は、政府・地方庁と国民の接触面に対する行政監査機関の作用を重視していた。さらに前田は、行政監査機関への「民間の事情に精通せる者」の登用を希望していた。この「民間の事情に精通せる者」のなかには、翼政の関係者も想定されていただろう。これにより翼政は、政府・地方庁と国民の接触面に媒介する装置を、行政の内部に確保することになるのだった。このことを念頭に置くと、さいごの陳情の受理という権限は意味深長である。このように翼政は、行政監査機関の新設をとおして、政府の政策評価の領域に政治力を行使しようとしているのである。

翼政の行政参与論と行政査察論を受けて、政府は星野内閣書記官長を中心に対応策を検討していた(20)。その結果、各省委員の廃止によって参与委員が「時局ノ現段階ニ対処シ、官民協力体制ヲ一層強化スル為」に、行政査察規程の改正(勅令第四三一号)によって行政査察委員が「時局ノ現段階ニ対処シ、各種緊要施策ノ急速適当ナル具現ヲ図ル為」に設置されることになった(21)。

この時期、翼政と星野がどのような交渉をしていたか詳細は不明である。しかし、参与委員制のあり方から推測はできるだろう。

まず、前掲表9で各省委員制と参与委員制を比較してみると、第一条の表現が「庁務ヲ輔ケシム」から「重要庁務ニ参セシム」へと変化している。これは、参与委員制が「その職能に於て著しく積極性を付与した」、「実質的に官吏

に非ざる官吏としてそれぐ〵内閣及び各省の重要なる庁務に与ることになつた」と評されるものであった。[22]

また、行政査察規程の第一〇条第一項は、「行政査察委員ハ行政査察ノ都度内閣総理大臣又ハ各省大臣ノ奏請ニ依リ各庁高等官、内閣若ハ各省ノ参与委員又ハ学識経験アル者ノ中ヨリ内閣ニ於テ之ヲ命ズ」、同じく第一〇条第二項は、「高等官ニ非ズシテ行政査察委員ヲ命ゼラレタル者ハ勅任官又ハ奏任官ノ待遇トシ其ノ服務ニ関シテハ官吏服務紀律ヲ準用ス」と行政査察委員を規定している。つまり参与委員は、行政査察委員の有資格者であり、行政査察委員に任命されれば、官吏として待遇されるのである。[23]

このような参与委員制のあり方から、参与委員制は翼政と政府の妥協の産物であるといえるだろう。すなわち翼政は行政参与論と行政査察論を提唱したが、政府は各省の局課レベルの官僚に配慮して翼政の提案を受容することに消極的であった。そこで両者は、各省委員制に新しい性格を付与することで、妥協を模索することになったと思われる。その結果、参与委員制は、査察という領域と官吏という地位の複合的な要素を併せ持つものとして、創設されたのであった。このように参与委員制は、行政査察論と行政参与論が交錯する地点に位置していたのである。

政府が参与委員制を創設したことと、翼政政調会が「企画部」「査察部」「資料部」を設置したことは、無関係ではないように思われる。これは、一九四四年五月における翼政の機構改正の一環であった。このうち、査察部は部長を政調会副会長（松村光三）とし、査察部次長三名、理事一三名を構成員とした。[24] 六月三日に開催された翼政の通常総会で、松村謙三政調会長は、政調会の運用方針を次のように説明している。

今回の本会機構改正に依り政務調査会は従来の政策検討樹立の任務の外に新に行政の改善に資する為施策並に実情の査察をも併せ行ふ事となつたのであります。政策の調査樹立の一面と其の実績を査察するの一面と併せ行ふのでありまして重大なる改正であります。〔中略〕査察の方面は新しき試みであり又時節柄最も必要なる事業と信ずるのであります。（中略）査察の結果に基き帰納的に政策の検討樹立が行はるるのでありますから査察部と各省別委員会とは充分なる連絡協調を必要と致します。[25]

松村は、政調会の機構改正の中心に査察部を位置づけている。その背景には、参与委員制の創設に向けた動きがあったものと思われる。彼は各省委員と政調会員と同様に、参与委員と政調会員の兼任も想定していただろう。そうすると翼政政調会は、参与委員と査察部員の兼任をとおして、政府の政策立案に対する事前審査と政策実施に対する事後評価の循環構造を政調会の内部に制度化しようとしていたといえよう。

三　政務官の復活

参与委員制は創設されたものの、東条内閣総辞職と小磯内閣発足（七月二二日）の余波を受けて、委員の任命が微妙な情勢となった。それは、木戸幸一宛永井柳太郎書簡の「内閣は翼政に縁故ある閣僚をして各省参与に対する任命の内約等により其の切崩しに努力せしめ居候。何たる醜態ぞと痛憤を禁ずる能はず候」という記述に示されているように[26]、参与委員制が東条内閣と翼政主流の協力の象徴として認識されていたことがあったと思われる。したがって、小磯内閣の成立にあたって、参与委員制の位置づけは、翼政と政府の関係の再構築という意味で重要な問題になったのだった。この問題について、大木操衆議院書記官長の日記を中心に検討していこう。[27]

七月二六日、法制局長官に就任した三浦一雄（衆議院議員）が、大木のもとへ挨拶に訪れた。そのなかで、大木は「政務官制度の復活結構なり。各省委員は反対。星野（内閣書記官長）にも随分反対して止めろと云ったが聞かなかった。政務官も次官、参与官でなく、参政官として三、四名程度が可」と語り、三浦は「参政官のようなものを考えている」と答えている。[28] この大木の発言は、かなりな程度、政治的なものといえる。これまでの研究においても、大木の日記は、戦時議会に関する基礎史料として利用されてきた。しかし、大木と衆議院事務局の政治的な立場は、あまり顧みられてこなかったのではないだろうか。

このことを確認したうえで注目すべきは、政府と大木が参与委員制ではなく政務官制度ないし参政官制度を採用して、翼政と政府の関係を再構築する認識で一致していたことである。

では、なぜ政府はこのような認識を抱いていたのだろうか。各省委員制と政務官制度の違いは活動領域にあった。柳瀬良幹（東北帝国大学教授）によれば、各省委員の活動領域は行政事務であるが、政務官のそれは議会交渉である。[29] また、政務官制度と参政官制度の違いは所属にあった。政務官の官制によれば、政務官は各省に所属し、[30] 同時代の参政官構想によれば、参政官は内閣に所属する。[31] そうすると政府は、政務官制度・参政官制度の採用をとおして、翼政と政府が接触する領域を、政府全体から政府と議会の接続部分へ、各省から内閣へと制限することを構想していたといえよう。

一方、なぜ大木はこのような認識を抱いていたのだろうか。八月四日、勝田永吉（翼政常任総務）が「参与委員制は如何」と尋ねたとき、大木は「委員制度は反対だ。又任用令の問題にしても、議会人の行政府参与は政務官以外あまり賛成せぬ、いくら戦時中でも、地方官やその他行政官になりたがるのは意味が判らぬ。議会人として職責を果せ」と答えている。[32] 大木は、政務官や参政官については、議会交渉を担うという意味で「議会人」の枠内に置いていたが、参与委員に就任した議員や行政官・地方官を兼職した議員については、行政事務を担うという意味で「議会人」の枠外に置いていた。彼は、「議会人」が官吏や参与委員として政府の政策過程に過度に参加することに、議会が政府に包摂される可能性を認識していたのである。そうすると大木は、政務官制度・参政官制度の採用をとおして、翼政と政府が接触する領域を制限し、議会が政府に包摂される可能性を縮小することを構想していたといえよう。

そして、このような大木の構想は、岡田忠彦衆議院議長や町田忠治翼政顧問によっても共有されていた。七月二七日、岡田は大木に対して彼と町田の会談の様子を報告した。その際、町田は「各省参与委員を廃止して、政務官制度を復活したら如何か、そのまま復活か、新しく検討を加えるか、検討のこと」と語り、岡田は「賛成」と答えたという。(33) このように議会では、翼政主流の基盤としての参与委員制に対して、岡田議長―大木書記官長ラインが反対派を形成していたのだった。

では、翼政主流は、翼政と政府の関係をどのように再構築しようとしたのだろうか。八月二三日、三好英之（翼政衆議院部部長）は大木に「政務官問題は翼政としては、政務次官、参与官の外に、参与委員五名位を各省に置くよう希望。これに対し政府側は政務官一名程度にして貰いたいと云う。折角いま折衝中なり」と語っている。(34) 政府は前述の構想に基づいて、政務官各省一名を提案した。これに対して、翼政主流は政務官二名と参与委員五名を基盤として、翼政と政府の関係の再構築を構想していたのだった。参与委員については、政調会員と参与委員の兼任による「事前参加」の維持を重視するものであった。また、政務官については、大臣の補佐を重視するものであった。そのことは、石井文治（同盟通信政治部記者）が大木に伝えた翼政内部の情報「政務官は政務次官一名とし副大臣格を以てし、参与委員制を活用して、四、五名これに付置し運用を全からしめるの案あり」に示されている。(35) 政府と大木は、翼政と政府の関係を制限する方法として、政務官制度を位置づけていた。しかし、翼政主流は、翼政と政府の関係を強化・拡大する方法として、政務官制度を捉え直していたのである。

では、政府・岡田―大木ライン・翼政主流の交渉は、どのように展開したのだろうか。

八月二四日の朝八時半、大木は「政務官問題に付て意見承りたし」という田中武雄内閣書記官長の電話を受けた。

九時過ぎ、岡田議長の私邸で、大木と岡田は「政務官並に参与委員設置」について打合せを行った。この日、岡田は小磯国昭首相と面会することになっていた。そこで、「それと符節を合する如く、結局政務官だけにてよし、参与委員は設けざるを可とすること」で話がまとまった。大木と岡田は、それぞれ田中と小磯と面会する前に、政務官制度の採用と参与委員の不採用を求めることを確認したのである。一一時半、大木は首相官邸に田中内閣書記官長を訪問した。田中は、「議会出身閣僚は、政務官二名参与委員五名を唱え、他の閣僚は政務官一名、委員若干名と主張す。これを如何に裁くか意向承りたし」と尋ねた。小磯内閣には、衆議院から島田俊雄〔農商相〕・前田米蔵〔運輸通信相〕・町田忠治〔無任所相〕、貴族院から児玉秀雄〔無任所相〕が入閣していた。ここまでの経過から、「議会出身閣僚」は、翼政主流の前田あたりを指すものといってよいだろう。

これに対して、大木は「法律的には政務官のみとなし、参与委員は立法府行政府の混淆を来し、従来より反対し居たる所なれば、この際これを改むるが一番適当と思う」と答えた。ここでの「立法府行政府の混淆」というフレーズは、前述の大木の問題意識を端的に表している。

これを受けて、田中が「政務官二名でやろうと思っている。陸海軍も全部置くことにする。首相もその肚だ」と明かし、大木は「それなら満足する。全部置くならなお賛成だ。是非そうやれ」と応じた(36)。このように政府は、翼政と政府が接触する領域を制限する構想を維持するため、政務官一名から政務官二名まで翼政主流に譲歩した。そして大木―岡田ラインは、議会が政府に包摂される可能性を縮小する構想のなかで政府の譲歩を支持したのである。

こうして九月一日、政府は政務官制度の採用と参与委員制の不採用を決定し、政務次官と参与官を任命した。では、なぜ翼政主流は政府の決定を受け入れたのだろうか。新聞の解説記事は、次のように伝えている。

翼政会としても、〔中略〕〔各省委員を〕可及的少数にし真に戦時行政の中枢に内面的寄与しうるものたらしむるべく種々構想の結果さる七月初旬各省参与委員制が生れたがその人選を見ざるうちに内閣更迭、小磯内閣の下で更に一歩進んで政務次官参与官制の復活となったものである(37)

ここでは、翼政にとって政務官の復活は、各省委員ないし参与委員の機能を強化したものと説明されている。そうであるなら、翼政主流は政務官に参与委員の機能を付加し、その活動領域を議会交渉から行政事務へと展開するという含みをもって、政務官制度の採用と参与委員制の不採用を受け入れたといえよう。

しかし、その代償は翼政政調会が負うことになった。翼政政調会が参与委員と査察部員の兼任によって構想した、政府の政策立案に対する事前審査と政策実施に対する事後評価の循環構造は保留されてしまったのである。

四 行政委員制の創設

一九四五年三月三〇日の日政結成、四月七日の小磯内閣総辞職、鈴木内閣発足を経て、委員制は新たな展開を迎える(38)。鈴木内閣も小磯内閣と同様、政務官制度のみを採用した。しかし、八七議会（臨時会、一九四五年六月九〜一二日）の「衆議院議員選挙法第十条ノ特例ニ関スル法律案」（以下、特例法案）の委員会審議において、再び行政参与論と行政査察論が活性化することになる。

まず行政参与論について。前述したように、選挙法第一〇条は議員と官吏の兼職を制限していた。これに対して、特例法案は戦時中に限り、勅令で指定された官吏と議員の兼職を容認するものであった。その提案理由について、安倍源基内相は「大東亜戦争の現段階に於きまして、真に一億国民の総力を結集しまして、現下の危局を突破する為には、広く人材を官界に招致、国政運営に其の能力を十分に活用するの必要大なるものありと信ずるものであります」

と説明している。[39] これは、政府が戦局のさらなる悪化を受けて日政の協力を得るべく、行政参与論を受容したことを意味する。このように、参与委員制の構成要素としての行政参与論は、特例法の制定という形で、分離・拡大していくことになったのである。

委員会審議では、兼職の職種・職名に関して質問が集中した。この問題について、灘尾弘吉内務次官は「主として政綱、政策等の調査、樹立、策案と云ふやうなことに当る官が適当であると考へる」と述べている。また、入江誠一郎内務省地方局長は具体的に「情報局総裁でございますとか、部長でございますとか或は勅任情報官とか、或は綜合計画局長官、其の勅任部長或は勅任参事官、或は技術院総裁とか、さう云ふ風な大事な国策樹立、政綱の勘案に其の材を用ひて役立つと云ふ風な官を御指定になるのぢやないか」と語っている。[40]

これに対して中村梅吉（日政）は、賛成演説のなかで「政府当局の表現としては査察、立案等と言はれたのでありますが、査察、立案、或は少くとも政務的性格を持った方面に付ては、（中略）其の適用範囲を拡大せらるべきものと私は考へるのであります」と要求している。[41] このように日政は、特例法の制定と運用をとおして政府の政策立案・決定・実施の領域に政治力を行使しようとしているのである。

次に行政査察論について。ここでは、川崎巳之太郎（日政）と灘尾内務次官の問答に注目したい。[42] 川崎は、「昨年の十月、十一月に掛けて食糧増産の為に（中略）若干名で手を分けて全国を廻」った経験をもとに質問している。これは、一九四四年一一月における翼政政調会査察部の「戦力増強地方査察」を指すと思われる。この査察は、全国九ブロック（北海道・東北・関東・東海・北陸・近畿・中国・四国・九州）に査察班（班長一名と班員二、三名）を派遣し、「戦時食糧確保に関する事項」など五項目の「査察項目」を調査するものであった。具体的には、府県官吏・商工経済会・農業会・地方新聞社などと座談会・懇談会を開催している。[43] 参与委員と査察部員の兼任は実現しなかったものの、翼政は独自に査察を展開していたのである。

この査察によって、川崎は「兵器及び軍需生産」の「増強」、「食糧の大増産」の「隘路」について、「此処を斯うしたらばどうだらう、あゝしたらばどうだらうと云ふ私共の意見」を得たという。そして、次のようにつづける。

其処の隘路を取除くことの手伝ひ役にでも我々が加担することが出来ましたならば、〔中略〕此の時局の為に左様な意味で以て働くことが出来たならば、それも昨日御示し下さいました色々な地位や何やと同様に、若しくはそれ以上に効能があるのぢやないかと思ひます、〔中略〕だから産業査察官とか行政監察官とか云ふやうなものを、将来左様な意味で御拵へになるかどうかを政府に伺ひます

査察の現地において、翼政政調会の査察部員は問題の解決策を立案し提案することはできても、それを政府内部で政策化することはできない。そこで、政府は「産業査察官」「行政監察官」を新設し、査察部員を任命してはどうか。このような川崎の主張は、参与委員制の不採用によって保留されている、政府の政策立案に対する事前審査と政策実施に対する事後評価の循環構造をあらためて実現しようとしたものといえよう。

これに対して、灘尾は「さう云ふやうな官を此の際一般的に設けると云ふことに付ては、只今政府に於ては確たる、成案を持つて居らない」としながらも、「最近各省に行政委員と云ふものを設けると云ふことに相成つて居るのでありますが、此の行政委員の制度の如きも、やはり各省の行政の地方に於ける浸透状況如何又実施状況如何と云ふやうなことを考査査察することを以て其の主たる任務と致すのであります」と答弁し、行政委員制の新設を発表している。これは、行政参与論と同様、政府が日政の協力を得るべく、行政査察論を受容したことを意味する。このように、参与委員制の構成要素としての行政査察論は、参与委員制の改組、行政委員制の新設という形で、拡大・強化していくことになったのである。

そして議会閉会後の六月一六日、参与委員制が廃止され、行政委員制が創設された。行政委員に任命されたのは、衆議院議員（日政）三〇名、貴族院議員一二名、学識経験者一八名、計六〇名であった。

前掲表9で参与委員と行政委員を比較すると、外務省の除外（第一条第一項）と「行政委員ハ主トシテ其ノ庁所管ニ係ル諸施策ノ浸透具現ノ状況ニ関スル考査ニ当リ兼ネテ其ノ他ノ庁務ヲ輔ク」の追加（第二条）を指摘できる。行政委員は、「庁務」のなかでも国内政策の「考査」に重点を置いて活動するものとされていたのであった。日政の政調会名簿は、管見のかぎり見当たらない。しかし、政調会員と各省委員と同様、政調会員と行政委員は高い比率で兼職していたと思われる。そうすると、翼政・日政の査察の機能は参与委員制の不採用によって政調会の内部に縮小されていたが、行政委員制の採用によって政調会の外部＝政府へと拡張された、つまり前述の循環構造は実現に向かっていたといえよう。

表12は、衆議院議員の行政委員の一覧である。約半数が内閣関係に所属していることは、議員と情報局・綜合計画局・技術院などの官吏の兼職に備えて、体制を整えたものといえるかもしれない。また、阿子島・川崎・油谷・木暮・松永・藤生・一宮が各省委員の第一期から同一あるいは同一系統の省庁に所属していることは、委員制をとおして特定の省庁と特定の議員との関係が形成されていたことを示しているだろう。

行政委員の実際の活動について、新聞報道で可能なかぎり追ってみたい。農商省は委員の「運用を活発にするため」、地方総監府別に委員の分担地域を決め(44)、彼らは「受持地区内の主要食糧の供出督励、生活必需物資の配給並に肥料、農機具等生産資材の配給実情等につき考査することになつた(45)」。その際、木暮武太夫には関東信越地方、村松久義には北海・東北地方が割り当てられた。木暮の選挙区は群馬三区、村松の選挙区は宮城二区である。かつて商工省は、商工省委員の全国現地調査にあたり、調査の「公正」を担保するため委員の選挙区と調査地域を分離した(46)。そ

表12　内閣各省行政委員（1945年7月，衆議院議員）

所　属	氏　名	選挙区（当選回数）	政務官 1940年まで	各省委員 1942年	各省委員 1943年	政務官 1944年から
内閣官房	依光好秋	高知2区（3回）	外務参与官（阿部）	外務省	大東亜省・世	陸軍参与官（小磯）
	森下国雄	栃木2区（3回）		情報局	情報局・世	外務参与官（小磯）
	中村梅吉	東京5区（3回）		司法省	内務省	軍需参与官（小磯）
	片山一男	岡山1区（2回）		—	商工省	
	竹内俊吉	青森2区（1回）		—	厚生省	
	安藤　覚	神奈川3区（1回）		内務省	情報局	
	薩摩雄次	福井（1回）		—	大東亜省	
情報局	阿子島俊治	宮城1区（1回）		情報局	情報局	
技術院	松浦周太郎	北海道2区（3回）		逓信省	逓信省	
綜合計画局	小高長三郎	千葉3区（4回）	外務参与官（米内）	外務省	外務省	
	岡本伝之助	神奈川2区（1回）		—	逓信省	
	田中伊三次	京都1区（1回）		—	大蔵省	
逓信院	今尾　登	京都1区（1回）		商工省	企画院	
	森田重次郎	青森1区（2回）		文部省	文部省	
内務省	木下義介	長崎1区（1回）		興亜院	企画院	
	紅露　昭	徳島1区（4回）		司法省	大蔵省	
	川崎末五郎	京都2区（3回）		内務省	内務省	
大蔵省	油谷義治	鳥取（6回）		大蔵省	大蔵省	
司法省	八並武治	東京7区（7回）	司法参与官（加藤），司法政務次官（第2次若槻・斎藤）	—	—	
文部省	黒田　巌	兵庫3区（1回）		興亜院	文部省	
農商省	木暮武太夫	群馬3区（7回）	商工政務次官（第1次近衛）	商工省	商工省	
	村松久義	宮城2区（4回）		厚生省	厚生省	
軍需省	松村光三	栃木2区（6回）	商工参与官（斎藤），大蔵政務次官（平沼）	大蔵省	大蔵省	軍需政務次官（小磯）
	松永　東	埼玉1区（4回）		商工省	商工省	
運輸省	横川重次	埼玉2区（6回）	商工政務次官（阿部）	商工省	—	
	藤生安太郎	佐賀2区（4回）	逓信参与官（米内）	逓信省	逓信省	

大東亜省	真崎勝次	佐賀（1回）		外務省	—	
	一宮房治郎	大分1区（7回）	内務参与官(浜口)，海軍政務次官(第1次近衛)	興亜院	大東亜省・協	
厚生省	田中　好	京都2区（3回）		商工省	—	
	野口喜一	神奈川2区（2回）		企画院	企画院	

註　(1)「各省委員」の「協」「世」はそれぞれ協議員と世話人を示す.
(2)「政務官」の（　）は就任したときの内閣を示す.
(3)行政委員全体（60名）の内訳は次のとおり．内閣27（所属：内閣官房10，情報局2，技術院5，綜合計画局7，逓信院3），内務3，大蔵4，司法3，文部3，農商5，軍需3，運輸4，大東亜4，厚生4名.
(4)『官報』1942年6月11日付・1943年7月2日付・1945年6月25・26日付・7月7・19日付，衆議院・参議院編『議会制度百年史　衆議院議員名鑑』（大蔵省印刷局，1990年）より作成.

うすると今回の農商省の措置は、「公正」の担保よりも、選挙区を中心に委員が政治力を発揮し、農商行政を推進することを重視したものといえよう。

さらに六月二二日の臨時政務官会議は、「各省政務官と行政委員との関係について協議した結果、（中略）一般的には両者が一体となつて運営して行くことが最も妥当であると意見の一致をみた」[47]。つまり政務官の議会交渉という活動領域、行政委員の行政事務、とくに行政査察という活動領域は、相互に共有されることになったのである。その一例として、軍需省の「勤労行政推進査察」がある。これは、野田武夫政務次官、三木武夫参与官、松村光三・向山均・松永東各行政委員を班長、「民間の体験者」を随員として五班を編成し、七月中旬から一〇日間の予定で全国各地区（東北・関東・信越・東海・北陸・近畿・九州）の軍需管理局・鉱山局・府県庁・軍需工場・事業場を査察するものであった[48]。

こうした査察のあり方としては、内閣（逓信院）の「現場査察」が興味深い。この査察では期間を七月二一日から約一ヵ月、主査を逓信院の塩原時三郎総裁・各局長と同院所属の内閣行政委員として、一二班が編成された。その目的は「全国逓信従業員の士気を昂揚し特に現場幹部の陣頭指揮に遺憾なきを期する」こと、対象は「現場幹部の勤労管理と職場規律の確立、職場整頓美化による明朗敢闘振り並に公衆に対する執務状況」（とくに「郵便業務の改善」）に定められ、「今回は報告書類を取り纏め研究する等の迂遠なやり方を廃めて現場に即する即決査察により信賞必罰を励行する」という方針が示された。[49] このように逓信院の「現場査察」においては、帰庁後の対策の立案という手続きが省略され、査察時の対策の実施が目指されているのである。こうした査察のなかで、行政委員に政策評価・政策立案ばかりでなく、政策決定・政策実施の主体としての可能性が開かれつつあったことは、記憶に留めておきたい。

また、八月に入ると、行政委員は「運輸緊急輸送対策」の推進員として、「重要物資の局限輸送と鉄道防衛措置の完備」に向けて「現地の実情把握と隘路打開」にも取り組むことになった。ここでは、全国各地に派遣される六班の編成が各省合同（運輸・農商・軍需・厚生省の行政委員と行政官）という形で計画されていたことが注目される。[50]

このように八七議会前後、日政主流の行政参与論と行政査察論は彼らと政府の協力を軸に展開したのであった。では、この事態を岡田―大木ラインはどのように認識していたのだろうか。なお、岡田は鈴木内閣に厚相として入閣した。

鈴木内閣発足以降、岡田―大木ラインが主力を注いだのは、護国同志会（護同）・翼壮議員同志会（翼壮）所属議員の政務官任官問題であった。小磯内閣期においては、翼政の主流派と非主流派の対立が激しくなるなか政事結社の複数化が問題化していたが、衆議院においては、護同の組織（一九四五年三月一一日）と翼壮の組織（同一〇日）という形で院内会派の複数化が先行して実現していた。[51]

岡田―大木ラインは、政事結社・院内会派の複数化にも積極的であった。前年の七月二九日、大木は、古井喜実内務省警保局長に「政事結社を二三《ママ》認めても好いではないか。旧の政、民復活と云うことではいかぬが、一政事結社の体型に疑をもつよ」と私見を述べている。また、同二七日、岡田と町田忠治の会談において、町田が「政事結社は二、三認めても好いではないか」と問いかけたのに対して、岡田は「賛成」と答え、さらに大木に「もし政党が二、三になれば、衆調査会が全面的に働き出すことが出来る」と述べている。[52] 岡田―大木ラインは、政事結社・院内会派を複数化することで、意思決定の中心を翼政（翼政政調会）から議会（衆議院調査会）に移動しようとしていたのである。[53]

大木の日記からは、岡田が護同・翼壮所属議員の政務官任官を実現するべく、閣僚や護同と交渉している様子が窺える。「政務官問題は各派に遍くやるか如何かは、次の〔閣僚〕懇談会で決定する筈、遍くやるべきだ」、「政務官は護同よりも二名位取りたし。〔護同の〕船田〔中〕、中谷〔武世〕は厚相に一任と云う」、「護同より一人採ること。太田〔耕造〕文相に押しつけること。翼壮よりも一人陸軍あたりへ採ること」（いずれも岡田から大木への状況報告）。[54] このように岡田―大木ラインは、複数の院内会派が議会で競合しつつも、政務官を送り込んで内閣を支える態勢を構想していたのである。

しかし、岡田の勧めに対する閣僚たちの反応は芳しくなかった。五月二日には、岡田と大木のあいだで「護同より採らんとする大臣なし、自分も可成り勧めて見たが、皆恐れをなして逃げる。如何にも仕方なし」、「已むを得ざるべし、但し決定前に船田氏位に挨拶されて置く方可ならむ」という会話が交わされている。[55] 太田文相らは、護同の徹底抗戦などの主張を敬遠して、護同所属議員の政務官任官を回避したものと思われる。結局、日政所属議員が政務官を独占することになった。しかも、鈴木内閣が行政委員制の創設を内定したとき、岡田は以前から委員制を批判していたが、おそらく閣僚の立場を考慮して内閣の決定に同意した。大木の五月五日の日記には、「車中、厚相より各省委員三名位宛設置のことを洩らさる。変節に非ずと云う」と記されている。[56] こうして岡田―大木ラインの構想は、日政主流と政府の協力の前に実現しなかったのである。

おわりに

以上、委員制が各省委員制、参与委員制、行政委員制へと展開する過程について検討してきた。

翼政主流は、政調会が政調会員と各省委員の兼任をとおして政府の政策立案・政策評価といった領域で政治力を行使することを構想していた。このような構想は、八四議会において、行政参与論と行政査察論という形で展開することとなった。しかし、政府は各省の翼政に対する潜在的な警戒感に配慮して、翼政の提案を全面的に受容することはできなかった。そこで、査察という領域と官吏という地位の複合的な要素を併せ持つ制度として、参与委員制が創設された。一方、翼政政調会は、参与委員との兼任によって、政府の政策立案に対する事前審査と政策実施に対する事後評価の循環構造を政調会の内部に制度化するため、査察部を設置した。

東条内閣が総辞職し小磯内閣が発足すると、参与委員制の位置づけは、翼政と政府の関係の再構築という意味で重要な問題となった。政府と岡田衆議院議長―大木衆議院書記官長のラインは、政務官制度の採用と参与委員制の不採用で歩調を合わせていた。これに対して翼政主流は、政務官制度と参与委員制を基盤として翼政と政府の関係の再構築を構想していた。政務官については大臣の補佐を、参与委員については政調会員と参与委員の兼任による「事前参加」の維持を重視するものであった。結局、政府が政務官一名から二名に譲歩したことを受けて、翼政主流は参与委員制の不採用を受容することとなった。

そうしたなかで、小磯内閣が総辞職し鈴木内閣が発足すると、翼政・日政主流の行政参与論と行政査察論は再度活性化していく。戦局の悪化を受けて日政の協力を得る必要に迫られた政府は、選挙法第一〇条の特例法案を議会に提出し、参与委員制を廃止して行政委員制を創設することを選択したのであった。

ところで、委員制のあり方は行政委員制の創設後もさらに検討が継続されている。この問題をさいごに確認しておきたい。

一九四五年六月下旬から七月初旬にかけて、法制局は佐藤達夫第二部長を中心に、行政査察規程の廃止と「大東亜戦争ニ際シ戦争完遂上重要ナル事項ニ関シ」て政府が「随時又ハ常時ニ戦時査察ヲ行ハ」せる「戦時査察規程」の制定を研究していたようである。(57) 行政査察から戦時査察への主要な変更点は、戦時行政職権特例の改正によって内閣総理大臣が戦時査察使と戦時査察委員（行政委員など）に「官庁の職権の一部」（「労務、資材、動力、資金、食糧、施設及運輸」に関するもの）を委任できるようになることにあった。(58) 行政査察では、対象行政庁に「適当ナル勧奨乃至指導」を行うことは妨げないとされていたものの、「指揮命令ニ類スル措置」は認められていなかった。(59) そうすると、戦時査察規程の研究は、逓信院の「現場査察」で確認された、政策決定・政策実施における行政委員の主体化が制度的に実現に向かっていたことを示しているといってよい。

その背景には、政府が日政の行政参与論と行政査察論にさらに歩み寄らなくてはならない切実な状況に置かれていたことがあったと思われる。この点については、行政査察の今後のあり方を論じた新聞の解説記事が参考になる。

敵の空襲激化に伴ひ、交通網が遮断されることは必至の情勢にあるから、いまのうちに中央と地方との連絡を緊密にし、本土が分断されるやうな場合でも中央は地方の実情に即した行政の運営にあたり、地方は中央の方針を諒解して時宜の措置を講じなければならぬことになるから政府のこの種の努力（行政査察）は今後も続けなければならないが、〔中略〕中央における企画または立案に発言権の少いものの実情調査や査察は一考を要する、なるべく企画立案をする者がその事項について地方の末端にまで及ぶ査察をすることが要望されてゐる(60)

戦局の悪化による本土の分断後においても政府と地方総監府が一体感をもって行政を遂行しうる体制の早急な整備は、重要な課題であった。そして、その解決のために、査察時に行政委員が地方総監府と都道府県民のあいだに介在し、「労務、資材、動力、資金、食糧、施設及運輸」という分野で政策の評価から立案・決定・実施までをトータルに担当することが構想されるに至っていたのである。

政府の政策立案・決定・実施の領域に対する政治力の行使は行政参与論において、政策評価の領域に対する政治力の行使は行政査察論において日政主流によって要求されていた。それを政府は従来以上に踏み込んだ形で取り入れ、行政委員の権限を強化しようとしていた。本土の分断が想定される段階においては、国民生活に密接な関係を有する分野で衆議院議員＝国民代表としての行政委員の存在に期待せざるを得ない状況が出現していたのである。

註

（1）翼政の農業政策については、古川隆久「太平洋戦争期の議会勢力と政策過程」（『昭和戦中期の議会と行政』吉川弘文館、二〇〇五年）、戦時国民運動については、矢野信幸「翼賛政治体制下の議会勢力と新党運動」（伊藤隆編『日本近代史の再構築』山川出版社、一九九三年）参照。

（2）関口哲矢「アジア・太平洋戦争期の内閣機能強化・政治力強化に関する一考察―内閣委員及各省委員や政務官の制度分析を中心に―」（『史潮』新六六号、二〇〇九年）参照。

（3）『朝日新聞』一九四三年四月二八日付。

（4）黒田覚・船田中「決戦政治と国民生活（対談）」（『政界往来』一九四三年二月号）六九頁。

（5）本書第二部第三章参照。

（6）『朝日新聞』一九四三年四月二八日付。

（7）本書第二部第二章参照。

（8）『朝日新聞』一九四三年七月一日付夕刊。

（9）「内閣及各省委員運営ノ件」（国立公文書館所蔵「公文類聚　昭和十八年　巻八」二A／一二／類二六七六）。
（10）『官報』一九四三年七月二日付。
（11）『朝日新聞』一九四三年七月一日付夕刊。
（12）『朝日新聞』一九四三年七月三日付夕刊。
（13）「第八十四回帝国議会衆議院予算委員会議録（速記）第七回」（『帝国議会衆議院委員会議録　昭和篇』一四九、東京大学出版会、一九九九年）。
（14）「第八十四回帝国議会衆議院予算委員会議録（速記）第二回」（前掲『帝国議会衆議院委員会議録　昭和篇』一四九）。
（15）選挙法第一〇条「官吏及待遇官吏ハ左ニ掲クル者ヲ除クノ外在職中議員ト相兼ネルコトヲ得ス」は、衆議院議員と「国務大臣」「内閣書記官長」「法制局長官」「各省政務次官」「各省参与官」「内閣総理大臣秘書官」「各省秘書官」以外の官吏の兼職を禁じていた。
（16）「第八十四回帝国議会衆議院議事速記録第三号」（『帝国議会衆議院議事速記録』七九、東京大学出版会、一九八五年）。
（17）『官報』一九四三年三月一八日付。
（18）行政査察については、古川由美子「行政査察に見る戦時中の増産政策」（『史学雑誌』第一〇七編第一号、一九九八年）、村井哲也「明治憲法下における戦時体制の模索」（『戦後政治体制の起源—吉田茂の「官邸主導」』藤原書店、二〇〇八年、初出一九九九年）参照。
（19）「行政監査機構整備ニ関スル件」（『昭和十八年度政務調査会報告』翼賛政治会、一九四四年）九七〜九八頁。
（20）『朝日新聞』一九四四年七月一日付。
（21）一九四四年六月二七日付各省大臣・法制局長官・情報局総裁・技術院総裁宛内閣書記官長通牒「内閣及各省参与委員設置ニ関スル件」「行政査察ノ周密徹底化ニ関スル件」（国立公文書館所蔵「公文類聚　昭和十九年　第二ノ二巻」二A／一二／類二七九八）。
（22）『朝日新聞』一九四四年七月一日付。
（23）「勅令第四百三十一号」（『官報』一九四四年七月一日付）。
（24）『翼賛政治』一九四四年五月二七日付、六月一〇日付。

(25)「松村政務調査会会長報告要旨」（『翼賛政治会報』一九四四年六月一〇日付）。
(26)「永井柳太郎　昭和一九年七月一六日」（木戸日記研究会編『木戸幸一関係文書』東京大学出版会、一九六六年）六一二頁。
(27) 大木操『大木日記　終戦時の帝国議会』（朝日新聞社、一九六九年、以下『日記』）。
(28)『日記』一九四四年七月二六日条。
(29) 柳瀬良幹「各省委員制度と地方事務所制度―その性質と意味と―」（『法律時報』一九四二年七月号）三頁。
(30)「勅令第百七十六号」（『官報号外』一九二四年八月一二日付）。政務次官については、奈良岡聰智「政務次官設置の政治過程―加藤高明とイギリスモデルの官制改革構想―」（一）～（六）（『議会政治研究』六五、六六、六八～七一号、二〇〇三・二〇〇四年）参照。
(31) 例えば、「参政官制度設置ニ関スル件」（前掲『昭和十八年度政務調査会報告』）一四五～一四六頁。
(32)『日記』一九四四年八月四日条。
(33)『日記』一九四四年七月二七日条。
(34)『日記』一九四四年八月二三日条。
(35)『日記』一九四四年八月一六日条。
(36) 以上、『日記』一九四四年八月二四日条。
(37)『朝日新聞』一九四四年八月二六日付。
(38) 日政結成前後の政治過程については、矢野前掲論文、古川隆久「大日本政治会と敗戦前後の政治状況」（前掲『昭和戦中期の議会と行政』）参照。矢野氏と古川氏は、戦局が悪化するなかで、「議会勢力」が政府や軍部に対する自律性を回復していったことを指摘している。
(39)「第八十七回帝国議会衆議院議事速記録第一号」（『帝国議会衆議院議事速記録』八〇、東京大学出版会、一九八五年）。
(40)「第八十七回帝国議会衆議院　衆議院議員選挙法第十条ノ特例ニ関スル法律案委員会議録（速記）第一回」「同　第二回」（『帝国議会衆議院委員会議録　昭和篇』一五七、東京大学出版会、二〇〇〇年）。
(41) 前掲「第八十七回帝国議会衆議院　衆議院議員選挙法第十条ノ特例ニ関スル法律案委員会議録（速記）第二回」。
(42) 以下、川崎と灘尾の発言は、前掲「第八十七回帝国議会衆議院　衆議院議員選挙法第十条ノ特例ニ関スル法律案委員会議録（速記）第二回」による。
(43)『翼賛政治会報』一九四四年一一月一一日付。
(44)『朝日新聞』一九四五年七月一一日付。
(45)『毎日新聞』一九四五年七月一一日付。
(46)本書第二部第三章参照。
(47)『朝日新聞』一九四五年六月二三日付。
(48)『朝日新聞』一九四五年七月一六日付、『毎日新聞』同日付。
(49)『読売新聞』一九四五年七月二一日付。
(50)『毎日新聞』一九四五年八月四日付。
(51)政事結社複数化問題については、古川前掲論文（「大日本政治会と敗戦前後の政治状況」）一四六頁参照。
(52)『日記』一九四四年七月二七日、二九日条。
(53)翼政政調会と衆議院調査会の関係については、本書第二部第二章参照。
(54)『日記』一九四五年四月一五日、二五日、二七日条。
(55)『日記』一九四五年五月二日条。
(56)『日記』一九四五年五月五日条。
(57)「戦時査察規程（案）」（国立国会図書館憲政資料室所蔵「佐藤達夫関係文書」一七〇二「行政査察」所収）。
(58)「戦時行政職権特例改正要綱案　昭、二〇、七、三」「戦時行政職権特例改正ノ件（案）」（前掲「行政査察」所収）。
(59)「行政査察事務章程」（国立公文書館所蔵「公文類聚　昭和十八年　巻八」二A／一二／類二六七六）。
(60)『朝日新聞』一九四五年七月二五日付。

第三部　「翼賛政治」体制の変容

第一章　「応召代議士」の創出
――太平洋戦争期の「協賛」と「統帥」――

はじめに

衆議院議員の応召は帝国議会開設以来初めてのことでござりまして、五君は実に其の第一次の栄誉を担はれました、正に帝国議会史を飾るべき一大事実であると信じます（拍手）[1]

これは、第八三回帝国議会（一九四三年一〇月二六〜二八日）の衆議院本会議における牧野良三の演説の一部である。太平洋戦争期の一九四三年一〇月、明治憲法のもとでの衆議院議員に対する初の召集が行われた。その対象者は小山田義孝・間宮成吉・愛野時一郎・有馬英治・浜田尚友の五名。彼らは「応召代議士」と称された。以後、敗戦までに計一三名の「応召代議士」が存在することになる。その経歴などについては、表13参照。

従来の政治史研究においても、「応召代議士」の存在は言及されることがあった。古川隆久氏は昭和期の「戦時議会」を検証するなかで、「代議士からも初当選組を中心に一三名の応召議員が出た」ことを「代議士もまた戦争の惨禍から無縁ではなかった」ことの一例としている。[2] また、内藤一成氏は近代日本の貴族院を通観するなかで、「衆議院では複数の議員が兵卒をふくめて召集を受けたが、貴族院にはそういった手出しは基本的にはできなかった」こと

表13 「応召代議士」一覧

氏名	会派	生年・学歴	選挙区（当選回数）	階級	退職		復職・戦死	
小山田義孝	翼政	1896年・早稲田大学専門部卒	秋田2区（4回）	陸軍主計少尉	1943. 10. 22	臨時召集を受けて入隊	1945. 9. 4	復職
間宮成吉	翼政	1898年・上田蚕糸専門学校卒	岐阜3区（1回）	陸軍砲兵少尉	1943. 10. 22	臨時召集を受けて入隊	—	—
愛野時一郎	翼政	1900年・中央大学卒	佐賀2区（3回）	陸軍輜重兵少尉	1943. 10. 22	臨時召集を受けて入隊	1943. 12. 28	復職
有馬英治	翼政	1908年・慶応義塾大学卒	福岡4区（1回）	陸軍二等兵	1943. 10. 25	臨時召集を受けて入隊	1945. 9. 3	復職
浜田尚友	翼政	1909年・早稲田大学卒	鹿児島2区（1回）	陸軍二等兵	1943. 10. 25	臨時召集を受けて入隊	1944. 12. 22	復職
福家俊一	翼政	1912年・大阪府立生野中学校	東京1区（1回）	陸軍二等兵	1943. 11. 25	臨時召集を受けて入隊	1945. 9. 1	復職
松岡秀夫	翼政	1898年・東京帝大卒	埼玉3区（1回）	陸軍歩兵中尉	1943. 12. 4	臨時召集を受けて入隊	1944. 9. 4	戦死
小野祐之	翼政	1895年・早稲田大学専門部卒	長野4区（1回）	陸軍歩兵中尉	1944. 4. 1	臨時召集を受けて入隊	1944. 7. 18	戦死
田中勝之助	翼政	1901年・鹿児島高等農林学校卒	島根2区（1回）	陸軍歩兵中尉	1944. 7. 15	臨時召集を受けて入隊	1945. 8. 6	戦死
林 佳介	翼政	1900年・東京帝大卒	山口1区（1回）	陸軍歩兵中尉	1944. 8. 3	臨時召集を受けて入隊	1945. 5. 18	復職
高木義人	翼政	1886年・陸軍大学校卒	宮城2区（1回）	陸軍中将	1945. 3. 29	臨時召集を受けて入隊	1945. 12. 1	復職
日下田 武	護同	1900年・早稲田大学卒	栃木2区（1回）	陸軍主計中尉	1945. 4. 6	臨時召集を受けて入隊	1945. 8. 25	復職
堀内一雄	日政	1893年・陸軍大学校卒	山梨（1回）	陸軍少佐	1945. 7. 26	防衛召集を受けて入隊	1945. 8. 30	復職

註 (1)「会派」の「翼政」は翼賛政治会,「護同」は護国同志会,「日政」は大日本政治会を示す.
(2)衆議院・参議院編『議会制度百年史 院内会派編 衆議院の部』『同 衆議院議員名鑑』（大蔵省印刷局, 1990年）より作成.

を「一般には貴族院議員の権威は衆議院とは比較にならないほど高かった」ことの論拠としている(3)。

もっとも、まず本章が注目したいのは、「衆議院議員の応召」が「初めて」だったことである。その理由について、一〇月二七日の衆議院の委員会で唐沢俊樹内務次官は、「〔衆議院議員と現役軍人・応召軍人は、〕其の身分を分けて考へる、恐らくは、一方は統帥の関係、軍の関係がありますし、一方は立法府に連つて大政に参与すると云ふ建前であらうかと考へられるのでありまするが、学者に依りましては、之を兵政を分つやうな建前から論議して居るやうな向もあります」と説明している(4)。当該期の憲法・憲法理論の用語に則して整理すれば、衆議院議員は「協賛」と

「統帥」を分離する意味の「兵政分離の原則」に基づいて召集されてこなかったという理解が示されているのである。(5)

では、「応召代議士」なる存在は、なぜ、どのように創出されたのだろうか。この問題を立脚点として、本章は太平洋戦争期の議会・議員のあり方に照明をあててみたい。その際、二つの問題を考察する。

一つは、「協賛」と「統帥」の分離を担保してきた二つの系統の法令、すなわち陸軍動員計画令第八五条と、議院法第七七条・衆議院議員選挙法（以下、選挙法）第七条第二項の運用である。陸軍動員計画令第八五条は、「左ノ各号ノ一ニ該当スル在郷軍人ハ動員計画上諸部隊ノ要員ニ充用セサルモノトス（中略）該戦時召集延期者ハ適宜ノ時期ニ於テ逐次之ヲ召集スルモノトス」、「其十　帝国議会ノ議員」という規定で、「適宜ノ時期」までのあいだ、衆議院議員を「戦時召集延期者」に指定して召集しないものであった。(6)一方、議院法第七七条は、「衆議院ノ議員ニシテ選挙法ニ記載シタル被選ノ資格ヲ失ヒタルトキハ退職者トス」、選挙法第七条第二項は、「戦時若ハ事変ニ際シ（中略）召集中ノ者ハ選挙権及被選挙権ヲ有セス」という規定で、議員を召集時に失職させるものであった。

もう一つは、「応召代議士」を創出した「衆議院議員ニシテ大東亜戦争ニ際シ召集中ナルニ因リ其ノ職ヲ失ヒタルモノノ補闕及復職ニ関スル法律」（以下、復職法）の制定と運用である。この法律は、召集中の前議員に対して召集解除後に復職することと、それまでのあいだ補欠選挙を実施しないことを保障するものであった。

従来、太平洋戦争期の議会は翼賛選挙の実施、翼賛政治会（翼政）の結成によって無力化・形骸化したとされてきた。(7)そのような評価に対して、近年の研究は政治過程や議会制度の分析を進めることで修正を図っている。(8)なかでも、古川氏は「戦時議会の政治力の源泉」として、「立法と国家予算の決定は議会の協賛を得なければならず、衆議院は公選とすること、予算は衆議院先議とするなどの規定が議会の独自性主張の根拠となった」ことを挙げている。(9)このように戦時期の議会は、憲法で規定された法律案・予算に対する「協賛」を武器にして、「国務」の「輔弼」を担う内閣、「統帥」の「輔翼」を担う軍部などに一定の政治力を行使できたとされているのである。

このような構造、とくに「協賛」と「統帥」の関係を不安定化しうる問題として、「応召代議士」の創出という事態は、重要な意味をもっていたといえよう。なぜなら、衆議院議員は召集時に失職しなくてはならないため、「応召代議士」が増加すれば、衆議院の構成や運営に障害を発生させる可能性が増大するからである。このように太平洋戦争期における「協賛」の位置は、「戦時議会の政治力の源泉」として持続的に安定していたわけではなかった。つまり「応召代議士」の存在は、明治憲法の枠組みのなかで、「協賛」のあり方を可変的に捉える視点の必要性を示しているのではないだろうか。

以上を踏まえると、太平洋戦争期における「協賛」の位置を理解するうえで、「応召代議士」の創出をめぐる陸軍動員計画令と議院法・選挙法の運用、復職法の制定と運用は、興味深い問題であるといえよう。この問題のなかで、議会（翼政）と政府（主に陸軍省・内務省）は、「応召代議士」をどのように創出し、「協賛」と「統帥」の関係をどのように調整しようと試みたのだろうか。その政治過程の考察をとおして太平洋戦争期の議会・議員に対する新しい説明を提示することが、本章の目的である。

一　戦時召集延期者の召集

まず、戦時召集延期者の衆議院議員が召集された経緯について、検討していこう。

はじめに述べたように、戦時召集延期者制度は、陸軍動員計画令中の召集延期に関する規程であった。このときの戦時召集延期者は、陸軍大臣が指定する工場・事業場の「必要欠クヘカラサル者」、宮内省の一部官吏、兵事事務を担当する一部官公吏、帝国議会の議員などであった。[10] そのなかの衆議院議員が召集されたことは、陸軍動員計画令第八五条でいうところの「適宜ノ時期」が彼らに到来したことを意味する。では、この場合の「適宜ノ時期」とは、具体的に一九四三年一〇月のいかなる状況だったのだろうか。

一〇月二六日の衆議院本会議において、安藤紀三郎内相は次のように発言している。

政府に於きましては、〔中略〕去月二十一日画期的なる国政運営の新方針を決定して国政運営の決戦化を図ることと致し、目下着々其の実現に努力致しつつある次第でございます、而して此の新方針に於ける重要なる一翼たる国民動員の面に於きましても、或は一般徴集猶予の停止或は徴集及び徴用に関する除外例の撤廃或は女子動員の強化等、全面的に動員の徹底強化を図ることに相成つたのでございます、然るに帝国議会の議員各位の中には、現に軍籍に身を置かるる方々があり、既に今議会を目前に控へられまして、壮なる決意を以て奮躍応召入隊せられましたる方々もあり、今後尚ほ御召に応じて戦場に立たれる方々もあるであらうと云ふことは蓋し想察し得る所でございます[11]

「国政運営の新方針」とは、九月二一日に東条内閣が閣議決定した「現情勢下ニ於ケル国政運営要綱」（以下「要綱」）のことである。その「第二、国内態勢強化ノ為特ニ執ルベキ方途左ノ如シ」の「三、国民動員ノ徹底ヲ図ル」には、「一般徴集猶予ヲ停止シ理工科系統ノ学生ニ対シ、入営延期ノ制ヲ設ク」「徴集徴用ノ範囲ヲ拡大普遍化シ、特種技術ヲ掌ル者以外ノ除外例ヲ撤廃ス」「女子ノ動員ヲ強化ス」などの項目が列挙されていた。[12] このうち「一般徴集猶予」の項目は、「在学徴集延期臨時特例」の制定、いわゆる学徒出陣の実施へ展開していった。[13] つまり安藤は、「要綱」に基づく「国民動員」の強化の一環として、衆議院議員の召集を位置づけていたのである。

本来、戦時召集延期者制度は「召集猶予者制度」という名称であったが、「召集猶余者ハ戦争間永久ニ猶余者ナル観念ヲ生シ適当ナラサルヲ以テ戦時召集延期者ト其ノ名称ヲ改変」されたように、[14]対象者の特典と認識されうるものであった。そうすると政府と軍部は、戦局が緊迫化するなか、国民に学徒出陣などの負担を強いるのと対応する形で、戦時召集延期という議員の特典を奪った。これにより、「国民動員」の強化に対する国民の理解を得ようとしたといえるかもしれない。

さらに「要綱」の閣議決定後、各省は「要綱」の具体的な「措置案」を立案していった。ここでは、そのなかの陸軍省「軍自体ニ於テ処理スヘキ事項」に注目してみたい。[15]「軍自体ニ於テ処理スヘキ事項」は、「要綱」の「第二」の「三」に対応する「国民動員ノ徹底」において、「戦時召集範囲ノ改定　特種技術ニ関係アル者以外ノ戦時召集延期ヲ廃止シ緊急生産部門ノ特種技術ニ関係アル者ニ付速ニ戦時召集延期者ヲ増加スル如ク研究ス」と明記していた。そして、その「要領」として、戦時召集延期を「廃止スルモノ」に「帝国議会ノ議員」はじめ「内閣各省ノ官吏（特種技術ニ関係アル者ヲ除ク）」「陸海軍軍属（特種技術ニ関係アル者ヲ除ク）」「防空関係者」「都市ノ消防関係者」「国民学校教員」「警察官吏」を、「増加スル者」に「航空機関係工場（アルミニウム工場、生産機械工場、産業機械工場、電気磁気工場等ノ関聯工場ヲ含ム）」「電波関係工場」「特殊艇工場」を予定していた。このように陸軍省は、戦時召集延期者制度を改編し、増産を急務とする軍需工場関係の召集延期を拡充する一方、その他の召集延期を廃止する形で、「国民動員」の強化を実現しようとしたのである。

もっとも、陸軍動員計画令の改正により戦時召集延期者制度の改編が行われた形跡は窺えない。その理由は定かではないが、陸軍省は、現行の陸軍動員計画令の「戦時召集延期者ハ適宜ノ時期ニ於テ逐次之ヲ召集スルモノトス」に基づいて、「国民動員」の強化を「適宜ノ時期」の到来と解釈することで、事実上、議員などに対する戦時召集延期の廃止を実現したものと思われる。その結果として、衆議院議員の召集という事態が出現したのであった。

二　政府の復職法案立案

このような陸軍省の動向に対応して、内務省行政課は復職法案を立案した。

復職法に関しては、国立公文書館所蔵「第八十三回帝国議会　大東亜戦争ニ応召セル衆議院議員ノ復職ニ関スル件　昭和十三年法律第八十四号中改正ノ件」（三A／一三—九／昭四八自治二三六）によって、制定過程の復元がある程度可能である。この簿冊の表紙には「行政課長」と墨書され、「中島」と押印されている。当時の内務省行政課長は、中島賢蔵であった。以下、この中島の作成による簿冊資料（「中島資料」）に基づいて、復職法の制定過程を検討していこう。

一〇月一八日、復職法案が閣議決定されている。その内容は次のとおりである。

衆議院議員ニシテ大東亜戦争ニ際シ召集中ナルニ因リ其ノ職ヲ失ヒタルモノニ付テハ議院法第八十四条及衆議院議員選挙法第七十九条ノ規定ハ之ヲ適用セズ

衆議院議員ニシテ大東亜戦争ニ際シ召集中ナルニ因リ其ノ職ヲ失ヒタルモノ其ノ残任期間中ニ召集ヲ解除セラレタルトキハ其ノ職ニ復ス

附則

本法ハ公布ノ日ヨリ之ヲ施行ス

第一項ノ規定ハ本法施行前召集セラレタル者ニ付テモ亦之ヲ適用ス但シ其ノ者ニ関シ衆議院議員選挙法第七十九条ノ規定ニ依ル選挙会又ハ補闕選挙ニ関スル告示アリタル場合ハ此ノ限ニ在ラズ

第二項ノ規定ハ本法施行前召集ヲ解除セラレタル者ニ付テモ亦之ヲ適用ス(16)

このように復職法案は二つの柱から構成されていた。一つは、議員は議院法第七七条と選挙法第七条第二項の規定により召集時に失職するが、復職法の規定により召集解除後に復職できるというものである。もう一つは、その間、議院法第八四条「何等ノ事由ニ拘ラス衆議院議員ニ闕員ヲ生シタルトキハ議長ヨリ内務大臣ニ通牒シ補闕選挙ヲ求ムベシ」と選挙法第七九条「議員ニ闕員ヲ生スルモ其ノ闕員ノ数同一選挙区ニ於テ二人ニ達スル迄ハ補闕選挙ハ之ヲ行ハス」の補欠選挙に関する規定は適用しないというものである。

では、内務省による復職法案立案の意図は、どこにあったのだろうか。「中島資料」には、枢密院における復職法案の趣旨説明の原案が綴られている。これは中島が執筆したものだろう。そこでは、復職法案の必要性が「衆議院議員ニ対シ召集ガアリマスト、現行法ノ下ニ於キマシテハ、一面之ガ補闕ノ為補闕選挙等ヲ執行シナケレバナリマセヌト共ニ、他面応召シタル議員ハ、其ノ職ヲ回復スル途ヲ塞ザサレ、仮令旧ノ任期中ニ於テ召集ヲ解除セラレマシテモ、旧ノ議員ノ職ニ復スルコトガ出来ナイノデアリマス。斯クノ如キ事態ハ、寔ニ適当デナイト考ヘマス」と説明されている。(17)このように内務省は、補欠選挙に関する事務の増大を抑制すること、議員の失職に対する議会の反発を回避することを意図して、復職法案を立案したのである。

もっとも、ここで一つの疑問が浮かんでくる。事務の増大の抑制と議会の反発の回避を同時に満たすなら、復職法を制定せずとも、選挙法を改正するか特例法を制定することで、応召者に現行の議院法第七七条と選挙法第七条第二項を適用しない、つまり応召者を失職させないという方法もあったはずである。

では、なぜ内務省は復職法案を立案したのだろうか。一〇月一二日、「内務省案」の枢密院審査・議会審議を想定して、陸軍省兵備課の田中中佐から内務省行政課の鈴木事務官へ、「一、衆議院議員モ必要ニ応シ召集ス」「二、兵政分離ノ原則ハ変更スル意志ナシ従テ内務省案ノ通「失職」ト致度」との意見が送られた(18)。ここでいう「内務省案」は、一〇月五日付で内務大臣より内閣総理大臣に閣議請議された法案を指すものと思われる(19)。ここから窺えることは、内務省と陸軍省が失職規程の妥当性を検討していたこと、陸軍省が議員の失職による「兵政分離の原則」の維持を主張していたことである。

議員が議員と軍人を兼職して応召した場合、彼らは陸軍のなかに議会の党派や党派の対立を移入することで、陸軍の秩序を混乱させ、崩壊させるかもしれない。この不安感は、軍人に対する選挙権の付与を否定する議論「若し軍人に選挙権を付与せむか遂には軍人の政党化に移り軍隊は挙げて政戦場裏に投じ由々敷結果を招来するに至るものであつて精神的団結を生命とする軍の最も排撃すべきものである」に通底しているだろう(20)。ゆえに陸軍省にとって、議員の召集中の失職は決して譲れない一線なのであった。そうすると陸軍省においては、召集時の失職が最大の関心であり、召集解除後の復職は関心外であったといえよう。このような陸軍省の事情に配慮して、内務省は復職法案を立案したのである。

三　枢密院の復職法案審査

復職法案は閣議決定後、枢密院に諮詢された。一〇月二一日の枢密院審査委員会では、議員が①召集と同時に失職すること、②召集解除と同時に復職することの二点から法案の問題が追及された(21)。

まず①について、南弘は「官吏始メ会社銀行等ノ就職者ハ召集ニ因リ失職セザルヲ一般ノ例トスルニ鑑ミ衆議院議員モ召集ニ因リ失職セザルコトト為スヲ可トセザルカ」と質している。これは、一般の官吏・会社員などの召集と衆議院議員の召集を同等に取扱うべきという兼職要望論である。これに対して、安藤内相は「軍ノ規律ニ服スベキ召集中ノ軍人ガ同時ニ議員タルハ軍政分離ノ根本原則ニ触ルルノ虞アルニ鑑ミ不適当ナリト思料セラルル」と答えている。前述の経緯から内務省は、陸軍省が主張した「軍政分離ノ根本原則」あるいは「兵政分離の原則」を援用して、南の提案を拒否したのである。

同じく①について、林頼三郎と森山鋭一法制局長官の問答は重要である。この問答を、中島行政課長は詳細にメモしている。

林顧問官

一 本件ニ付テハ歩調ヲ揃ヘルナラバ貴族院議員ト同様ニスベク、地方議会ト歩調ヲ揃フルハ権衡ヲ失ス、又兵政分離、統帥関係ノコトヲ謂ハレタルモ、此ノコトハ貴族院議員ニ付テモ同様ナラズヤ

△〔森山〕法制局長官答弁要旨

結局貴族院ト衆議院トノ構成上ノ相違ニ基ク。貴族院ハ身分的構成ナリ。反之衆議院ハ公選ノ原則ニ基ク国民代表的構成ナリ。換言スレバ議会政治ノ中核ヲ為スモノハ衆議院ナリ。従ツテ衆議院ハ軍トノ関係ニ於テモ、行政府トノ関係ニ於テモ〔行間「官吏ハ貴族院議員ニナレルモ衆議院議員ニハナレズ」〕、検事トノ関係ニ於テモ〔行間「貴族院議員ニナレルモ衆議院議員ニハナレズ」〕、貴族院トハ異ツタ厳格ナル地位ニ置カレテキル。之ハ寧ロ衆議院ノ地位ノ優越性ニ基クモノト考フ(22)

林は、法制上、均衡をとるなら衆議院と貴族院であって、衆議院と地方議会ではないのではないかと質している。これは、貴族院議員の召集と衆議院議員の召集を同等に取扱うべきという兼職要望論である。当該期において、貴族院議員については、貴族院令に召集と同時に失職するという規定が存在しなかった。また、地方議会議員については、

東京都制・北海道会法・府県制・市制・町村制などのなかに召集と同時に失職するという規定が存在したが、今回の復職法案と同じ内容の法律（「昭和十三年法律第八十四号」）が制定されていた(23)。

ここで興味深いのは、森山が議員と軍人・官吏・検事の兼職に関する衆議院と貴族院の差異は「衆議院ノ地位ノ優越性」に起因していると答えていることである。政府の認識において、議会政治の中心は国民代表としての衆議院である、したがって、衆議院議員は自らの職務に専念しなければならないのであった。

次に②について、二上兵治は「一度失職シタル者ヲ前歴ニ鑑ミ議員ニ復職セシムルガ如キハ帝国憲法上ノ公選原則ト相矛盾スルモノニ非ズヤ」と質している。議員が召集時に失職しても、復職法により選挙を実施することなく解除時に復職するとすれば、復職法と憲法第三五条「衆議院ハ選挙法ノ定ムル所ニ依リ公選セラレタル議員ヲ以テ組織ス」は矛盾するのではないか。このような主張は、無選挙復職違憲論といってよいだろう。これに対して、森山は「定員ニ満タザル選挙区ニ於テハ選挙ニ依ラズシテ当選人ヲ定メ又議員ノ任期ヲ一年延長シタルノ例モアリ必ズシモ憲法違反ト認メラレザルノミナラズ選挙民ノ心理ニモ考ヘ本案ヲ設ケタル」と答えている。彼によれば、第一に、復職法案は、選挙法の繰上げ当選の規定や一九四一年の議員任期延長の先例に照らしても、憲法第三五条に違反していない。第二に、議員が召集されると選挙区民は自分たちの代表を失うが、復職法案が議員の復職を保障すれば彼らは希望をもつことができる。このような論法により、政府は無選挙復職違憲論に反論を試みていたのであった。

しかし、前議員を無選挙で復職させることが復職法案の根幹であるとすれば、復職法案と選挙民の心情論はいうまでもなく、復職法案と選挙法の繰上げ当選の規定や一九四一年の議員任期延長の先例も同じ議論の俎上に乗るものではない。したがって、復職法案を論理的に正当化することは、容易ではなかったように思われる。

その意味においても、①に関する森山の発言は重要である。ここからは、一九三五年の国体明徴運動のなかで政府が否定した、美濃部達吉の憲法学説・天皇機関説が連想されよう。前述したように内務省は、補欠選挙に関する事務の増大の抑制と、議員の失職に対する議会の反発の回避を意図して、また、陸軍省の「兵政分離の原則」に配慮して、復職法案を立案した。しかし、そのような復職法案について、法制局は憲法違反の疑いが濃厚であると認識していた。だからこそ、あらゆるレトリックを動員して反対論の沈静化に努力していたのではないだろうか。

とはいえ一〇月二三日の枢密院本会議で、清水澄審査委員長が復職法案を「大東亜戦争ノ新情勢ニ即応センガ為ノ応急臨時ノ特例ヲ定メントスルモノニシテ〔中略〕現下ノ事態ニ鑑ミ蓋シ是認スルノ外ナカルベ」しと総括したのを受けて、顧問官たちは法案の議会提出を可決した。(24) 枢密院は復職法案で内閣と対決する意図をもっておらず、兼職要望論や無選挙復職違憲論という形で法案の問題点を指摘するにとどめたのであった。

四　議会の復職法案審議

こうして政府は八三議会に復職法案を提出した。以下、議会の復職法案審議における翼政と政府の議論を検討していこう。(25)

1　「応召代議士」論

一〇月二七日の衆議院復職法案外一件委員会において、森肇は「御差支へなくば、今日に於て衆議院議員にして召集に応じなければならぬ資格を持つて居る者の数は大体幾名位あるでありませうか」と、召集対象者の人数を質問している。これに対して、新居善太郎内務省地方局長は「合計八十四名、斯うなると思ひます」と答弁している。その内訳については、表14参照。八三議会において、兵役法の改正が行われ、国民兵役の年齢が四〇歳から四五歳に引き上げられた。(26) その結果、召集対象者の数は、四四名から八四名へと大幅に増加していたのである。

この答弁を受けて、森は次のように再度質問している。

若し百名〔中略〕が召集されると仮定致す、其の時には、或は此の四年の任期の間には色々の関係に於て議席を退かなければならぬ人も相当数従来の例に依つてある、或は百名を越え、百五十名と云ふやうな数字にならぬとも限りませぬ。さうなつても尚且つ衆議院の構成に妨げなしとは、四百六十六名を定員とする議院としては考ふる訳に参らぬのであります、〔中略〕又もう一つは、今のやうな召集の状況を以てしますれば、或る府県に於ては一人の召集を受けまする者なくして、他の府県に於ては議員の大部分が召集に応じて行かなければならぬと云ふことになり、極端なことを考へてみると、或る県に於ては衆議院に代表者を有せざる結果になる虞なしと致さないのである、〔中略〕是は衆議院の立場として利害関係極めて重大なものであります

表14　衆議院議員の軍籍

種　　別	予備役		補充兵役	国民兵役	計
	将　校	下　士			
現行兵役法	28	1	9	6	44
改正兵役法	28	1	9	46	84

註　「衆議院議員ノ軍籍ニ関スル調〔1943年10月1日現在〕」(「中島資料」)より作成.

森の質問は、①召集などの理由で欠員が増えれば議会の運営に支障が出ないか、②ある選挙区に失職者が偏れば議会の構成に不公平が生じないかというものである。ここから翼政は、「応召代議士」の存在が「国民代表」としての議会の原理や機能を破壊する可能性を危惧していたといえよう。

しかも、この問題を解決することは簡単ではなかった。というのも衆議院議員は国民の代表として議場に立たなければならないという命題と、衆議院議員も国民の一員として戦場に赴かなければならないという命題が、同時に成立

しうるからである。この二律背反のなかに、翼政の危惧は存在していたのであった。

森の質問の①②に対して、唐沢内務次官は「何分の一位の欠員が出来たならば只今仰せのやうな事態になるかと云ふことは、是は程度の問題でありますから、其の時の判断に任せるより仕方がないと思ふのであります」、つまり現時点ではわからないと答弁して、明言を避けた。もっとも中島行政課長は、①②ともに検討している。

①については、「軍籍ニ在ルモノ」が八四人。「従来一任期間ノ欠員ノ平均」が四八人。「議員総員」が四六六人だから、その「2／3」（ママ）が三一一人、「2／3未満」が三一〇人。議員数が「2／3未満」になる時点の「欠員」が一五六人。したがって、一五六人から「軍籍ニ在ルモノ」と「従来一任期間ノ欠員ノ平均」を合わせた一三二人を引いて、「余裕」が二四人と試算している。「現在〔一九四三年一〇月二六日〕ノ欠員」は一四人、その「内応召」（欠員中の応召者）は六人であった。[27]

では、なぜ三分の二が基準なのか。おそらく中島は憲法改正の手続きを意識していたと思われる。憲法改正について、憲法第七三条第二項は「両議院ハ各々其ノ総員三分ノ二以上出席スルニ非サレハ議事ヲ開クコトヲ得ス」と規定していた。この三分の二という数字は、内務省だけでなく翼政によっても意識されていた。

例えば、一九四五年三月、政府は補欠選挙を回避して戦力増強・国土防衛に専念するべく、八六議会に「衆議院議員ノ補闕選挙等ノ一時停止ニ関スル法律案」を提出した。この法案は、議員数が定員の三分の二に減少するまで補選を停止するものであった。その事前審査において、翼政は法案が衆議院の定員減少論などに転化することを危惧した。そこで、「本件ニ示サルル「三分ノ二」ナル議員数ヲ以テハ憲法改正ハ不可能ナルベシ。斯カル員数ノ抑ヘ方ニテハ実用ニ適セザルニ非ズヤ」と主張して、法案に対抗したのである。[28] ここでは、憲法改正案の議事を開くにあたって、議員数が三分の二近くに減少していて、なおかつ何人かの議員が病気や事故などで欠席することが想定されている。

表15　兵役関係ヲ有スル衆議院議員選挙区別人員表（昭和一八，一〇，一現在調）

	四十四人ノ場合					八十四人ノ場合					
道府県	一区	二区	三区	四区	五区	一区	二区	三区	四区	五区	六区
樺　太											
北海道						一			一	一	
青　森		一					3　二				
岩　手	一	一				一	一				
宮　城		一				一	一				
秋　田		一					3　二				
山　形	一					4　二	一				
福　島			一					一			
茨　城	一		一			一	一	一			
栃　木		4　二					4　二				
群　馬						5　二					
埼　玉			一					一			
千　葉								一			
東　京	一				5　二	一	一	一		5　二	5　二
神奈川	一		一			一		4　二			
新　潟							一	一			
富　山											
石　川	一					一					
福　井											
山　梨	一					5　二					
長　野				一			一		一		
岐　阜			一				一	一			
静　岡	一	一	一			一	一	一	一		
愛　知					一					一	
三　重											
滋　賀											
京　都	一					5　二					
大　阪									一	一	
兵　庫			一		一		一	一		一	
奈　良						一					
和歌山	一					一					
鳥　取	一					一					
島　根	一	一				一	一				
岡　山						一					
広　島											
山　口	一					4　三	一				
徳　島		一					3　二				
香　川											
愛　媛						一					
高　知	3　二					3　二					
福　岡		一		4　二		一	5　二	一	4　二		
佐　賀	一	一				一	3　二				
長　崎						一					
熊　本	一					一					
大　分											
宮　崎											
鹿児島	一	一				5　二	一				

沖縄											
合計											

備考一，本調査ハ衆議院事務局調査ヲ基礎トシテ調査セリ
　　二，アラビヤ数字ハ議員定数ヲ示ス
（註　「中島資料」所収の資料を再現した．原文は縦書き）

もちろん、この法案や復職法案の審議の時点で、憲法改正が現実の政治課題として議論されていたわけではなかった。しかし、中島の試算や翼政の主張は、〈仮定としての憲法改正〉が政治的に機能する可能性を示しているといえよう。

また、②については、「兵役関係ヲ有スル衆議院議員選挙区別人員表（昭一八、一〇、一現在調）」（表15参照）を作成している。この表15は、召集資格者の数を選挙区ごとに表したものである。召集資格者は、八四人の場合（兵役法の改正後）、四九選挙区で一人、一六選挙区で二人、一選挙区で三人（計六六選挙区で八四人）であった。

ここで注目すべきは、中島が召集資格者二人以上の選挙区に議員定数（アラビア数字）を記入していることである。ここから、中島は「応召代議士」の増加に関して、議会全体でみれば議会の運営に支障は出ないと推測していた。一方で、選挙区単位でみれば中選挙区制の議員定数（一区三〜五人）を考慮して、議会の構成に不公平が生じるかもしれないと認識していたといえよう。

図　「日の丸氏名標」
（『朝日新聞』1943年10月25日付夕刊より）

すなわち表15によると、召集資格者が全員召集されることで、選出議員が〇人となる選挙区はなかったものの、一人となる選挙区は六選挙区（青森二区・秋田二区・山口一区・徳島二区・高知一区・佐賀二区）あった。前述したように選挙法第七九条は、欠

員が二名に達したとき補欠選挙を行うと規定していたが、復職法は、召集による失職に対して補欠選挙を行わないと規定し、選挙法第七九条の規定に例外を設定した。つまり、この六選挙区は、残りの一人が何らかの理由で失職した場合、選出議員が存在しなくなり、補欠選挙も実施されない選挙区だったのである。ここに、中島が召集資格者二人以上の選挙区に議員定数を記入した理由は求められるだろう。このように翼政の危惧は、内務省によっても一定程度、共有されていたのである。

もっとも、翼政としても「国民動員」が強化されるなかで、衆議院議員の召集に反対することは困難であった。そうした雰囲気は、政府が「要綱」を立案中の九月一七日に岡部長景文相から有光次郎文部省大臣官房秘書課長にもたらされた情報「議員ノ召集留保モヤメタラトイフ声アル由（翼政会内ニ）大麻国相（大麻唯男国務相、翼政から入閣）談」にも示されている(29)。こうして翼政の関心は、兼職要望論と無選挙復職違憲論へと向かうのである。

その問題を検討する前に、「日の丸氏名標」（図参照）に言及しておきたい。これは、八三議会以降、「応召代議士」の議席に設置され、「日の丸」の部分と「〇〇県第〇区選出議員」の白書きの部分から構成されていた。『朝日新聞』は、「入隊決定となつた三代議士（間宮成吉・小山田義孝・愛野時一郎）の議席」について、「三つの小さな日の丸が、無言のうちに、脈々の決戦意欲を漲らしてゐる」と描写している(30)。日付は前後するが、各紙も「日の丸氏名標」に関する同様の記事を写真入りで掲載している(31)。

この「日の丸氏名標」は、「応召代議士」が国民・選挙区民の代表であることを視覚化するものであった。議会の傍聴者、新聞の読者、あるいは国民・選挙区民は、「日の丸氏名標」を見ることで、「応召代議士」が自分たちの代表として戦地に赴く／赴いていることを確認することになるのである。翼政は、「応召代議士」が議会の原理や機能を破壊する可能性を危惧していた。しかし、すでに召集が実施された以上、翼政と衆議院事務局は、「日の丸氏名標」

をとおして、「応召代議士」が国民の先頭に立って国民の義務・兵役を果たす存在であることをアピールしようと試みたのである。

2　兼職論と違憲論

八三議会の開会に先立つ一〇月二一日、翼政は本部で復職法案の事前審査を実施した。ここで、南鉄太郎は「貴族院議員（公侯爵）ハ現役又ハ応召中モ其ノ職ヲ失ハザルニ拘ラズ衆議院議員ノミ失職セシムルハ如何ナル理由ニ依ルヤ」、中島弥団次は「官吏応召スルモ其ノ身分ヲ継続スルニ拘ラズ衆議院議員ニハ身分ヲ継続シ得ズト為ス理由如何」と質問している。[32]これらは、前述の枢密院と同様の兼職要望論である。

また、川崎巳之太郎は「内田（信也）、岸（信介）両議員ノ如ク事務官吏ト為リタル為議員ノ職ヲ失ハシムルハ適当ナラズ、応召議員ノ失職制ト共ニ此等ノ制ニ付キテモ此ノ際再検討スル考ナキヤ」と質問している。[33]内田は七月一日に宮城県知事就任のため、岸は一〇月八日に商工次官就任のため、議員を辞職した。それは、選挙法第一〇条「官吏及待遇官吏ハ左ニ掲クル者ヲ除クノ外在職中議員ト相兼ネルコトヲ得ス」が、衆議院議員と「国務大臣」「内閣書記官長」「法制局長官」「各省政務次官」「各省参与官」「内閣総理大臣秘書官」「各省秘書官」以外の官吏の兼職を禁じていたためであった。なお、貴族院令に同様の規定はない。つまり川崎は、議員の失職を問題とするなら、召集だけでなく官吏就任も忘れてはならないと兼職要望論の拡大を図っているのである。

この背景には、翼政における行政参与論の高まりがあったと思われる。一〇月二七日の衆議院復職法案外一件委員会において、蠟山政道は「恐らく議員の総てが（中略）広く従軍其の他官職（軍人以外の官吏）をも戦時非常の特例としてなし得るやうな途が開かれるのが当然ではないかと云ふ観念を皆持つて居る」、「（議員と官吏の兼職が許されないのは、」総動員態勢〔中略〕を強化しなければならない事態に於て、どうも是は拙いと云ふやうな〔中略〕疑ひが残って居る」と発言している。このように翼政は、選挙法第一〇条の特例により議員と官吏を兼職して行政機構に進出することで、翼政主導の官吏制度再編を実現しようとしていたのである。

さらに一〇月二五日、翼政は衆議院予算総会室で復職法案の事前審査を実施した。そこで、田子一民は南・中島・川崎の意見を整理・集約して、次のように発言している。

1、本案ハ憲法第三十五条ニ所謂「選挙法」ノ範疇ニ入ルヤ

2、本案ハ憲法第三十五条ニ所謂「公選」ニ反スルモノニ非ズヤ

3、衆議院議員モ貴族院議員ト同ジク軍人及官吏ヲ兼ネシムルコトトシテハ如何(34)

復職法案は、憲法第三五条の「選挙法」に該当するのか（「1」）、仮に該当するにしても、復職法案の無選挙復職規程と憲法第三五条の公選規程は、矛盾するのではないか（「2」）、これらから復職法案は違憲の疑いが大きい。そうであるなら、召集解除後の復職ではなく召集中の兼職を認めるべきではないか。議員と軍人の兼職を認めるなら、議員と官吏の兼職も認めるべきではないか（「3」）。このような田子の論理構成から、翼政は無選挙復職違憲論に依拠して復職法案を批判することで、議員と官吏の兼職を射程に入れた兼職要望論を正当化しようとしていたといえよう。兼職要望論と無選挙復職違憲論は、枢密院においては独立の関係にあった。一方、翼政においては目的と手段の関係に組み換えられたのである。

ここで注意すべきは、前述した地方議会議員の復職に関する「昭和十三年法律第八十四号」（「支那事変ニ際シ召集中ノ者ノ選挙権被選挙権等ニ関スル法律」）を七三議会に提案したのは、政府でなく衆議院だったことである。はじめ三法案が各政党（民政党・政友会、社会大衆党、国民同盟）から提出され、のち統合されて可決された。三月一〇日の本会議

において、立川平〔政友会〕は法案の趣旨を「此点〔地方議会議員が召集時に失職すること〕に関して根本的に法律を改正致しますることは中々容易ではありませぬ、故に今次事変に対応する為に、便法として此単行法を提出したのであります」すと説明している。(35) ここで、地方議会議員の無選挙復職は問題にされていない。それから約五年後、政府が「昭和十三年法律第八十四号」と同内容の復職法案を立案したとき、翼政は議員と官吏の兼職を実現するため、無選挙復職を違憲論という形で意図的・戦略的に問題化したのであった。

この事前審査と併行して、田子たちは「衆議院議員選挙法戦時特例ニ関スル法律案」〔以下、特例法案〕を作成し、その議会提出を検討していた。第一条は、「衆議院議員ニシテ大東亜戦争ニ際シ召集中ノ者ニ付テハ衆議院議員選挙法第七条第二項被選挙権ニ関スル規定ハ之ヲ適用セス」で、選挙法第七条第二項の適用除外により議員と軍人の兼職を、第二条は、「衆議院議員選挙法第十条ノ規定ハ大東亜戦争終了ニ至ルマテハ之ヲ適用セス」で、選挙法第一〇条の適用停止により議員と官吏の兼職を、それぞれ認めるものであった。(36) 翼政は政府に特例法案の提出をちらつかせることで、議会の復職法案審議を優位に進めようとしていたのである。

このように復職法案の事前審査の過程で、翼政は目的としての兼職要望論、手段としての無選挙復職違憲論を明確化していった。これに対する政府の見解は、「中島資料」のなかにも記録されていない。しかし、それが翼政の理解を得られるものでなかったことは、森肇の「本案ハ憲法第三十五条ニ所謂公選ニ牴触スト認ム、〔衆議院の〕委員会ニ於テ論議セン」という発言に示されているだろう。(37)

こうして兼職要望論と無選挙復職違憲論をめぐる本格的な論戦は、議会に持ち越されることになった。一〇月二七日の衆議院復職法案外一件委員会において、森が「強ひて之〔前議員の復職〕をやらなければならぬと云ふならば、憲法第三十五条に触れざる方法を以て何とかすることを御考へになる余地はありませぬか」と質問するなど、翼政は目的としての兼職要望論、手段としての無選挙復職違憲論をあらためて展開している。

しかし、政府にとって議員と官吏の兼職を射程に入れた兼職要望論を容認することはできなかった。政府が翼政の要望を容認して、現職議員の次官や知事など政府高官が誕生すれば、既存の官吏制度は、翼政に主導される形で再編されることになりかねない。そこで、政府は兼職要望論と無選挙復職違憲論を切り離して、前者の前提としての後者を崩す戦略を採った。

すなわち、唐沢内務次官は「四年の任期を以て成規の手続を経て当選せられた議員でありまするから、〔中略〕応召解除の暁に於きましては、其の任期中は職に復すると、斯様に規定致しますれば、憲法第三十五条に背くものではない」、森山法制局長官も「応召議員は〔中略〕公選の手続を経て居る立派な有資格者であるのでありますから、〔中略〕公選の効力の継続を法律を以て認めて行くと云ふ風に考へて居るのであります」と発言している。唐沢と森山の認識において、議員は召集されて失職しても、その資格は継続しているのであった。ここから、議員の職務と資格を区別する論理を析出することができるだろう。この論理を採用することで政府は、議員の復職は継続中の資格に基づいており、復職法案は違憲にあたらないと主張したのである。

では、なぜ政府は兼職要望論そのものに反論しなかったのだろうか。前述したように枢密院の審査において、林顧問官が兼職要望論を唱えた際、森山は「衆議院ノ地位ノ優越性」を説いた。そうであれば衆議院の審議においても、議会政治の中心は国民代表としての衆議院である、だからこそ衆議院議員は自らの職務に専念しなければならないと訴えて、翼政の自尊心をくすぐる方法もあったはずである。にもかかわらず政府が議会で「衆議院ノ地位ノ優越性」を主張しなかったのは、貴族院に遠慮していたからだろう。いうまでもなく、ここで「優越」は、衆議院の貴族院に対する「優越」を意味する。このような兼職要望論への反論に、衆議院の理解は得られても貴族院の理解は得られない。したがって政府は、あえて議論の対象を無選挙復職違憲論に限定したものと思われる。

さて、唐沢と森山の発言に対して、森は「衆議院議員が憲法に基かずして議員資格が与へらるべき道理はありませぬ」と反論している。森の認識において、議員が失職すれば同時にその資格も消滅するのであり、前議員が資格を回復するには再度選挙に立候補して当選する以外にないのであった。このように翼政は、議員の職務と資格を区別する政府の論理を受容しようとしなかった。

もっとも、翼政の主張どおりに議員が軍人を兼職したとしても、戦地の議員が職務を執行する、例えば議会に出席することは物理的に困難だろう。そうすると、戦地の議員が実際に保持している議員としての要素は、職務ではなく資格ということになる。その意味において、翼政は政府の論理を受容し、無選挙復職違憲論を撤回してもよいはずである。では、翼政はなぜそうしなかったのだろうか。

それは、翼政の兼職要望論が議員と軍人の兼職のみでなく、議員と官吏の兼職も射程に入れていたからであると思われる。議員と官吏の兼職要望論において、翼政は行政機構への進出、翼政の主導による官吏制度の再編を企図していた。その企図は、翼政出身者が官吏在職中、議員の職務を執行できないのであれば、議員の資格を継続していても実現されたとはいえないのである。もし、翼政が議員と軍人の関係において議員の職務と資格を区別する論理を認めれば、政府は議員と官吏の関係においても同じ論理を唱えてくる可能性がある。それを翼政は警戒していたのではないだろうか。こうして兼職要望論と無選挙復職違憲論をめぐる翼政と政府の論戦は、平行線をたどることになった。

このような状況のなか、譲歩したのは政府であった。復職法案が成立しなければ、内務省は「兵政分離の原則」を主張する陸軍省に配慮しつつ、補欠選挙に関する事務の増大を抑制する、議員の失職に対する議会の反発を回避するという当初の目的を達成できなくなるだろう。そこで約二時間の休憩の後、東条英機首相が自ら発言を求めて、「之

（無選挙復職）に関しましては色々と御議論もあらうかとは存じますが、是等に付きましては篤と今後とも研究すること致したいと存ずるのであります」と述べ、無選挙復職違憲論に理解を示した。これを受けて、蠟山が「衆議院議員を帝国議会の一員として国家の用に応ぜしむると云ふことは、目下喫緊の要務である」と質したのに対し、東条首相は「今御述べになりました点御尤もと存ずるのであります」、「十分に国家の為に各種の方面に御活動願ひたいと考へて居ります」と答えた。このように政府は、将来、議員と官吏の兼職を容認する可能性を示唆することで、翼政に復職法案を可決するよう要請したのである。(38)

この政府の譲歩によって、復職法案は一〇月二八日に衆議院本会議、次いで貴族院本会議で可決された（公布・施行は一〇月三一日）。なお、一〇月二八日の貴族院の復職法案特別委員会においても、兼職要望論や無選挙復職違憲論が展開されたが、新しい論点は基本的に提示されなかった。すでに衆議院において、政府と翼政の合意が成立していたためと思われる。こうして、召集と同時に失職するが召集解除と同時に復職する、「応召代議士」なる存在が創出されたのである。

五　復職法の運用

では、復職法は、どのように運用されたのだろうか。はじめに述べたように、衆議院議員の召集は一三名に対して行われた。そのうち一〇名が生還した。召集解除後、復職法によって九名が復職したが、一名（間宮成吉）は復職しなかった。その理由は、復員が衆議院解散後だったためである（前掲表13参照）。ここでは、「協賛」と「統帥」の関係において復職法の運用がどのように機能していたのか、福家俊一と中谷武世（即日帰郷のため表13に記載なし）の事例を検討してみたい[39]。なお、復職法案の議会審議のなかで、どのような議員を召集するのか、また彼らは召集（失職）中どのように処遇されるのかといった問題は、「統帥」に関係するためか議論されていなかった。

まず福家について。大木操衆議院書記官長は、戦後、福家俊一・有馬英治・浜田尚友の召集を「内閣筋からの政略的狙い打ち」と回想している。八一議会における市制中改正法律案・町村制中改正法律案の審議にあたって[40]、彼らを含む翼政非主流は、「同法案は内務官僚の権力増強案であると断じて反対気勢を盛り上げ、当面の責任者湯沢三千男内相を議会閉会後辞任させることを条件として通過という大波乱を巻き起し、東条首相を激怒させた」。そこに三人に対する召集の「深い原因が潜んでいた」[41]。

こうして福家は一二月一日、香川県丸亀市の西部第三二部隊第四中隊に入営、一二月一七日、洞庭湖北畔・蕉山河市の第四〇師団歩兵第二三四連隊第一〇中隊に入隊した[42]。実はこのとき、福家は二通の書簡を大木に送り、「代議士二等兵」の肉体的・精神的苦痛を訴え、衆議院事務局と陸軍省で協議して自分を帰還させるか進級・転属させるよう求めている[43]。そのなかに次のような一節がある。

兵隊さんは非常に感激してくれてゐます　然しその反面二等兵として私達と共にゐるより早く帰って銃後で働いて下さい　それまでは砲弾には当てられん　俺達の申訳がたたんと言ってくれ表向は上官として呼び棄てですが陰では先生〳〵と何んでもの相談や身の上話しに来ます　まあ部隊の兵隊の顧問格ですね[44]

このように、兵士たちは福家を「代議士」「先生」と認識していた。「応召代議士」の創出にあたって、翼政は議員と軍人の兼職を求めたが、陸軍省は「兵政分離の原則」を唱えて兼職を認めなかったため、復職法が制定された。しかし、兵士たちの関心は、「兵政分離の原則」にも復職法にもなかったのである。つまり「応召代議士」は、議会の議論と兵隊の認識の重層性のなかで創出されていた。兵士たちの認識において、「兵政分離の原則」や復職法は機能しておらず、「応召代議士」は議員と軍人を兼職していたのである。なお、この後、書簡が奏功したのか、福家は一九四四年四月には第四〇師団宣伝班長に就任し、五月には陸軍一等兵に進級している。さらに、一二月には陸軍上等兵に進級すると同時に湖南省長沙軍政部政務宣伝班長に就任している(45)。

次に中谷武世について。中谷の経歴を表13にならって示しておくと、会派は翼政、生年・学歴は一八九八年・東京帝大卒、選挙区・当選回数は和歌山一区・当選一回、階級は陸軍歩兵少尉である(46)。

中谷に召集令状が届いたのは、一九四五年一月二二日のことであった。当時、中谷は政府と翼政主流の協調に批判的な立場から、赤城宗徳・小山亮・永山忠則・橋本欣五郎らとともに、翼政を解消する形で新党を結成しようとしていた。戦後、中谷は「翼政会叩きこわしの新党運動を始めた矢先のことではあり、政治召集、謀略召集という疑惑が、同志代議士の間に起った」と回想している(47)。

もっとも、ここで重要なのは、前述の一三名の召集と中谷の召集の差異である。すなわち一三名の召集が議会の会期外の召集であったのに対して、中谷の召集は八六議会の会期中の召集であった。中谷の言葉を借りれば、「国会審議中の議員に召集令状の来たことは空前のこと」だったのである。そして、このことは、「国会の全議員にかなりの衝動を与えたらしく、議員の審議権に関する憲法上の問題でもあるとして、議員の間に論議を呼ぶこととなった(48)」。

中谷のいう「議員の審議権に関する憲法上の問題」が、どのような問題であったかを具体的に考える手掛かりは、大木の日記（一九四五年一月二四日条）にある。

午前七時半頃、小山亮代議士より電話、中谷武世氏召集令状来るの通知あり〔中略〕。

九時登院、多数代議士来訪、会期中召集令状の効力問題、統帥（動員）と国務（議員としての審議権）の関係等々議論あり。委員会に於て質問せむと云う。本領〔信治郎〕氏熱心なり。〔中略〕開院式に卿等慎重審議協賛の任を竭せよと云う御勅語と、統帥による召集の勅命と二途に賜わることとなり、臣下として何れに服するや迷わしめるような輔弼状態を遺憾とする。(49)

このように、中谷の召集をとおして、議員は「開院勅語」と「召集令状」を同時に受けたとき、どちらに従えばよいのかという問題が問われることになった。本領や大木の理解によれば、議会の開会中に議員を召集することは、天皇の国務大権（憲法第七条「天皇ハ帝国議会ヲ召集シ其ノ開会閉会停会及衆議院ノ解散ヲ命ス」）ならびに議会の協賛権（同第三七条「凡テ法律ハ帝国議会ノ協賛ヲ経ルヲ要ス」）と、天皇の統帥大権の関係に矛盾を発生させることになる。そこに、彼らは「憲法上の問題」を看取したのであった。

この問題を議会が批判することを、陸軍は予想していたはずである。では、なぜ陸軍はあえて中谷を召集したのか。おそらく、その意図は中谷の失職まで踏み込まないで、彼らの新党運動に警告を与えることにあったと思われる。事実、中谷は一月二五日に東京を出発、和歌山の歩兵第六一連隊に赴き軍医の診断を受けたところ、軍医は「肥満体のため第一線の小隊長には不適格」という診断を下した。これを受けて連隊幹部と第四師団司令部は、それぞれ協議した結果、「中谷少尉は体格不適格のため、即日帰郷」と決定した。(50)

こうして中谷は失職しないで帰京したため、「憲法上の問題」が現実化することはなかった。とはいえ中谷の事例は、復職法が議会の会期外における議員の召集・失職を暗黙の了解として成り立っていたことを示すものであった。復職法のもとでも、議員の召集をめぐる議会と政府の対立が再発し、先鋭化する可能性は依然、残されていたのである。

おわりに

以上、本章は「応召代議士」がなぜ、どのように創出されたのか、陸軍動員計画令と議院法・選挙法の運用、復職法の制定と運用をとおして考察してきた。さいごに、論点をまとめて結論を示しておく。

衆議院議員は、陸軍動員計画令の「戦時召集延期者」であった。その議員が召集されたのは、陸軍省が学徒出陣をはじめとする「国民動員」の強化に対応して、議員の召集延期を解除したからであった。しかし、議員は議院法と選挙法の規定により召集時に失職することになっていた。そこで内務省は、補欠選挙に関する事務の増大の抑制、議員の失職に対する議会の反発の回避を意図して、議員は召集時に失職するが解除時に復職すると規定する復職法案を立案した。内務省としては、選挙法の改正、特例法の制定によって、議員と軍人の兼職を認める方法もあったが、陸軍が議会の党派対立を抱え込むことを不安視する陸軍省に配慮して、復職法案を採用したのである。これを受けて復職法案を審査した枢密院では、貴族院議員や官吏・会社員などと同様に衆議院議員と軍人の兼職を求める兼職要望論と、復職法案と憲法第三五条の矛盾を訴える無選挙復職違憲論が提示された。

一方、翼政は、召集などの理由で欠員が増えて議会の運営に支障が出ること、ある選挙区に失職者が偏って議会の構成に不公平が生じること、つまり「応召代議士」の存在が「国民代表」としての議会の原理や機能を破壊する可能性を危惧していた。もっとも、「国民動員」の強化のなかで、議員に対する召集自体を非難し拒絶することは困難であった。したがって翼政は、国民の先頭に立って国民の義務・兵役を果たす「応召代議士」をアピールしようと試みた。さらに、無選挙復職違憲論に依拠して復職法案を批判し、議員と官吏の兼職を射程に入れた兼職要望論の実現を目指したのである。これに対して、政府は翼政主導の官吏制度再編を警戒して、翼政の兼職要望論を拒否したが、将来、議員と官吏の兼職を容認する可能性を示唆した。こうして翼政と政府の妥協が成立し、「応召代議士」が創出されたのである。

このように、従来、衆議院議員の召集延期をとおして相互に干渉しない関係にあった「協賛」と「統帥」は、議員の召集によって「協賛」が「統帥」に、議員と軍人の兼職論によって「統帥」が「協賛」に脅かされる構図となって不安定化していった。この問題の解決が復職法の制定という方向で図られるなか、翼政は無選挙復職違憲論を突破口として議員と官吏を兼職する形で「国務」に進出するための拠点を確保した。すなわち翼政と政府は、不安定化する「協賛」と「統帥」の関係を、「協賛」と「統帥」の関係から「協賛」「統帥」「国務」の関係に拡大して調整することにより、ひとまず均衡化したのである。もっとも、その均衡は、陸軍が議員をどのように召集するか（例えば、議会の会期中か否か）、あるいは政府が議員と官吏の兼職をどのように具体化するかしだいで崩れてしまいかねない、微妙な状況のうえに築かれたものであった。

本章で考察した一九四三年一〇月の「応召代議士」の創出が、戦局の悪化が議席を蝕んだ結果とすれば、一九四五年六月の戦時緊急措置法の制定は、さらなる戦局の悪化（「超非常時」化）が議場を覆った結果といえよう。戦時緊急措置法は、議会の召集不能という事態を想定した委任立法であった。この法案の成立過程において、憲法第三一条・非常大権の発動が議論され、「協賛」「統帥」「国務」の関係があらためてクローズアップされることになった。この問題については、次章で論じたい。

註

（1）「第八十三回帝国議会衆議院議事速記録第二号」（『帝国議会衆議院議事速記録』七九、東京大学出版会、一九八五年）。

（2）古川隆久『戦時議会』（吉川弘文館、二〇〇一年）二三四頁。
（3）内藤一成『貴族院』（同成社、二〇〇八年）一九八頁。
（4）『帝国議会衆議院委員会議録　昭和篇』一四八（東京大学出版会、一九九九年）。
（5）「兵政分離」の基本的な意味は、「平戦両時を通じ統帥権を一般国務の外に独立せしめ」ることであった（池田純久『軍事行政』常磐書房、一九三四年、一二頁）。この原則のもとでの戦争指導のあり方、「政戦両略の一致」をめぐる模索に注目した研究として、加藤陽子「大日本帝国憲法下の戦争指導」（長谷部恭男ほか編『岩波講座　憲法6　憲法と時間』岩波書店、二〇〇七年）参照。
（6）防衛研究所図書館所蔵「軍令陸甲第四十六号　陸軍動員計画令〔一九四三年五月一七日施行・八月一日実施〕」（中央／軍事行政　動員・編成／五三）。「召集免除と延期」の制度的概要については、秦郁彦編『日本陸海軍総合事典［第2版］』（東京大学出版会、二〇〇五年）参照。
（7）代表的な研究として、粟屋憲太郎『昭和の政党』（小学館、一九八八年、初出一九八三年）参照。
（8）玉井清「東條内閣の一考察―大麻唯男を中心に―」（大麻唯男伝記研究会編『大麻唯男―論文編』櫻田会、一九九六年、初出一九八九年）、矢野信幸「翼賛政治体制下の議会勢力と新党運動」（伊藤隆編『日本近代史の再構築』山川出版社、一九九三年）、村瀬信一『帝国議会改革論』（吉川弘文館、一九九七年）など参照。
（9）古川隆久「戦時議会の再検討」（『昭和戦中期の議会と行政』吉川弘文館、二〇〇五年）六二〜六三頁。
（10）前掲「陸軍動員計画令」。
（11）前掲『帝国議会衆議院議事速記録』七九。
（12）「現情勢下ニ於ケル国政運営要綱」（国立公文書館所蔵「昭和十八年　公文別録　内閣六　現情勢下ニ於ケル国政運営要綱右要綱ニ基ク措置案」二A／一／別二三七）。
（13）学徒出陣については、蜷川壽惠『学徒出陣　戦争と青春』（吉川弘文館、一九九八年）参照。一〇月二一日、学徒出陣壮行大会が神宮外苑競技場で開催された。
（14）大江志乃夫監修・解説『十五年戦争極秘資料集　第九集　支那事変大東亜戦争間動員概史』（不二出版、一九八八年）三〇頁。改称は一九四三年五月の陸軍動員計画令改正による。

(15) 陸軍省「軍自体ニ於テ処理スヘキ事項（統帥関係及陸海軍関係事項ヲ除ク）昭和一八、九、二五」（前掲「現情勢下ニ於ケル国政運営要綱　右要綱ニ基ク措置案」）。
(16)「衆議院議員ニシテ大東亜戦争ニ際シ召集中ナルニ因リ其ノ職ヲ失ヒタルモノノ補闕及復職ニ関スル法律案」（国立公文書館所蔵「公文類聚　昭和十八年　巻二」二A／一二／類二六七〇）。
(17)「「衆議院議員ニシテ大東亜戦争ニ際シ召集中ナルニ因リ其ノ職ヲ失ヒタルモノノ補闕及復職ニ関スル法律案」ノ提案趣旨ノ説明（枢密院）」（「中島資料」）。
(18)「予想セラルル質議ニ対シ当方ノ意見左ノ通デス」（「中島資料」）。
(19)「衆議院議員ニシテ大東亜戦争ニ際シ召集中ナルニ因リ其ノ職ヲ失ヒタルモノノ補闕及復職等ニ関スル法律案」（前掲「公文類聚　昭和十八年　巻二」）。
(20) 前掲『軍事行政』一八頁。本書の刊行時、執筆者の池田純久は陸軍省軍務局軍事課員であった。
(21) 以下の引用は、とくに断らない限り、国立公文書館所蔵「委員会録　昭和十八年」（二A／一五—七／枢B二九）による。
(22)「枢密院精査委員会ニ於ケル審議要旨」（「中島資料」）。
(23)「応召議員ニ関スル調（一八、一〇、一現在）」（「中島資料」）によれば、一九四三年一〇月一日の時点で市会議員・区会議員・町村会議員・府県会議員のうち、過去に応召によって失職した者は一六九四名、そのうち、復職した者は一三〇四名、応召中の者は六四五名であった。
(24)『枢密院会議議事録』九五（東京大学出版会、一九九六年）。
(25) 以下の引用は、とくに断らない限り、前掲『帝国議会衆議院委員会議録　昭和篇』一四八による。
(26) この兵役法改正については、加藤陽子『徴兵制と近代日本』（吉川弘文館、一九九六年）二四八〜二五五頁参照。
(27)「応召ニ因リ失職シタルモノノ補闕ヲ一切行ハザルコトトスレバ闕員ノ数多クナリ議員ノ現在数ガ例ヘバ総員ノ三分ノ二ヲ割ル場合ヲ生ジ衆議院ノ機能上支障ヲ生ズル虞ナキヤ」余白（「中島資料」）。なお、ここでの応召者六名は、小山田義孝・間宮成吉・愛野時一郎・有馬英治・浜田尚友・黒田巌を指すが、黒田は「即日帰郷」となったため、失職に至らなかった（「五応召議員に祝辞」『朝日新聞』一九四三年一〇月二七日付夕刊）。
(28)「本件ニ付議院側ヨリ内務省地方局ニ対シ内示アリタル意見（一九、一二、二八、宮内参事官）」（国立公文書館所蔵「公

文類聚　昭和二十年　巻二」二A／一三／類二八八六）。
(29)　有光次郎『有光次郎日記』（第一法規出版、一九八九年）六七九頁。
(30)　「議席を飾る日の丸」（『朝日新聞』一九四三年一〇月二五日付夕刊）。
(31)　例えば、「議席飾る「応召名札」」（『毎日新聞』一九四三年一〇月二五日付夕刊）、「議席に日の丸名札」（『読売報知』一九四三年一〇月二五日付）。
(32)　「翼賛政治会ニ於ケル質議要旨　一八、一〇、二一、翼政会本部」（「中島資料」）。
(33)　前掲「翼賛政治会ニ於ケル質議要旨　一八、一〇、二一、翼政会本部」。
(34)　「衆議院法案事前審査　一八、一〇、二五、於衆議院予算総会室」（「中島資料」）。
(35)　『帝国議会衆議院議事速記録』七一（東京大学出版会、一九八四年）。
(36)　「衆議院議員選挙法戦時特例ニ関スル法律案（修正案）」（「中島資料」）。
(37)　前掲「衆議院法案事前審査　一八、一〇、二五、於衆議院予算総会室」。
(38)　議員と官吏の兼職は、一九四五年六月公布・施行の「衆議院議員選挙法第十条ノ特例ニ関スル法律」によって制度化された。
(39)　一三人の「応召代議士」がどのような経緯で失職・復職したのか、どのような「戦地」を経験したのかは非常に興味深い問題である。この問題については、拙稿「「応召代議士」をめぐる前線と銃後—濱田尚友の場合—」（『年報・日本現代史』第一六号、二〇一一年）など参照。
(40)　八一議会の地方制度改正案をめぐる政治過程については、古川前掲書一九三～一九六頁参照。
(41)　大木操『激動の衆議院秘話』（第一法規出版、一九八〇年）三七四～三七五頁。「政治召集」としては、ほかに新名丈夫（毎日新聞記者）・松前重義（通信院工務局長・防衛通信施設局長）の例が有名である（例えば、東京12チャンネル報道部編『証言　私の昭和史』四、学芸書林、一九六九年など）。現在、彼らの召集は、「東条首相の怒りをかって」という定型句によって説明される。もっとも、「政治召集」が首相個人の意思で可能だったかについては、陸軍の召集事務の制度と実態という文脈のなかで、あらためて検討する必要があるだろう。
(42)　山田竹系『ひげの代議士二等兵』（大泉書店、一九七二年）。本書は福家の伝記的小説である。

(43) 「福家俊一書翰」(国立国会図書館憲政資料室所蔵「大木操関係文書」二一四)。一通は、欄外の日付から一九四三年一二月に、もう一通は、本文と欄外の日付から一九四四年三月三日に執筆されたと推定される。大木は、『激動の衆議院秘話』のなかで一九四三年一二月付の書簡の一部を引用しているが、帰還・進級・転属の要請という書簡の基調に言及していない(三七三〜三七四頁)。同書が刊行された一九八〇年一〇月、福家は現役の政治家として活動していた。実際、同年六月の総選挙では落選を喫したが、一九八三年一二月の総選挙では再度当選を果たしている。そうすると大木は、福家の名誉に配慮して書簡の基調に言及しなかったのではないだろうか。

(44) 前掲「福家俊一書翰」一九四三年一二月付。

(45) 前掲『ひげの代議士二等兵』参照。

(46) 衆議院・参議院編『議会制度百年史 院内会派編 衆議院の部』『同 衆議院議員名鑑』(大蔵省印刷局、一九九〇年)。

(47) 中谷武世『戦時議会史』(民族と政治社、一九七四年)二六九〜二七〇頁。

(48) 前掲『戦時議会史』二七二頁。

(49) 大木操『大木日記―終戦時の帝国議会―』(朝日新聞社、一九六九年)一六四頁。

(50) 前掲『戦時議会史』二七四頁。

第二章　「超非常時」の憲法と議会
――戦時緊急措置法の成立過程――

はじめに

議会の召集が不可能になったらどうするか。この問題は、近代日本の明治憲法下、戦時緊急措置法の成立過程においてリアリティーを帯びたことがある。戦時緊急措置法案は、太平洋戦争末期、本土決戦が予想され、内外情勢の「超非常時」化が認識されるなか、第八七回帝国議会（会期一九四五年六月九～一二日）によって審議された。法案の趣旨について、鈴木貫太郎首相は「法律を以て規定するを要する事項に関しましても、事情の急進に依つて事実上帝国議会を召集し得ぬこともあるのでありま」すと説明している。(1)

法案の第一条では、「大東亜戦争」に際して国家の危急を克服する緊急の必要があるとき、政府は他の法令の規定にかかわらず「応機の措置」を講ずるため、必要な命令を発し処分をなすことができるとされた。その対象として七項目、すなわち「軍需生産の維持及増強」「食糧其の他生活必需物資の確保」「運輸通信の維持及増強」「防衛の強化及秩序の維持」「税制の適正化」「戦災の善後措置」「其の他戦力の集中発揮に必要なる事項にして勅令を以て指定するもの」が掲げられている。第二条では損失に対する補償、第三条では違反者などに対する罰則が規定された。第四条では、第一条の規定に基づく重要な措置について、政府は戦時緊急措置委員会に「報告」すべしとされた(2)。

従来の研究は、戦時緊急措置法が本土決戦に向けた「究極的な授権立法」であったこと(3)、法案の成立を目指す政府に対して、衆議院と貴族院が議会の権限を維持するために、戦時緊急措置法案と憲法第三一条の関係を問題として抵抗したこと(4)、を指摘している。憲法第三一条は、いわゆる非常大権に関する規程で、その条文は、「本章〔第二章「臣民権利義務」〕ニ掲ケタル条規ハ戦時又ハ国家事変ノ場合ニ於テ天皇大権ノ施行ヲ妨クルコトナシ」である。

この憲法第三一条と戦時緊急措置法案の関係について、議会が問題化した論点は、二つに大別することができる。すなわち戦時緊急措置法案は非常大権に抵触するから違憲ではないかと唱える法案の違憲論と、政府は戦時緊急措置法案を撤回し、非常大権を発動せよと求める大権の発動論である。この法案違憲論と大権発動論は、従来の研究において、議会の戦時緊急措置法案への抵抗という文脈のなかで一括りにされてきたように思われる。

これに対して本章が注目したいのは、非常大権発動論が議会審議の基調だったことである。もとより法案違憲論と大権発動論は、法案の否定の論理を共有してはいる。とはいえ両者のあいだには、大きな差異が存在していた。それは、非常大権発動論が法案の否定にとどまらず、法案の命題——議会の召集が不可能になったらどうするか——のオルタナティヴとしても作動しえたことである。そうであるなら、非常大権発動論の構造を理解することによって、「超非常時」下の憲法における議会の位置、政治体制のあり方という問題系に接近することが可能となるだろう。このような関心から、以下、「一」では戦時緊急措置法案の立案を、「二」と「三」では法案の議会審議を考察してみたい。

一 戦時緊急措置法案の立案

八七議会において、鈴木首相は、戦時緊急措置法案が議会の召集不能という事態を想定したものであると説明していた。もっとも、そうした事態の対策として、政府は事前に複数の選択肢を検討していたようである。五月一六日、大木操衆議院書記官長は、岡田忠彦厚相（前衆議院議長・大日本政治会）からもたらされた情報を箇条書きにしている。岡田の入閣には、大日本政治会（日政）と政府のあいだの調整役としての意味合いがあった。したがって、この情報は政府と日政が検討していた対策の概要といってよいだろう。

一、戒厳令の法律的価値、全国戒厳の場合国務大臣の輔弼の問題が如何なるか、浮いてしまう。

二、明治十五年の太政官布告なれば、整備して完全なる法律に改正するの要あり。

〔中略〕

四、非常大権との関係は如何、これは先例もなし、未だ発動したことなし、学術振興会の答申ある筈、議会の承諾も要らぬ、国務大臣の輔弼が如何なる形に於て行われるか、研究せぬと判らぬ。

五、陸軍は緊急勅令でやりたい意向のようだが、私は議会にかけて法律でやれと云っている(5)。

ここから、政府と日政が議会の召集不能という事態のために共有していた三つの選択肢を窺い知ることができよう。すなわち①憲法第一四条の戒厳大権の発動、②第三一条の非常大権の発動、③委任立法の制定である。それぞれ基本事項を確認しておこう。

まず、①戒厳大権の発動について。憲法第一四条には、「天皇ハ戒厳ヲ宣告ス　戒厳ノ要件及効力ハ法律ヲ以テ之ヲ定ム」とある。この「法律」は、一八八二年の太政官布告第三六号の戒厳令である。戒厳令は、対象地域を「臨戦地境」と「合囲地境」の二種類に区別する。前者は戦時もしくは事変に際して警戒すべき区域であり、後者は敵に包囲・攻撃されている地域である。「臨戦地境」の戒厳は、軍事に関係のある事柄について、その地域内の地方行政事務と司法事務が軍司令官の管掌となる。また、「合囲地境」の戒厳は、すべての地方行政事務と司法事務が軍司令官の管掌となる。(6)

岡田は戒厳大権の発動には二つの問題があるという。一つは、戒厳令が憲法制定以前の太政官布告であり、現在の状況に適用するには、法律の改正が必要であること。いま一つは、「全国戒厳の場合」の「国務大臣の輔弼」は、いかにあるべきかということである。「全国戒厳」は、「臨戦地境」と「合囲地境」が単独的ないし複合的に日本全土に設定された状態を意味するだろう。なお、陸軍が検討していた「緊急勅令」は、通常の緊急勅令なのか、二・二六事件などのいわゆる行政戒厳なのか、この文脈では特定できない。

次に、②非常大権の発動について。政府は、非常大権の発動に関して日本学術振興会（学振）に諮問したようである。学振では、一九四四年四月から一九四六年三月にかけて、宮沢俊義（東京帝国大学教授）を委員長とする小委員会が、「国家非常体制法に関する研究」をテーマにした活動を進めていた。(7) もっとも、学振の年報には「昭和二〇年度ニ於テハ敗戦ノ過渡期ニアリ（関係当局に）建議上申シタ事項ハ無イ」と記されており、(8) 学振の答申が実際に行われたかは判然としない。

ここで注目すべきは、①戒厳大権の発動と②非常大権の発動にあたって、国務大臣の輔弼が共通した問題になっていることである。その理由を理解するには、大石義雄（和歌山高等商業学校講師）の論文が参考になる。(9)

大石は佐々木惣一の学統に位置するとされる。(10) 一九三八年の時点で、「非常大権の発動によつて、憲法第二章の自由の保障が一時的に停止せられるだけでなく、憲法第二章の立法事項が大権の管轄に移行する〔中略〕ことを明瞭に主張してゐるのは、佐々木博士であ」った。[11] そうすると、大石は佐々木の学説をさらに進めて、非常大権の理論的深化を試みていたといえよう。なお、大石は「非常大権といふときは、狭義に於ける非常大権〔憲法第三一条〕と戒厳大権〔憲法第一四条〕とを含めて意味する」という立場であった。[12]

非常大権作用として為される行為は常に必ず軍事行動即ち統帥行為であるとは限らない。〔中略〕其の統帥行為として現れるときは之に付ては国務大臣の輔弼は存しないが、統帥行為以外の行為として現れるときは、之に付ては常に必ず国務大臣の輔弼が存するものである。此の点に付ては、非常大権統治が狭義に於ける非常大権統治の場合たると、戒厳大権統治の場合たるとに依って異なるものではない。唯戒厳大権統治は兵備を以て警戒することであるから、其の統治の行為は統帥行為たることが多いであらうことはいひ得る。[13]

大石の説明では、非常大権統治と戒厳大権統治は、統帥行為に支配されるのではない。そこには国務大臣の輔弼の領域も一定程度、存在するのであった。ここから推察されるのは、戒厳大権と非常大権の発動にあたって、政府と軍部がそれぞれの権限の範囲を設定しなくてはならなかったことである。国務大臣の輔弼が問題となった理由は、政府と軍部の協調関係に支障ない形で、いかに政府の権限を確保するかという現実的要請に求めることができるだろう。

ところで、②非常大権の発動は明治憲法の多元的な権力構造とも関連する問題であった。[14] 一九四四年のある座談会において、大串兎代夫（教学錬成所錬成官・国学院大学教授）は、「未曾有の大困難に備へるための戦時立憲非常法治体制が考へらるべきではないか」と語っている。[15] そして翌年、大串は学術研究会議第一四部（法律学・政治学部）の「非常大権委員会」を組織し、矢部貞治（東京帝国大学教授）・田中二郎（同）らとともに、[16]「国務ト統帥」を「一体トシテ発動」する「非常大権輔翼ノ中枢機関」、すなわち「最高国防会議」の創設を構想するに至っている。[17]

このように、大串らは国家の危機を克服するために、「国務」と「統帥」の分立状況を問題視していた。そして、内閣と参謀本部・軍令部の政治権力を一元化する方法として、非常大権の発動に基づく「最高国防会議」の創設を摸索していたのであった。そうすると非常大権の発動は、議会の召集不能という文脈と、政治権力の一元化という文脈を併せ持っていたといえよう。

次に、③委任立法の制定について。閣内において委任立法の制定を提唱していたのは、岡田自身であった。彼が日政の代表として入閣していたことに鑑みれば、日政も委任立法を支持していたといってよい。

その意図としては、従来の指摘[18]のほかに戦時緊急措置委員会の機能に関する問題があったと思われる。六月六日、日政の松村謙三幹事長が大木を訪ねてきて、「常置委員会のこと」が話題になった。また、同日、岡田と大木のあいだでも「戦時緊急措置法の話。委員会の運営注意、常置委員に代る性質」について意見が交換された[19]。このように、日政は常置委員会と戦時緊急措置委員会を関連づけて捉えていた。常置委員会は、政党内閣崩壊前後の時期から、議会の権限強化の方策として、ことあるごとに提唱されていたものである[20]。日政は、今回を最後に議会が召集不能になるという想定のもと、戦時緊急措置委員会を常置委員会と読み替えていた。そうすることで、戦時緊急措置委員会に議会の会期外活動の機能を付与することを企図していた、といえよう。

ここまで、三つの選択肢の基本事項について確認してきた。では、そこから政府はどのような過程を経て、戦時緊急措置法を採用し、議会に法案を提出するに至ったのだろうか。つづけて、政府・軍部・議会の動向を検討していこう。

五月二六日、陸軍省と参謀本部の「課長以下」が軍務局長室に参集して戒厳に関して議論したものの、意見は集約されなかった。その様子は、大本営陸軍部戦争指導班の目には「陸軍ノ責任回避的意見ヨリ定マラス」、「第二課長

〔参謀本部・天野正一作戦課長〕ノ無責任ナル態度、軍事課長〔陸軍省・荒尾興功〕ノ反対」と映るものであった。[21]「戒厳令下に於ては、軍による統治が行はれ、司法、行政の常則が変更をうける」という説明を踏まえるなら、[22]戒厳大権統治のもと、軍部は政治運営の中心的な役割を担うはずである。しかし、その陸軍省と参謀本部の、とくに課長クラスが戒厳大権の発動に消極的なのであった。そして、同日の閣僚懇談会で「戒厳ハ不同意」となった。[23]

それはなぜか。本土空襲の激化を受けて、陸軍省と参謀本部は「戒厳の研究」を進めていた。その結果、「戒厳の断行を慎重ならしむる重要素因を発見」するに至っていた。「戒厳研究の着意事項」中、「戒厳の効力の限度」によれば、国家総動員法によって「各種の統制著しく強化せられ、軍需に供し得る物資に対し個人はもちろん府県等においても、何等の処置もなし得ざる状況」になっている。したがって、「戒厳下令時、戒厳司令官より府県等に対し物資に関し命令、指示を与ふるも、統制物資に関しては府県単独にては如何ともなすこと能はず」、「おのおのの戒厳司令官が国家の統制を無視したる命令又は指示を与ふるときは、物資の全国的統制並びに需給計画を破壊し国家総動員の実施に重大なる影響を及ぼすおそれ極めて多し」という。[24]このように、戒厳大権の発動には戒厳令と国家総動員法の整合性という問題が横たわっていたのであった。

おそらくそのために、政府と軍部のあいだでは、既存の法体系の問題に拘束されない非常大権の発動が重点的に検討されている。四月二九日、ドイツの「崩壊ノ報」を受けて、迫水久常内閣書記官長と吉積正雄軍務局長が対応を協議している。そのなかに「第三十一条ノ発動」も含まれていた。[25]

この後、内閣は五月一一日に「第三十一条問題ヲ討議」している。また、二四日には、迫水が鈴木首相に「沖縄作戦ニ伴フ政府ノ施策」に関して「憲法第三十一条ノ発動」などを具申したとの情報が、松谷誠首相秘書官から戦争指導班へともたらされている。一方、戦争指導班は五月七日、森山鋭一〔貴族院議員・元法制局長官〕に意見を聴取、「速カニ発動並ニ之ニ伴フ要措置事項ニ関シ陸軍ノ意志ヲ確定シ政府側ニ提示スルコト」という認識に到達。五月九日、陸相官邸で開催された「陸軍省課長会報」において、「五月下旬ヲ目標トセル超決戦施策（三十一条）ノ件」「和平思想ノ絶滅、臨時議会ノ排撃ノ件」などを報告。また同日、迫水を訪問し「臨時議会不同意ノ旨ヲ伝達」している。(26)

ここで重要なのは、臨時議会召集と非常大権発動の関係である。臨時議会召集は、松村・金光庸夫・田辺七六・内ケ崎作三郎ら日政の幹部によって要求された。(27) 衆議院の動向について、情報局総裁の下村宏は戦後、「政府が今までに無き憲法第三十一条による発動に出たならば、此際議会を開かざるは怪しからぬと怒号し、又開会して〔戦時緊急措置法案の〕提案なくば更にのしかゝって攻撃する事は火を見るより明らかである」と述べている。(28) このように、日政は臨時議会を召集して委任立法を制定するよう、政府に圧力をかけていたのであった。

一方、政府自体、非常大権の発動を検討するなかで慎重論へと傾斜していった。五月三〇日に戦争指導班は、「政府ハ第三十一条ノ非常大権ヲ忌避シ（解釈ノ区々タルニヨル）全権委任法ニヨリ乗リ切ラントスルモノノ如シ」という情報を得ている。(29)「解釈ノ区々」は、非常大権統治における国務大臣の輔弼の問題を中心に、政府部内、政府と軍部の意見の調整が成し遂げられなかったことを意味しているといえよう。

こうして政府は、三つの選択肢のなかから委任立法、すなわち戦時緊急措置法の制定を採用することになったのである。五月三〇日の臨時次官会議では、「「戦時緊急措置ニ関スル件」（全権委任法）ノ研究」が行われ、三一日の次官会議では、「戦時緊急措置ノ件（全権委任法）ヲ概定速カニ法律化シテ議会ニ提出スルコト」でまとまった。(30)

その法案の作成過程については、ある程度、復元することができる。「公文類集〔ママ〕 昭和二十年 巻六」には、戦時緊急措置法案の原案と思われる文書が収められている。日付は「昭和二十年六月六日裁可」とある。戦争指導班によれば、六月四日、「午後三時ヨリ内閣ニ於テ全権委任法ノ審議アリ政府ハ議員ニ迎合シテ修正セルヲ以テ反対ノ意志ヲ表明ス」、五日、「戦時緊急措置法ハ本日ノ閣議ニ於テ昨日ノ意見ノ如ク大臣ヨリ修正。但シ爾後報告ノ件ハ然ラズ。〔中略〕防衛ノ強化及秩序ノ維持カ入リタルタケ結構」とのことである。(31) この情報と原案に記入された挿入と削除を照合してみよう。なお、［　］は挿入を、傍線は削除を示す。

第一条　大東亜戦争ニ際シ国家ノ危急ヲ克服スル為緊急ノ必要アルトキハ政府ハ他ノ法令ノ規定ニ拘ラズ左ノ各号ニ掲グル事項ニ関シ応機ノ措置ヲ講ズル為必要ナル命令ヲ発シ又ハ処分ヲ為スコトヲ得

一　軍需生産ノ維持及増強
二　食料其ノ他生活必需物資ノ確保
三　運輸通信ノ維持及増強
［四　防衛ノ強化及秩序ノ維持］
四　租税負担［税制］ノ適正化
［四［五］防衛ノ強化］
五［六］戦災ノ善後措置
六［七］其ノ他戦力ノ集中発揮ニ必要ナル事項ニシテ勅令ヲ以テ指定スルモノ

〔中略〕

第四条　第一条ノ規定ニ基ク措置ニシテ重要ナルモノニ付テハ政府ハ事後ニ於テ［勅令ノ定ムル所ニ依リ］之ヲ戦時緊急措置委員会ニ報告スベシ

戦時緊急措置委員会ニ関スル規程ハ勅令ヲ以テ之ヲ定ム(32)

もともと原案の第一条でいう「応機ノ措置」の対象に想定されていたのは、六項目であった。しかし、阿南惟幾陸相が「防衛ノ強化及秩序ノ維持」を追加するよう要求したために、七項目に修正されたのである。非常大権も戒厳大権も発動されないとすれば、戦時緊急措置法における軍部の権限は、軍部大臣の輔弼という形で確保されなくてはならなかったわけである。とはいえ、陸軍にはもう一つ不満があった。議会による戦時緊急措置委員会の権限に対する修正要求である。戦争指導班の六月四日と五日の情報を総合すれば、政府の議会への「迎合」が意味するところは、戦時緊急措置委員会の「爾後報告ノ件」、すなわち第四条の「事後ニ於テ」の削除と「勅令ノ定ムル所ニ依リ」の挿入であろう。これにより、戦時緊急措置委員会の「報告」の内容は、単なる事後報告から委員会官制の規定へと解釈の余地が広がったのである。

さらに六月七日の戦争指導班の情報には、「戦時緊急措置法案第四条ハ削除スヘキトコロ昨日来議員ヨリ事前審議ヲ要求シ来ル。政府之ニ同意セントセシモ陸軍大臣ハ之ヲ拒否シ〔閣議において〕議員慰撫ニ関シ岡田〔忠彦〕厚生大臣ニ一任スルコト、ナレリ」とある。(33) ここには、戦時緊急措置委員会をめぐる議会と軍部の関係が端的に示されている。すなわち議会、とりわけ日政は原案を修正することで、戦時緊急措置委員会の権限強化・常置委員会化を摸索していた。これに対して、軍部は原案を維持することで、政府内部に極力完結した法律の運用を志向していたといえよう。

そして戦時緊急措置法案は、原案の挿入と削除を反映させた形で枢密院に諮詢された後、議会に提出された。次に、衆議院と貴族院における審議を検討していこう。

二　非常大権発動論と常置委員会構想――大日本政治会の場合

六月九日、衆議院委員会審議の初日。[34] はじめに質問に立ったのは、日政の作田高太郎であった。初日の質問時間のほとんどは彼に割り当てられていた。したがって、作田が日政の見解を代表していたといってよいだろう。

冒頭、作田は「只今提案理由なり其の他の環境に付て、陸軍大臣、外務大臣から伺つたのでありますが、御述べになつたことは、我々は深く之を諒とするのであります」と述べる。作田の質問に先立って東郷茂徳外相は、秘密会のなかでソ連の対日参戦の恐れや日本と重慶の和平交渉の行き詰まりを率直に語っていた。[35] また、阿南陸相の説明は、次のようなものであった。連合国は沖縄に基地を築いて、本土に決戦を求めてくる。さらに空襲もますます強烈になるだろう。したがって、「今後の戦況の推移は、突発的なる必要に迫らるゝ場合も多いことを考へらるゝのでございまして、一々議会を開いて御審議を御願ひするが如きことは、到底戦局の推移並に実情を考へまする時に於きまして、考へられない次第でございます」。作田は、「深く之を諒」としたのであった。このように日政と政府は、議会の召集が物理的に不可能になるという共通認識を、衆議院の委員会審議において再確認したのである。

ところが、作田は「併し」として、「御述べになつた事自身に依つて、本法制定が已むを得ざるものであると云ふことには、了解が困難であります」とつづける。そして、「短期間の会期と本法案の重要性の矛盾」を追及するなかで、「此の法案を一見して直ちに是が議会機能の停止であり、日本立憲史上時代を画するものでなく、日本立憲政治の事実上の終末を期するが如き重大法案であると云ふことは、誰でも観取し得るのであります」とまで言い切るのである。日政は、戦時緊急措置法案の作成に関与していたはずである。にもかかわらず、なぜ作田は法案を「議会機能の停止」「日本立憲政治の事実上の終末」をもたらすものとまで批判したのだろうか。

その意図は、次の発言に示唆されている。

我々は三十一条に拠るべきものであると言ふ意見を持つて居るけれども、政府が折角出したのであるから、此の法律に依る方が宜いのだ、憲法三十一条より此の立法の方が宜いのだと云ふことを政治的、学術的に後世子孫に残すと同時に、今の事態は国民として成程さうだ、尤もだと認めさすことをおやりにならねばいけないのだと云ふことを前提にして申して居る

政府は、戦時緊急措置法の妥当性を議会の質疑応答をとおして国民や「後世子孫」に説明する義務がある。さしあたり、この作田の発言から窺えることは、彼が政府の説明を公にするために、あえて日政―非常大権、政府―戦時緊急措置法という構図を作ったということである。そうだとすると、その「政治的、学術的」な議論の展開について検討しなくてはならないだろう。

まず、作田と松阪広政法相の応答から確認しよう。作田は、「法律制度に拘らず戦勝を得る為に必要なことはどんどんおやりになつて宜しい」、「其の結論、手続に付て、なぜ之を憲法三十一条に拠つておやりにならぬかと云ふことは、当然生れて来る問題であります」と質問する。これに対して、松阪は次のように答弁した。

戦時事変に際しまして、〔中略〕憲法三十一条に依る大権発動を仰ぐことも固より可能でありませうが、法律を以て定むべき事項は、議会の協賛を経て之を定むることは最も結構で、憲法に是れ亦明記する所でありまして、憲法の精神から申しまして、出来得る限り法律で以て定むべき事項は、議会の協賛を経るのが穏当であると考へます、随て政府は議会を尊重し、憲法を尊び、法律に依るべき事項は法律に依つて規定したいと云ふ趣旨の下に、本法案を提出した次第であります（「をかしいぞ」、「結果は逆だ」と呼ぶ者あり）

戦争に勝利するために、戦時行政はいかに展開されるべきか。その法的な基礎を、ここで日政は憲法第三一条に、政府は戦時緊急措置法に想定している。政府が非常大権発動に踏み切れなかったことは前述した。問題は、戦時緊急措置法の正当化の仕方である。松阪がいうには、本来、法律で規定すべき事項は、議会召集の困難な戦時事変においても法律で「応機ノ措置」を規定しておくべきである、そうした法律を制定することで、憲法と議会は尊重されることになるのであった。もっとも、彌次からも窺えるように両者の議論は嚙み合わない。作田は、「是は法律ではありませぬ、白紙委任状です」と反論する。

作田は、「白紙委任状」批判から、憲法第三一条と戦時緊急措置法の比較へと向かう。

私は政治的に見て一種の責任転嫁だと思ふ（「ヒヤヒヤ」、「そこだ」と呼ぶ者あり）憲法三十一条は自らの責任に於て、政府の責任に於ておやりになる、之を〔戦時緊急措置法によって〕兎に角白紙委任状を取つて居るのだ、国民の信任が我々にあるのだと云ふことは、此の法律から生れる施策、処分、命令に対する責任を議会に半分位転嫁すると云ふことが含まれると云ふ見方が生れて来はしませぬか、問題は政治的に言へばこゝなんです

ここで、作田は「責任」という概念を持ち出している。憲法第三一条の非常大権の発動は、軍事行動を除いて国務大臣の輔弼を必要とする。したがって作田によれば、憲法第三一条の責任は政府に専有されるが、戦時緊急措置法の責任は政府と議会に分有されることになる。これは、政府から議会への「責任転嫁」として、座視できないものなのであった。しかし松阪は、戦時緊急措置法による議会の尊重という立場から、「本法案が三十一条に拠らざる政府の責任回避の如くに仰しやられたのは、政府としては洵に実は心外に存ずるのでございます」と述べ、両者は譲らない。

そこで、作田は松阪の「戦時事変に際しまして、〔中略〕憲法三十一条に依る大権発動を仰ぐことも固より可能」という発言に立ち返る。そして、「三十一条と同じやうな目的を達すると言ふのであるならば、憲法三十一条に言ふ

大権事項を我々は白紙委任状と言ふことに依つて干犯することになりはせぬか」、「憲法違反である」と再度批判を試みている。これに対して、松阪は「固より大権事項と立法事項とは截然たる区別があります、大権事項は勿論、此の立法に依りまして大権を干犯すると言ふ意思は毛頭ありませぬ」と応じている。このように、松阪は「大権事項」と「立法事項」を区別して、「立法事項」の範疇にある戦時緊急措置法が制定されても非常大権を干犯することにはならない、したがって憲法違反ではないという。

この政府の答弁は、あるいは作田の術中に嵌まってしまったといってもよいかもしれない。この「区別」をめぐって、作田は「截然たる区別が何処にある、此の対象は何です、さう言ふ御答弁になつたのでは、之を記録に残す訳にいかぬです」、「どんな学者が見ても、一通り政府の所見として人の前に出される答弁をして貫ひたい、我々はそれ以上追求しないのです」と反論している。ここには、ある方向に議論を誘導しようとする日政の意図が暗示されている。このように衆議院委員会の初日、日政と政府の質疑応答は平行線を辿り、作田の質問に対する答弁は翌日に持ち越された。その日の作田の手帳には、「戦時法第一次質疑ヲ行フ　大成功ノ声ノ下ニ〔午後〕十時前ニ至ル」と記されている。[36] 要求すべきは要求したという散会後の日政の雰囲気を伝えるものであろう。

六月一〇日、衆議院委員会審議の二日目。[37] 作田の質問の答弁に立った鈴木首相は、次のように述べている。

政府が憲法第三十一条の方法を執らずに、敢て本法案を提出致しました趣旨は、憲法第三十一条は議会とは全然無関係なことでありますが、政府の心持と致しましては、何処までも憲法上重要な政治上の機関である議会即ち国民の意思を代表されて居る諸君と共に、謂はば政府と国民と一体となつて、此の非常時局に処して行きたいと考へたのであります

非常大権によって命令や処分が発動された場合、議会が法的に関与することはできない。しかし、政府と国民が

「一体」となるために、国民代表としての議会の協力が必要だ。このように委員会の二日目、政府は戦時緊急措置法を採用した理由を再構成したのである。初日と二日目を比較すれば、今回は議会と国民の関係を背景に、議会の存在意義を強調した論理構成となっている。

そして、その議会の存在意義を担保する方法が戦時緊急措置委員会であった。この点について、鈴木は次のように述べている。

政府の心持は決して責任転嫁ではなく、此の非常時局を乗切るのに、〔中略〕政府が責任を以て事に当ることを予め議会の御承認を得て置く方が宜いと考へたのであります、此の気持でありますればこそ、本法の運用に当っても、〔中略〕戦時緊急措置委員会は、専ら議会関係者を以て組織致しまして、其の意見を聴いて行くと云ふことにしてあるのであります

これは、政府から議会への「責任転嫁」批判に答えたものである。法律は政府の責任において運用する、しかも、議会の「白紙委任状」ではなく事前承認を求めたいという。この事前承認の具体的な内容として、鈴木は「同条〔第四条〕の第二項の勅令に於きまして、政府は事情の許す限り事前に報告することとし、同委員会は政府の報告したる事項に付て調査審議して意見を提出すべきこと、更に同委員会は、本法の施行に関して建議をなし得ることを明確に定める積りで居ったのであります」とつづける。戦時緊急措置委員会の権限に関して、政府は事後の「報告」から事前の「報告」へと改め、勅令の規定にも踏み込むことで、議会の理解を得ようとしたのである。

これらの政府答弁に対して、作田は「御説明は一通りの御説明である、昨日のやうな支離滅裂な場当りの御説明が、漸く本筋に入つたと云ふに留まるのでありま」すとコメントしている。この「本筋」に向かって、日政は議論を誘導しようとしていたのであった。それは、戦時緊急措置法案の可決と引き換えに、どれだけの代償が約束されるかとい

うことである。すなわち日政は、非常大権発動論を唱えることで、政府に対して議会の存在感を誇示し、さらには戦時緊急措置委員会の権限強化・常置委員会化を承諾させることを試みていたといえよう。そうした意味において、日政の非常大権発動論は戦略的ロジックなのであった。

六月一一日、衆議院委員会審議の三日目。日政の清瀬一郎が法案採決前の総括的な質問に立った。そのなかで、清瀬は戦時緊急措置委員会について「立法機関に代る役目をなすもの」と述べて、主に次の五点を質した。すなわち、①委員は貴衆両院議員が占めるのか、官吏・各界代表も含むのか、②議長は政府側と議会側のいずれが務めるのか、③第四条の権限は事後の「報告」ではなく、事前の「諮問」とすべきではないか、④委員会は特定の議案の有無に関わらず、「戦争の推移」「外交情勢」に対する政府と委員会の意見交換のため、議長の召集により開会できるのか、⑤第四条の「報告」の対象となる「重要なるもの（第一条の「命令」「処分」）」は、政府の答弁では「本来此の法律がなかつたならば、帝国議会の議に付さなければならぬやうなもの」とのことであった。しかし、そうした「立法事項」はもちろん、「社会通念上事の重大なもの」なども対象とすべきではないか。[38]

この五点は、いずれも戦時緊急措置委員会が常置委員会化するための要件を構成するものといってよい。さらに戦時緊急措置委員会において、日政が政府提案にとどまらず議会提案の議案や、「立法事項」以外の「命令」「処分」をも審議しようとしていたことは軽視できない。このことから、戦時緊急措置委員会の常置委員会化は、その対象領域の拡大化と包括化という方向性をともなっていたといえよう。

これに対して、松阪法相は次のように答えた。①委員は専ら貴衆両院議員をもって構成する、②議長は委員の互選とする、④委員会は政府の「諮問」がなくても議長が必要ありと認めれば、開会が可能である、⑤「社会通念上重要なる命令」も「諮問」する。③については、④と⑤の説明のなかで「諮問」という表現を使用しているので、事後の

「報告」から事前の「諮問」への修正を容認したといってよい。結局、同日の委員会で、第四条は「報告すべし」から「諮問すべし　但し已むことを得ざる場合に於ては事後に之を報告すべし」へと修正される(39)。このように日政は、委員会審議をとおして、戦時緊急措置委員会の常置委員会化に成功したのである。

三　非常大権統治構想の諸相

1　護国同志会の場合

戦時緊急措置法案の審議における首相の「失言」問題（「天佑天罰」問題）が、戦争継続を志向する護国同志会（護同）から、早期終戦を摸索する鈴木内閣に対して仕掛けられた倒閣運動であったことは、すでに明らかにされている(40)。この点を踏まえて本章では、護同の動向について、法案審議そのものに焦点を当ててみたい。

ふたたび委員会審議二日目。護同から池崎忠孝が質問に立っている。池崎は、質問に入る前に「本案の内容を持つて居るやうな政府の措置が、根本的に現在の時局に於て不適当なりと云ふ意見を持つて居るのではないのでありま す」と基本的な立場を表明している。問題は、政府が実行に移す施策の目的ではなく方法にあった。

その方法について、池崎は「〔「非常大権の発動」と「軍の戒厳」によって〕此の法律の内容から生ずるものは全部包摂することが出来て、更に徹底した行動を執ることが出来ることに〔中略〕なるでせう、〔中略〕それのどちらかをおやりになつたら宜いではないか」と述べている。護同の視野には、非常大権の発動と戒厳大権の発動が入っていたのである。それでは護同は、非常大権と戒厳大権をそれぞれどのように認識していたのだろうか。

まず、戒厳大権の発動について、池崎と阿南陸相の問答をみてみよう。

池崎は、戦時緊急措置法と憲法第一四条を比べると、「実質的に何処が違ふのでありますか」と質問する。これに対して、阿南は「戒厳令は軍が総てをやることになりますが、此の法で行きますと、行政的措置に依りまして、各省大臣は最も強力に、而も時局に応ずる如く、敏速に、之に加ふるに各省が各々独特の力を以ちまして、適正に実行が出来ると思ひます」と答弁する。戒厳大権統治のもとでは軍部が中心的な役割を担い、戦時緊急措置法のもとでは各省が個性を発揮して総力を結集するという見解である。

その先に池崎の意図はあった。再度、池崎は「それならば陸軍大臣は本法の施行に依つて生ずる所の善悪何れの面に対しても責任を御持ちになる積りでありますか」と質問する。これに対して、阿南は「是は責任を持つて之を出したものでありますから、固より責任は持ちますが、戒厳との関係に付きましては、出来る限り〔中略〕行政的措置に於て前進をし、万已むを得ざる状況になつた場合に、要すれば戒厳を布くことが出来る、斯う云ふ風に考へて居ります」と答弁する。この答弁を引き出すと、池崎は「私の想像の誤りかも知れませぬが、只今の陸軍大臣の御答弁は表向の御答弁と本当の所との間に苦衷があります、私は私共の最も心配して居る点に付て、軍もやはりご心配になつて居るものと思ふ」と述べる。

こうした一連の質疑のなかで、池崎が滲ませているのは政府への不信感と陸軍への期待感である。護同が戦争継続を目指していたことに鑑みれば、池崎は戒厳大権発動論をとおして陸軍に協調を呼び掛けていたといってよい。そこで念頭に置かれていたのは阿南陸相と「青年将校」であった。この点について、陸軍省関係者は、八七議会閉会直後「護国同志会一派の代議士の倒閣運動があったように聞いた。そして次は阿南内閣だとの噂が飛び、〔中略〕気の早い代議士連中の阿南陸相訪問がふえたことは事実である」（林三郎陸軍大臣秘書官）、「若い軍人一、二が、代議士達と会合したりしたことはありますネ。私も〔中略〕出たことがありました。〔中略〕小山〔亮〕氏は居りましたんでしょう」（稲葉正夫軍務局軍事課員）と回想している。(41)

もっとも、池崎は質問の最後の部分で「政府は〔中略〕其の良き道〔非常大権の発動〕を進まれることが一番国家に忠なる所以だと思ひます」とも述べている。護同は、戒厳大権と非常大権を比較した場合には、非常大権の発動を優先していたのであった。ただし、その理由が戒厳令の法的不備によるものか、戒厳令と国家総動員法の関係によるものか、あるいは別の問題なのかは定かではない。

次に、非常大権の発動について、戦時緊急措置法案の本会議採決（六月一一日）における船田中（護同政務調査会長）の演説をみてみよう。

私は茲に護国同志会を代表致しまして、本法案に反対の意思を表明致したいと思ひます、〔中略〕本法案が予期致して居りまするが如き、緊急事態に対する非常措置を講ずる上に於きましては、憲法第三十一条の所謂非常大権の御発動を奏請すると云ふ途が開かれて居るのであります（拍手）〔中略〕而も国民をして襟を正して真に時局の重大化を認識し、其の戦力発揮の上に及ぼす所の影響は極めて多大なるものがあると信ずるのであります（拍手）(42)

この演説には、三つの論点を導き出すことができる。

第一に、護同が戦時緊急措置法案の政府原案と日政修正案のいずれにも反対を表明し、非常大権の発動を要求したことである。

このことは、護同の非常大権発動論が議会の存在の誇示、戦時緊急措置委員会の常置委員会化のような日政の方向性に沿ったものではなかったことを意味する。護同は、徹底抗戦という文脈のもとで、政府が所管する戦時緊急措置法よりも、政府の「国務」と軍部の「統帥」の領域が併存する非常大権統治を重視していたのである。すなわち護同は、徹底抗戦に向けた政治体制を、彼らと陸軍の提携に基づく非常大権発動によって創出しようと試みていたといえよう。

また、護同の中谷武世の回想によれば、「〔在京〕代議士達の会話は、日政会とか護国同志会とかの党派の区別はなく殆ど大半が徹底抗戦論で」あり、「殊に〔中略〕党派的立場を越えて〔「若手代議士」は〕互に情報を交換したり、意見を闘わせたりしていた」(43)。そうすると護同の非常大権発動論は、日政の一部のあいだでも共有されていたと推測できるだろう。

第二に、護同における非常大権発動論の主唱者が船田中であったことである。

船田は、かつて政友会に所属し政党内閣期を経験した政党政治家である。彼は、前述の座談会において一九三八年の国家総動員法案の審議を回顧している。そのなかで、一部の議員から非常大権の発動が唱えられたことを、「少くとも議員側から出る議論としてはをかしいのではないかといふ感じを持つた」、「寧ろその方〔国家総動員法〕が立憲的の措置であるやうに考へられた」と評している(44)。ここには、「立憲政治」は「議会政治」であり、非常大権の発動と「議会政治」は整合しないという認識が示されている。

しかし船田は、戦時緊急措置法案の本会議採決にあたって、非常大権の発動を要求したのだった。同じ座談会で、船田は「今後事態が更に段々深刻化して、空襲等の危険があるやうなことになると、どうしても超非常時的の法令上の措置が必要ではないか」とも述べている(45)。とすれば、一九三八年から四五年にいたる状況の変化、「超非常時」化が旧二大政党系の船田を非常大権発動論に向かわせたといえよう。

では、なぜ戦時緊急措置法ではなく非常大権なのか。その差異について、船田は次のように説明している。

今日決戦は非常なテンポを以て、而も苛烈に行はれて居ります、戦ひに勝つの要訣は実に民意の調達にあります、古来国民の信頼と国民の全幅的の協力なくして戦争に勝ち得た例は絶対にないのであります（拍手）〔中略〕戦時を名と致しまして行政権の過度の膨脹は、我が一君万民の国体、憲法の精神に合致せざるのみならず、ヨーロッパ独裁国家の敗戦の先蹤に倣ふものでありまして、吾人は国民代表と致しまして、断じて之に承服することは出来ないのであります（拍手）(46)

戦争に勝利するためには、国民の「信頼」と「協力」が不可欠である。その国民は「超非常時」における法秩序の維持のために、どのような方法であれば納得するのか。それは、政府の戦時緊急措置法ではなく天皇の非常大権である。なぜなら、戦時緊急措置法は「行政権の過度の膨脹」、「ヨーロッパ独裁国家」の模倣だが、非常大権は「一君万民の国体」「憲法の精神」に適合的だからである。

このように、船田は天皇の存在に法秩序の維持を期待する形で、非常大権統治を正当化している。もちろん統帥行為を除けば、非常大権の運用も戦時緊急措置法の運用も、国務大臣の輔弼によって行われるはずである。しかし、船田は天皇が非常大権を行使するという形式に価値を認識していたのであった。さらにドイツ・イタリアの独裁政治について、船田が非常大権統治の立場から批判していることは興味深い。周知のように一九三〇年代、二大政党は議会政治擁護の立場からドイツ・イタリアの独裁政治を批判していた。とすれば、議会の召集不能という事態は、旧二大政党の憲法観に組み換えの可能性をもたらしていたといえよう。

第三に、護同によって非常大権統治のもとでの「国民」の「戦力発揮」という可能性が強調されていることである。その基底には、護同の「生産護国体制整備要綱」（以下「要綱」）があったと思われる。「要綱」について、先行研究は、護同が陸軍省・海軍省・軍需省などの所管であった軍需生産の一元化と、「戦時生産統営本部」「戦時生産統営部」「戦時生産軍」の設置をとおした決戦体制の構築を目指していたこと、この護同の提言を政府が採用するには至らなかったことを指摘している。(47) もっとも、ここでは、そうした「要綱」の帰結よりも展開過程に注目したい。「要綱」に添付された書簡のなかで、護同の井野碩哉（代議士会長）と船田は「国民義勇隊ハ、寧ロ軍需食糧輸送等戦時重要生産部門ノ戦域ニ於ケル戦時生産軍ノ編成ニソノ主眼ヲ置キ、且ツ〔中略〕名実共ニ陸海軍ニ準ズル生産戦闘部隊ヲ組織スルヲ至当ナリト認メ」ると述べている。(48) 国民義勇隊は、大政翼賛会と翼賛壮年団を解消・統合して創設された「国民組織」であり、内務省の管轄となった。そして、政府は国民義勇隊が主として生産増強に従事することを期待したのである。(49) したがって、「戦時生産軍」構想に立つ護同は、国民義勇隊について「生産」の要素を共有しつつも、「軍事」の要素の不足を問題視し、その拡大・強化を求めていたといえよう。

そして八七議会において、護同は「戦時生産軍」構想を政府提出の義勇兵役法案に投影することになった。この法案について、阿南陸相は「防衛及び生産の一体的且つ飛躍的なる強化に邁進する国民義勇隊」を「情勢更に急迫し、戦場となることを予想するに於きましては、戦闘組織たる国民義勇戦闘隊に転移」するものであると説明している。(50) 一方、護同の中原謹司は「本案は一億国民を戦列に参加せしめて、而も動ともすると秩序を失ひ掛つた生産方面に戦闘隊形を与へるものでありまして、極めて重要な法案であると思ひます」と賛成を表明している。(51) このように、護同は国民義勇隊に批判的であったが、国民義勇戦闘隊を媒介することで、積極的な意味を付与するようになったのである。

では、そうした国民義勇隊のなかに、護同は自らの役割をどのように位置づけようとしていたのだろうか。この問題については、小野秀一と中原の発言が参考となる。

小野は、「戦時非常立法が出来まする今次の議会に、殆ど代議士と云ふものはもう立法府からすつかり締出しを喰つたやうな形になりまして、もう代議士の要はないと云つたやうな感じがしないでもない」と述べている。[52] 戦時緊急措置法にしても、憲法第三一条にしても、議会の召集が物理的に不可能になる事態を想定するものであった。したがって小野は、両者に「もう代議士の要はない」という共通項を見出していたと思われる。さらに、そうした現状がポジティヴに認識されていることは重要である。

代議士と云ふものは一万数千票或は数万票の票を羸〔贏〕ち得て、兎に角地方から出て来て居るものでありますから、何としても地方民の心持が其の代議士を中心にして結集すると云ふことは一つの事実であります、此の事実の前に於て代議士としては素つ裸になつて、もう議会に用はないのだ、我々は増産なり何なり、地方へ帰つてうんとやるのだと云ふことで、此の組織の中に融け込むと云ふ形を私は拵へ上げたいと思ふ[53]

小野の主張の力点は、国民義勇隊における代議士の位置にある。彼によれば、国民義勇隊という「国民組織」を機能させ、国民の生産能力を向上させるうえで、国民代表としての代議士の存在は不可欠である。そのために政府は、代議士に対して、国民義勇隊の組織のなかに何らかの地位と権限を提供しなくてはならないのであった。こうした小野の主張において、「もう議会に用はないのだ」という表現は印象的である。小野は、代議士のなかに、立法府の構成員としての性格と「国民代表」としての性格を読み取っていた。そして、議会の召集不能という事態のもとで、二つの性格を分離して、「国民代表」としての性格を、国民義勇隊の主導権獲得に向けた正当化の論理に、援用していたのであった。

また、中原は「斯う云ふもの〔戦時緊急措置法〕も布かれるやうなことになつて、又三十一条の憲法の御発動を願ふと云ふやうな時期になつたのでありますから、此の際政党も引括めて解消して貰つて、さうして之〔国民義勇隊〕に飛込」んではどうかと述べている。[54] 国民義勇隊の主導権獲得の論理は、護同と日政の双方に主張されうるものであった。なぜなら、護同も日政も選挙によって選出された「国民代表」であることに変わりはないからである。その点を自覚して中原は、議会が召集不能となり、議会の会派の存在も不要となるなら、各会派は自主的に解散して国民義勇隊に合流すべきではないかと提唱しているのである。つまり護同は、国民義勇隊の主導権をめぐって、議席数をリセットすることで日政に対抗することを試みていたのであった。

このようにみてくると、非常大権統治における「国民」の「戦力発揮」の含意は、国民義勇隊を介した「戦時生産軍」構想の実現、徹底抗戦の基盤形成にあったといえよう。

さらに興味深いのは、護同における徹底抗戦のイメージである。(55) 中原は、「〔国民義勇隊が〕此の非常時局に殆ど天嶮の地に拠つて〔中略〕生産をやると云ふのには、斯う云ふ方法〔義勇隊に「軍官民一体とする本部を作」ること〕を執るより外には効率的にやる方法はないのではないか」と述べている。前述の小野の発言から、「軍官民一体とする本部」の設置は、代議士の地位と権限の確保を前提としていたはずである。ここでは、国民義勇隊が「天嶮の地」なる地域で活動するとされていることに注目しよう。

中原は、「私共の見る所では凡そ生産都市と云ふものは、飛行機の爆撃で全部なくなるだらうと思ふ、さうすれば生産は天嶮的な土地に入つてやるより仕方がないので、食糧殊に軍需生産などは、天嶮的な敵の爆撃の余り来ない、又敵が上陸しても寄り付けないと云ふ所のみ考へるやうになる」、「国防と生産と云ふものは、全く不二一体、兵も農も工も一致の態勢を執る〔こと〕が、明日の段階としてどうしてもやらなければならぬ」とも述べている。このように護同は、都市が破壊され、平野部の農業地帯や工業地帯が占領された場合、「天嶮の地」が重要な戦略拠点として浮上することを認識していた。そして、その天然の要害、おそらく山間部で、「生産」と「軍事」の一体化を体現した国民義勇隊が徹底抗戦を展開することを構想していたのである。

2　公正会の場合

衆議院は、日政の戦時緊急措置法案の修正案を可決して貴族院に送付した。貴族院において、戦時緊急措置法案をめぐる動きは、法案提出の前日から始まっていた。

六月一〇日の貴族院本会議。(56)公正会は、穂積重遠（東京帝国大学名誉教授）を発議者として「憲法第三十一条ノ非常大権発動奏請ニ関スル建議案」を提出する。まず注目すべきは、そもそも建議案の会議を開くよう求める動議が採決の対象となったことである。この動議は島津忠彦（公正会）から提出された。水谷川忠麿（公正会）は「賛成」、植村家治（研究会）は「反対」と発言する。そして、動議は採決され否決されたのである。この採決は、はじめ起立によったが、その結果に異議が出たため記名投票となった。賛成五七名、反対一〇六名。賛成は公正会を、反対は研究会を、それぞれ中心としていた。

では、なぜ建議案の賛否の前に動議の賛否が問題となったのだろうか。その手掛かりは、採決後の次田大三郎（同成会）の発言「将来斯くの如き建議案が出ました際に、其の建議の全文を議員に示すか、或は其の説明を何等かの方法でした上で、只今のやうな採決をなさるべきものだと思ふ」にある。すなわち採決の時点で、建議案の説明はおろか本文の提示さえなかったのである。ここで、建議案の本文を確認しておこう。

憲法第三十一条ノ非常大権発動奏請ニ関スル建議

今ヤ非常時局ハ遂ニ国土ヲ戦場化スルニ至リ国家存亡ノ危機ニ際会ス今ニシテ皇国護持ノ大策ヲ講ズルニ非ズンバ悔ヲ千載ニ貽スニ至ランコトヲ虞ル惟フニ悠久三千年ノ歴史ハ国難ニ当リテ常ニ執ルベキ方策ヲ明示セリ国体ノ顕現即チ是ニシテ時艱克服ノ方途亦自ラ明カナリ即チ非常大権ノ発動ニヨリ天皇親政ノ大義ヲ恢弘シ名分ヲ匡

シ以テ民心ヲ一新セザルベカラズ国家総力ノ結集ハ蓋シ期シテ待ツベキノミ
政府ハ宜シク平時ノ規律ノ形式ニ把ハル、コトナク速カニ憲法第三十一条ノ大権発動ヲ奏請シ以テ時艱ノ克服ニ
邁進スベシ
右建議ス[57]

「国家存亡ノ危機」を克服するためには、非常大権を発動する。そして、「天皇親政」のもと「民心」を「一新」し、「国家総力」を「結集」するしか方法はない。ここに公正会の建議案の主張はあった。この主張を受けて動議または建議案の採決に移れば、その採決は、論理のうえで「天皇親政」の是非をも射程に入れたものとなる。内閣と研究会は、下村の入閣（国務大臣・情報局総裁）にも表れているように協力関係にあった。しかし、このような建議案の全文や説明が示されたあとで採決に臨み反対に投ずることは、研究会にしても困難であっただろう。下村も、「貴族院の空気としてはかうした内容の建議案につき論議する事が甚だ面白くない」と回想している。[58] なお、建議案は一一日と一二日の議事日程にも挙げられていたが、衆議院議員選挙法第一〇条の特例に関する法律案、戦時緊急措置法案の議事が徳川圀順議長（火曜会）によって優先された。[59] このように貴族院の本会議の動向には、公正会と研究会はじめ諸会派という図式の存在を確認することができる。

では、六月一二日の戦時緊急措置法案の委員会審議を検討していこう。[60]

貴族院の委員会においても、憲法第三一条と戦時緊急措置法案の比較からの意見や批判が相次いだ。とくに注目されるのは、おそらく非常大権発動奏請建議案を念頭に、発動後の統治形態の具体像が質問されていることである。すなわち、穂積の「非常大権の御発動があつたら、どう云ふ建前で行くのか、どう云ふ組織で行くのか（中略）、さう云ふ御用意が出来て居るのか」、青木一男（研究会）の「憲法第三十一条の非常大権発動の場合に於ける国務大臣

御認めになりませうか」といったものである。

輔弼の関係は、他の国務に関する輔弼と其の性質及び形式等が違ふかどうか」、大河内輝耕（研究会）の「国務と統帥との調和に付きまして、鈴木首相に於ては非常大権の発動が必要であると御認めになりませうか、或は必要でないと御認めになりませうか」といったものである。

前述したように政府が戦時緊急措置法を採用したのは、非常大権統治における国務大臣の輔弼の問題を中心に、政府部内、政府と軍部の意見が集約できなかったためであった。したがって、穂積らの質問は問題の核心を衝いていたともいえるのだが、それゆえに、政府は「考究」中という答弁を繰り返すのであった。

委員と政府の質疑ののち、委員による討論が始まった。はじめに発言したのは穂積である。穂積は「どうも長年法律を勉強致しました専門家と致しまして、此の全権委任案を其の儘鵜呑にすると云ふことは、学者的良心が許さない、反対せざるを得ない、斯う云ふ気持が致すのであります」という。それはなぜか。「議会の性質権能」「実効の問題」の二点が挙げられている。「議会の性質権能」については、質疑のなかで「非常に範囲の広い委任立法」の妥当性に疑問を呈しており、「実効の問題」については、「今迄ある総動員法、其の他の法律から稍々一歩進めた位の所で、根本的の此の時局に応ずる解決になつて居ない」と述べている。そこで、「適法にして有効なるべき」非常大権の発動へと議論を進めるのである。

しかし、穂積にも妥協の余地はあった。それは付帯決議であった。「一方に於ては、〔中略〕憲法の範囲を逸脱しないやうに、十分に運用上の注意を望むと云ふことと、一方に於て、時局に応じて敏速に、更に一段或は何段も躍進する、飛躍することを考へるやうにと云ふ、其処に憲法第三十一条の適用其の他、と云ふやうなことでも入れゝば非常に私は結構と思ひます」。しかし、そのまま法案が通過するのであれば、「それはそれとして、もう一歩進んで戴きたいと云ふ意味で建議案を上程し、それに付て意見を述べさして戴きたい」。このように穂積は、諸会派による付帯決議の容認と公正会による建議案の撤回を交換条件として提示しているのである。

これに対して、青木は「国家総動員法が貴衆両院を通過した法案となつて居ります今日、今回の委任立法を以て憲法に反すると見ることは出来ないと私は考へるのであります」という。さらに、「どれだけの効果があるか分らないと云ふことを以て反対の理由に為すことは出来ないと思ひます、政府は之に依つて時局を乗り切り、戦時応急の措置を講じて行かうと云ふ御説明でありますので、私共は其の結果を信頼して、此の法案を認めて宜しいと考へます」とつづける。青木の主張は、国家総動員法と戦時緊急措置法が同じ委任立法なのであれば、前者が制定された以上、後者も制定されて問題ない、戦時緊急措置法の効果云々よりも、まず政府を信頼しようではないかというものであった。ここには、研究会の政府に対する協調姿勢が示されている。

山田三良（無所属倶楽部・東京帝国大学名誉教授）は、「穂積委員から、此の案に賛成すると学者的良心に反するからと、斯う申されますが、〔中略〕私も学籍を持つて居る一人であります、此の案に賛成して私の良心に疚しい所があると云ふことは一点も感じませぬ」と前置きする。そして、山田が学術研究会議第一四部の委員長として、鈴木首相に非常大権の発動を建議した際の様子に言及している(61)。同行したのは会長の林春雄、副会長の穂積であった。

その席上、鈴木は「帝国議会を開会し得る限りに於ては、先づ帝国議会の意見を諮つて、其の意見に依つて、それと同じやうなことを為し得るならば、尚一層内閣としても、議会としても適当だらうと思ふから、其の方を採つた」と語った。山田は、「其処迄議会の権能を尊重せられる内閣と云ふものは、誠に結構であります〔中略〕と云つて、其の御言葉に対して敬意を表した」という。繰り返しになるが、政府は戦時緊急措置法制定の選択にあたって、議会の尊重を第一義としていたわけではなかった。

ともあれ、山田は「非常大権に依つて帝国議会の議決権を無視するならば構はないが、自ら進んでそれを奏請する、而して現在の此の案〔戦時緊急措置法案〕に於きまして、多少の立法権を或目的、或期間制限すると云ふが為に、之には反対だと仰しやることは、是は自家撞著の議論であ」ると、非常大権発動論を評する。山田の整理では、議会が戦時緊急措置法案を可決することは議決権の行使である、しかし、議会が非常大権発動を奏請することは議決権の放棄であるということになるだろう。このように、山田は憲法と議会を尊重するという政府の説明に理解を示す形で、戦時緊急措置法案を支持し、非常大権発動論を批判したのであった。

こうして委員会では、公正会と諸会派の歩み寄りのないまま法案の可決をみた。そうなると焦点は、本会議における非常大権発動奏請建議案の扱い方へと移る。六月一一日、下村は研究会の総会に出席した。そこでは建議案が問題となっていた。さらに、下村は貴族院書記官長室の酒井忠正副議長（研究会）と研究会幹部の会合に招かれ、戦時緊急措置法案後の建議案上程を公正会の大蔵公望に交渉するよう、頼まれている。[62]しかし、その交渉は成功しなかった。前述したように一一日・一二日の議事は、建議案よりも選挙法の特例に関する法律案、戦時緊急措置法案を優先する形で進行されたのである。そして、「さんざ餅についた末が、措置法案の上程に当り政府から〔中略〕弁明があって建議案撤回とな」った。[63]

その「弁明」は、正確にいうと六月一二日の本会議のなかで法案採決の直前になされた。このとき、松阪法相は「今後更に戦局の進展如何に依りまして、必要を生じましたる場合に於きまして執るべき憲法上適当なる措置に付きましては、篤と考慮致すべきことを茲に申述べて置く次第であります」と発言している。[64]公正会は、非常大権発動の可能性について政府の言質を得たわけである。ここに、公正会と研究会の妥協が成立したのであった。

こうして非常大権発動奏請建議案は撤回され、戦時緊急措置法案は可決された。そして六月二九日、戦時緊急措置委員会委員に貴族院から一二名、衆議院から一二名、計二四名が任命された。[65]

それにしても公正会は、なぜ非常大権発動奏請建議案を提出してまで戦時緊急措置法案に反対したのか。この問題について、政府・研究会の交渉を担当した大蔵の動向をもとに検討していこう。

大蔵は、六月二二日、穂積と明石元長と夕食をともにしている。この会食は、大蔵によれば、「先般の第八七議会に於て、公正会より憲法第三十一条発動申請に関する建議案を出したことに付尽瘁せる礼の意味」であった。(66) 公正会の建議案提出は、大蔵と穂積・明石のラインを中心に計画・実行されたといってよいだろう。ここで注目すべきなのは、「学者的良心」の内実といったようなことではなく、非常大権発動論の意図である。

大蔵は、八月九日の日記に「この過去大凡一ヶ月間、自分が戦争の末期に当りて抱く意見」を記している。これらは、「岡田〔啓介・海軍〕大将初め其他の重要な位置にある人に進言した」ものであった。そのなかに、天皇大権の発動があった。大蔵は、「急速解決」が必要な「重大問題」として「イ、和か戦かの決定」「ロ、軍を極め〔て〕狭義の統帥権の範囲内に追込むこと」「ハ、陸海軍の一元化」「ニ、ソ聯に頼むなら、どんな御土産をソ聯に与へるか」「ホ、支那から即刻撤兵す可きだと思うが、その決定」を列挙する。そして、「其為めにはどうしても天皇の御力に御すがりする外なし。従て天皇大権の発動が必要となる所以である」という。(67) このように大蔵は、対ソ交渉、ポツダム宣言発表といった情勢のなかで、天皇大権の発動による軍部の制御、和平の実現を摸索していたのである。

では、その天皇大権の発動は、どのような形式で構想されていたのだろうか。

大権の発動に際しては、天皇の左右に内閣以外真に天皇の御相談相手を置く必要がある。元老と云はず単に宮内省御用掛りでもよい。例へば岡田大将、宇垣〔一成・陸軍〕大将、牧野伸顕〔元宮内大臣・内大臣〕、池田成彬〔枢密顧問官〕、桜内幸雄〔同〕の如き人々がこの二、三ヶ月連日連夜宮内省内に泊り込みで夜中と雖も直ちに陛下の御諮問に応じうる態勢を整へて、上記のような重大問題に関する心からの意見を具申し、それが陛下が御聞きな〔に〕

った上で、大方針を御決定になり、それを又直ちに統治府及統帥府に直々の御大命により実行せしむる段取をつける可きである。[68]

大蔵の構想において、天皇大権は、天皇―諮問機関―統治府・統帥府による「御大命」の立案・決定・実行という形式をとおして発動されるものであった。その「段取」が非常大権の発動を前提としたことは、大蔵ら公正会の建議案に鑑みれば明らかだろう。注目すべきは、各界の代表者（陸軍・宇垣、海軍・岡田、政界・桜内、官界・牧野、財界・池田）により構成される諮問機関の存在である。この機関が「統治府」と「統帥府」の上位に位置することから、その発想は「国務」と「統帥」の一元化を志向した大串兎代夫の「最高国防会議」に通底するといえよう。このような形で戦争指導の意思決定を制度化すること、そして軍部を制御し、和平を実現することが、大蔵の非常大権発動論の意図だったのである。

八月の大蔵の活動をみよう。一日、大蔵は桜内と会見、「時局対策に付意見を交換し両者合致、此際天皇御親政に導くことの急務を認め」た。そして、大蔵は「木戸〔幸一〕内府、南〔次郎〕日政総裁、池田成彬氏」、桜内は「野村〔吉三郎・海軍〕大将、近衛〔文麿〕公、平沼〔騏一郎〕枢府議長」にはたらきかけることになった。四日、池田を訪問、池田は「余の意見には全部賛意を表し」たという。さらに七日、日政の南総裁と松村幹事長を訪問、「時局対策に関する余の意見及日本政治会の今後とる可き途に付き意見をのべ」ると、南と松村は「賛成にて何とか考へるとの返事」だったという。[69]

ここで「余の意見」とは、非常大権の発動を前提とした軍部の制御と和平の実現だったはずである。もちろん池田・南・松村らの「賛意」「賛成」の程度については、大蔵の主観のみに頼るべきではない。とはいえ非常大権の発動という選択肢が、和平実現の方法・手段として再浮上しつつあったとみて差し支えないだろう。とくに興味深いのは、大蔵の天皇大権発動論を、旧民政党系の桜内が肯定し、日政の幹部も否定しなかったことである。このことは、日政においても、非常大権発動論が議会の召集不能から戦争指導の意思決定という文脈へ展開する形で、あらためて検討されていたことを示しているといえよう。

おわりに

以上、戦時緊急措置法案の立案と法案の議会審議を考察してきた。さいごに本章の論点を整理し、展望を提示しておきたい。

太平洋戦争末期の「超非常時」、政府は議会の召集が物理的に不可能になることを見据えて、委任立法という方法を選択し、戦時緊急措置法案を八七議会に提出した。それは、戒厳大権の発動が戒厳令と国家総動員法をめぐる問題から、非常大権の発動が国務大臣の輔弼をめぐる問題から、それぞれ回避されたためであった。

これに対して、日政は議会の存在の誇示、戦時緊急措置委員会の常置委員会化を企図していた。そして、それに向けた戦略的ロジックとして、非常大権発動論を主張していたのである。一方、護同と公正会は、現実の政治目標として非常大権の発動を標榜することで共通していた。もっとも、その目的は護同においては戦争の継続、公正会においては軍部の制御と和平の実現と、異なるものであった。

そうしたなか、日政は戦時緊急措置委員会の権限を事前の「諮問」とすることで政府と合意し、戦時緊急措置委員会の常置委員会化に成功した。これにより、政府が非常大権の発動に踏み切る余地は、いっそう狭まることになった。とはいえ非常大権発動論は、議会閉会の後、国際情勢の推移に応じて、戦争指導の意思決定に照準を合わせる形で再浮上する。そして、公正会が意図した軍部の制御と和平の実現という非常大権発動論は、大蔵公望の人脈を中心に日政においても共有されつつあったと思われる。

ここで再度確認すべきは、戦時緊急措置委員会をめぐって日政と護同の対応が分かれたことである。日政は、委員会を常置委員会と読み替え、委員会に議会の会期外活動の機能を与えることを摸索していた。その意味では、戦時緊急措置委員会において、「立憲政治」と「議会政治」を同義語とする従来の憲法観は、ある程度、維持されていたといえるかもしれない。しかし、護同は戦時緊急措置法案の撤回を要求し、非常大権の発動を提唱したのであった。その主唱者が船田中や小野秀一といった旧二大政党系であったことは重要である。また、護同に近い日政の旧二大政党系のあいだにも、現実の政治目標としての非常大権発動論は、浸透していただろう。

護同は、徹底抗戦に向けた政治体制を、彼らと陸軍の提携、国民義勇隊を基礎とする非常大権統治によって創出しようと試みていた。護同にとって、義勇兵役法成立後の国民義勇隊は、「生産」と「軍事」の要素を併存させた「国民組織」を投影しうるものであった。そして、その「国民組織」は、議会の召集不能という事態のもと、代議士における立法府の構成員としての性格と「国民代表」としての性格が分離され、「国民代表」としての性格が組織の内部に制度化される形で機能するものであった。このように「超非常時」において、旧二大政党系の憲法観は、議会関係の条章を中心とする理解を、第三一条の非常大権を中心とする理解に、再構成される可能性を内在していたといえよう。

議会の召集が不可能になったらどうするかという問題のリアリティーは、敗戦とともに失われていった。それは、一二月二〇日の戦時緊急措置法と国家総動員法の廃止に象徴されているだろう。もっとも、この問題は日本国憲法の制定過程のなかで一つの論点となっていた。九〇議会（会期一九四六年六月二〇日～一〇月一一日）の帝国憲法改正案委員会において、北浦圭太郎（日本自由党）は、次のように述べている。

戦争はありますまい、あつてはならぬ、併し国内事変は、（中略）将来是は心配して置かなければなりませぬ、さう云ふ場合には（中略）やはり私は〔「現行憲法」の〕第三十一条ですか、さう云ふ規定が必要ではないかと思ふ、（中略）私は政府に左様なる権利を持たせよと言ふのではありませぬ、国会が之を握れと言ふのであります、（中略）議会を召集したり、或は又参議院に悠々と相談出来る間は宜しい、苟くも非常時と云ふ、此の非常大権を行使するのは、左様な時間のない時のことを言ふのであります(70)

新憲法は「戦争放棄」を謳おうとしていた。したがって、その制定にあたって「非常大権」に該当する権限を、戦争を前提に想定することはありえなかったが、「国内事変」を前提に想定することはありえたのである。ここには、新憲法の「国民主権」「平和主義」の原則のなかで、明治憲法の非常大権を天皇の大権から「国権の最高機関」国会の権限へと解体・再編しようとする政党の意思を確認することができるだろう。

さらに、その構想において「国会」が具体的には常置委員会を意味するものであったことは興味深い。常置委員会について、自由党の「憲法改正要綱」は、「議会閉会中、各院毎に常置委員会を設け臨時議会を召集する暇なきとき、此委員会をして緊急命令に代る略式立法其の他議会の権限を暫定的に代行せしむ」、また、進歩党の「憲法改正案」は、「議会常置委員会を設く　常置委員会は議会閉会中緊急勅令の制定、（中略）其の他緊急実施を要する重要事項を議決す」と規定していた(71)。このことは、戦後の憲法草案の常置委員会構想が、明治憲法下の非常大権と戦時緊急措置委員会の交錯点に位置していたことを示している。

しかし、日本国憲法は、明治憲法の非常大権・戒厳大権といった「国家緊急権」を継承しない形で成立した。それは、国家緊急権規定の「欠如」または「沈黙」と称される(72)。では、新憲法の制定に際して、政党はじめ各政治主体の国家緊急権と常置委員会に関する構想は、国家緊急権規定の「欠如」「沈黙」という事象にどのように展開していったのだろうか。その政治過程は、日本国憲法における国会の地位を理解するうえで、重要な問題になるといえよう。そして、この地点から五五年体制下の自民党政権による「有事法制」構想を眺望することも、可能であるかもしれない。

註

(1) 「第八十七回帝国議会衆議院戦時緊急措置法案(政府提出)委員会議録(速記)第一回」(『帝国議会衆議院委員会議録 昭和篇』一五七、東京大学出版会、二〇〇〇年)。
(2) 「第八十七回帝国議会衆議院議事速記録第一号」(『帝国議会衆議院議事速記録』八〇、東京大学出版会、一九八五年)。
(3) 粟屋憲太郎『昭和の政党』(小学館、一九八八年、初出一九八三年)三九一頁。
(4) 粟屋前掲書三九〇~三九一頁、古川隆久『昭和戦中期の総合国策機関』(吉川弘文館、一九九二年)三四四~三四五頁。
(5) 『大木日記』(朝日新聞社、一九六九年)三一八~三一九頁。
(6) 「明治十五年七月八日太政官布告第三十六号(戒厳令)」(『法令全書』第一五巻、原書房、一九七六年)二五~二八頁。
(7) 『日本学術振興会30年史』(日本学術振興会、一九九八年)三四一頁。
(8) 「建議上申事項」(『日本学術振興会年報』第一二・一三号合併、一九四七年)五頁。
(9) 大石義雄「帝国憲法上の非常大権を論ず」(『公法雑誌』一九三五年一一月号)。
(10) 土居靖美「大石義雄博士の憲法学」(『憲法研究』第二九号、一九九七年)二頁。
(11) 黒田覚「国家総動員法と非常大権」(『国防国家の理論』弘文堂書房、一九四一年、初出一九三八年)一八五頁。
(12) 前掲「帝国憲法上の非常大権を論ず」二〇頁。
(13) 前掲「帝国憲法上の非常大権を論ず」二八~二九頁。大石は、大阪府立淀川高等工業学校教授時代の著書においても、同様の見解を示している(大石義雄『帝国憲法と非常時』増進堂、一九四四年)。ただし、そこでは憲法第一四条「戒厳大権」、第三一条「狭義に於ける非常大権」、第三一条と第一四条「非常大権」という表現から、第一四条「戒厳大権」、第三一条「非常大権」という表現へと変化している。

(14) この主題に関する代表的な研究として、三谷太一郎「政党内閣期の条件」(中村隆英・伊藤隆編『近代日本研究入門』東京大学出版会、一九七七年)、鳥海靖『日本近代史講義　明治立憲制の形成とその理念』(東京大学出版会、一九八八年)参照。
(15) 「戦争と法(座談会)」(『翼賛政治』一九四四年六月号)一四頁。出席者は、穂積重遠・村瀬直養・野津務・小野清一郎・大串兎代夫・前原光雄・船田中・森山鋭一。
(16) 『矢部貞治日記　銀杏の巻』(読売新聞社、一九七四年)一九四五年三月一日・二一日条。
(17) 「秘　学術研究会議第十四部(法律学、政治学関係)に於ける非常大権研究委員会報告」(政策研究大学院大学政策情報研究センター所蔵「矢部貞治関係文書」一三―六四)。「最高国防会議」については、拙稿「非常事態と帝国憲法―大串兎代夫の非常大権発動論―」(『史学雑誌』第一一〇編第二号、二〇〇一年)参照。
(18) この点については、古川隆久『戦時議会』(吉川弘文館、二〇〇一年)が「法律とすることで議会主流派が関与できる形とし、かつ戒厳令実施を阻止することで、徹底抗戦状態となることを避ける意図が議会主流派にあった」と指摘している(二三〇～二三一頁)。
(19) 前掲『大木日記』三二六～三二七頁。
(20) 常置委員会構想については、村瀬信一『帝国議会改革論』(吉川弘文館、一九九七年)参照。
(21) 軍事史学会編『大本営陸軍部戦争指導班　機密戦争日誌』下(錦正社、一九九八年)七二〇頁。以下、『機密戦争日誌』の引用文の［　］は、同書中の「修正・補備」である。
(22) 前掲「帝国憲法と非常時」二三六頁。
(23) 前掲『機密戦争日誌』下、七二〇頁。
(24) 山崎正男「陸軍軍制史梗概　昭和二二年五月」(石川準吉『国家総動員史　資料編　第九』国家総動員史刊行会、一九八〇年)一〇一九～一〇二〇頁。
(25) 前掲『機密戦争日誌』下、七一二頁。
(26) 以上、前掲『機密戦争日誌』下、七一四～七一五、七一六、七一九頁。
(27) 「左近司政三」(佐藤元英・黒沢文貴編『GHQ歴史課陳述録―終戦史資料(上)』原書房、二〇〇二年)二一一頁。左近司は、鈴木内閣の国務大臣であった。
(28) 下村海南『終戦記』(鎌倉文庫、一九四八年)五九頁。
(29) 前掲『機密戦争日誌』下、七二三頁。
(30) 前掲『機密戦争日誌』下、七二二、七二三頁。
(31) 前掲『機密戦争日誌』下、七二五頁。
(32) 「戦時緊急措置法案」(国立公文書館所蔵「公文類集 昭和二十年 巻六」二A/一三/類二八九〇)。
(33) 前掲『機密戦争日誌』下、七二六~七二七頁。
(34) 衆議院委員会審議初日の引用は、前掲「第八十七回帝国議会衆議院戦時緊急措置法案(政府提出)委員会議録(速記)第一回」による。
(35) 「第八十七回帝国議会 衆議院 戦時緊急措置法案委員会 最近ノ国際事情」(衆議院事務局『帝国議会衆議院秘密会議事速記録集(二)』大蔵省印刷局、一九九六年)。
(36) 「手帳 昭和二〇年」(国立国会図書館憲政資料室所蔵「作田高太郎関係文書」一九四)六月九日条。
(37) 衆議院委員会審議二日目の引用は、「第八十七回帝国議会衆議院戦時緊急措置法案(政府提出)委員会議録(速記)第二回」(前掲『帝国議会衆議院委員会議録 昭和篇』一五七)による。
(38) 「第八十七回帝国議会衆議院戦時緊急措置法案(政府提出)委員会議録(速記)第三回」(前掲『帝国議会衆議院委員会議録 昭和篇』一五七)。
(39) 前掲「第八十七回帝国議会衆議院戦時緊急措置法案(政府提出)委員会議録(速記)第三回」。
(40) この問題については、東中野多聞「岸信介と護国同志会」(『史学雑誌』第一〇八編第九号、一九九九年)参照。
(41) 前掲『GHQ歴史課陳述録―終戦史資料(上)』三九一、五四三~五四四頁。小山は、護同の代議士で「天佑天罰」問題の質問者である。
(42) 「第八十七回帝国議会衆議院議事速記録第三号」(前掲『帝国議会衆議院議事速記録』八〇)。
(43) 中谷武世『戦時議会史』(民族と政治社、一九七四年)四八七、四八八頁。
(44) 前掲「戦争と法(座談会)」一一頁。

(45)前掲「戦争と法（座談会）」九頁。
(46)前掲「第八十七回帝国議会衆議院議事速記録第三号」。
(47)東中野前掲論文七四頁。
(48)「生産護国体制整備要綱・護国同志会」（大久保達正ほか編『昭和社会経済史料集成』第二八巻、巌南堂書店、二〇〇二年）五〇六頁。この文書は陸軍省軍務局宛に発送されていた。
(49)国民義勇隊の組織化については、照沼康孝「国民義勇隊に関する一考察」（『年報・近代日本研究』一、一九七九年）参照。
(50)前掲「第八十七回帝国議会衆議院議事速記録第一号」。
(51)「第八十七回帝国議会衆議院義勇兵役法案外一件委員会議録（速記）第二回」（前掲『帝国議会衆議院委員会議録　昭和篇』一五七）。
(52)「第八十七回帝国議会衆議院義勇兵役法案外一件委員会議録（速記）第一回」（前掲『帝国議会衆議院委員会議録　昭和篇』一五七）。
(53)前掲「第八十七回帝国議会衆議院義勇兵役法案外一件委員会議録（速記）第一回」。
(54)前掲「第八十七回帝国議会衆議院義勇兵役法案外一件委員会議録（速記）第二回」。
(55)以下の引用は、前掲「第八十七回帝国議会衆議院義勇兵役法案外一件委員会議録（速記）第二回」による。
(56)六月一〇日の貴族院本会議の引用は、「第八十七回帝国議会貴族院議事速記録第二号」（『帝国議会貴族院議事速記録』七一、東京大学出版会、一九八四年）による。
(57)「憲法第三十一条ノ非常大権発動奏請ニ関スル建議案」（国立国会図書館議会官庁資料室所蔵「87帝国議会貴族院議案」）。
(58)前掲『終戦記』六〇頁。
(59)「第八十七回帝国議会貴族院議事速記録第三号」「同　第四号」（前掲『帝国議会貴族院議事速記録』七一）。
(60)貴族院委員会審議の引用は、「戦時緊急措置法案特別委員会議事速記録」（『帝国議会貴族院委員会速記録　昭和篇』一一五、東京大学出版会、一九九九年）による。
(61)この建議の実物ないし原案が、前掲「秘　学術研究会議第十四部（法律学、政治学関係）に於ける非常大権研究委員会報告」であろう。

(62)　前掲『終戦記』五九頁。
(63)　前掲『終戦記』六〇頁。
(64)　前掲「第八十七回帝国議会貴族院議事速記録第四号」。
(65)　委員の顔触れは次のとおり。貴族院からは、徳川家正（火曜会）・大野緑一郎（無所属倶楽部）・小原直（同和会）・井上匡四郎（研究会）・青木一男（同）・岡部長景（同）・溝口直亮（同）・東郷安（公正会）・次田大三郎（同成会）・飯田精太郎（公正会）・竹下豊次（交友倶楽部）・結城安次（研究会）、衆議院からは、山崎達之輔（日政）・勝正憲（同）・大麻唯男（同）・松村謙三（同）・清瀬一郎（同）・田辺七六（同）・東郷実（同）・金光庸夫（同）・井野碩哉（護同）・川島正次郎（日政）・三好英之（同）・田中武雄（同）（『官報』一九四五年七月六日付）。
(66)　『大蔵公望日記』第四巻（内政史研究会・日本近代史料研究会、一九七五年）三〇七頁。
(67)　前掲『大蔵公望日記』第四巻三二一〜三二二頁。
(68)　前掲『大蔵公望日記』第四巻三三二頁。
(69)　前掲『大蔵公望日記』第四巻三一七〜三一九頁。
(70)　「第九十回帝国議会衆議院帝国憲法改正案委員会議録（速記）第十三回」（『帝国議会衆議院委員会議録　昭和篇』一六二、東京大学出版会、二〇〇〇年）。
(71)　「憲法改正に関する民間の草案要綱」（『法律時報』一九四六年三月号）二八〜二九頁。
(72)　この問題に関するレビューとして、井口文男「国家緊急権」（『ジュリスト増刊　憲法の争点（第三版）』有斐閣、一九九九年）参照。

結論　明治憲法をめぐる政党の模索

本書は、戦時期において政党・政党人が明治憲法の解釈と運用のなかから形成した政治体制の構想と展開について、「挙国一致」内閣期の状況、「翼賛政治」体制の成立と変容という視角から明らかにしてきた。まず、ここまでの議論を整理しておく。

第一部では、「挙国一致」内閣期において政党が政党内閣を復活させようとするなかで、なぜ、どのように新しい政治体制を指向するようになったのか考察した。政党にとって、国体明徴運動と選挙粛正運動は、政党内閣復活の試みであった。政友会は、国体に関する決議の論理を唱導し国民の支持を調達することで、「既成政党排撃」論に対抗しようとした。また、政友会と民政党は、選挙粛正運動を推進する立場に立ち、「粛正」選挙で議席を確保することで、政党内閣の正当性を証明しようとした。

しかし、これらの試みは、ジャーナリズムの批判にさらされることになった。政党内閣期における政争とスキャンダルの続発以来、ジャーナリズムは「立憲政治」の担当者としての政党に懐疑的であった。「挙国一致」内閣期においても、国体明徴運動での政友会久原派の動向に倒閣の意図を、選挙粛正運動での政党の内務省批判に彼らの無反省と政権欲を看取したのである。このような政党の努力が認知されない状況のなかで、山崎達之輔のように政党内閣の復活を放棄し、新しい政治体制を指向する政党人が現れ始めた。

第二部では、戦時期において政党人が新しい政治体制、すなわち「翼賛政治」体制をどのように構築したのか、その組織と機能はどのような特徴をもっていたのか検討した。山崎達之輔は、近衛新党運動・新体制運動に参加する過程において、「中心政党」論を構想し、展開していった。彼は、政党内閣崩壊の要因を、二大政党が政党間の競合に没頭し諸政治集団の統合に失敗したことに求めた。その反省に立って、ドイツやソ連とは異なる形の「全体主義」を標榜した。彼の「全体主義」的な新党は、違憲論・幕府論に配慮したもので、明治憲法下の権力の分立状況を強力に一挙に統合するのでなく、ゆるやかに包摂することで解決しようとするものであった。こうした構想の具体化が、翼賛政治会（翼政）の政務調査会による行政と立法の横断であった。この翼政の正当性は、旧既成政党出身者であっても、候補者推薦制を採用した翼賛選挙において推薦されて当選していれば、国民の信頼を回復したことになるといったフィクションによって担保されていた。そのような意味で、「翼賛政治」体制には明治憲法のもとでの政治秩序を安定化させるという可能性が存在していたのである。

さらに、旧二大政党系の翼政主流派は、〈翼政の政党化〉〈翼政と議会の差異化〉という二つの論理により、唯一の政事結社・翼政と政府の協調関係のなかで、翼政に実質的な意思決定の局面を、議会に意思決定の正当化の局面を、それぞれ設定する構想を形成していた。この構想において、彼らは同会の政調委員と政府の各省委員の兼任をとくに重視していた。その目的は、翼政政調会が政府の政策立案・政策評価といった領域で政治力を行使するところにあった。この目的は、例えば、中小商工業整備の政策過程における商工省委員の活動に示されているように、かなりな程度達成されていたといえよう。その政策過程において、商工省委員は、残存業者から転廃業者への生活援護共助金を問題視し、残存業者の負担を軽減化するべく、商工省企業局と協力する形で全国・道府県共助会構想を立案した。彼らは、補助金をめぐる商工省の政策と商工業者の利害に介在して、政治力を発揮するという政治手法を獲得していったのである。そして、この各省委員制は、翼政・大日本政治会（日政）における行政参与論と行政査察論の高まりのなかで、参与委員制、行政委員制へと展開した。

第三部では、戦局の展開が「翼賛政治」体制の組織と機能にどのような影響を与えたのか考察した。戦局の悪化は、明治憲法における議会の位置が原理的に問題化する事態を現出することになった。一九四三年一〇月の「応召代議士」の創出は、学徒出陣に代表される国民動員の強化・徹底に対応して決定された措置であった。政府は、選挙事務の増大と議会の反発を防ぐため、特例法の制定により、議員に召集解除後の復職を保障しようとした。その復職法案の議会審議において、翼政は復職法案と憲法第三五条（衆議院の公選原則）の矛盾を訴える違憲論に依拠して、議員と軍人の兼職、さらに議員と官吏の兼職、すなわち行政参与論の実現を主張した。この要求を受けて、政府は将来、議員と官吏の兼職を容認する可能性を示唆した。こうして翼政は、「協賛」と「統帥」の不安定化をとおして、「国務」に進出するための拠点を確保したのである。

さらに一九四五年六月の戦時緊急措置法の制定は、議会の開会不能という事態を想定した措置であった。政府は、憲法第一四条の戒厳の施行、第三一条の非常大権の発動に関して軍部と意見を調整できず、戦時緊急措置法の制定を選択した。これに対して、日政の主流派は、戦時緊急措置法案第四条の戦時緊急措置委員会を議会の常置委員会的な機関に転化するため、戦略的ロジックとしての非常大権発動論を主張した。一方、護国同志会と日政の一部は、現実の政治目標として非常大権の発動を標榜した。彼らは非常大権を発動し、陸軍と提携して国民義勇隊を運営することで、徹底抗戦に向けた政治体制を創出しようとした。そして、そこでの国民義勇隊は、議会の開会不能という事態のもと、彼ら代議士の「国民代表」としての性格に重点を置くものであった。このように、「超非常時」において、政党人の憲法観は、議会関係の条文を中心とする理解から第三一条の非常大権を中心とする理解へと再構成されようとしていたのである。

さいごに、以上の整理から戦時期の政党史の特色として次の諸点を指摘したい。

第一に、戦時期の政党人が、政党内閣の崩壊と戦局の展開に対応する形で、明治憲法のもとでの実質的な意思決定の局面を「議会」と「政党」から「政党」と「政府」へと移動していったことである。政党内閣期において、二大政党は議会をとおして政策を競合し、諸政治集団に提携を求め国民に支持を訴えることで求心力を発揮してきた。政党内閣崩壊後の「挙国一致」内閣期においても、彼らは「立憲政治」は「議会政治」であり、「議会政治」は「政党政治」であると主張して、「既成政党排撃」論に対抗し、政党内閣を復活させようとした。しかし、このような主張に対する支持は拡大しない。

そうしたなかで山崎達之輔らは、近衛新党運動・新体制運動に参加し、新しい政治力の行使の仕方として政府の政策過程に浸透することを構想していった。この構想は、「翼賛政治」体制において、翼政政調会における行政と立法の横断という形で制度化される。その背景には、政党内閣が復活しないという状況とともに、日中戦争の開始・長期化、太平洋戦争の開戦によって戦時行政が過密化していくという現象があった。そのような戦時行政のあり方に、山崎ら翼政主流は翼政（政党）が政治力を行使する領域を確認したのである。

第二に、戦時期の政党人が、「翼賛政治」体制の形成という通時的な文脈において議会の機能を、戦争末期・「超非常時」という共時的な文脈においてその原理を重視していたことである。「翼賛政治」体制が形成されるなかで「議会」は、柳瀬良幹の表現を借りれば「演説と決議と拍手と表決」の場へと変容していった。そのことは、議会の形骸化や無力化を意味しない。むしろ、山崎らは「翼政」＝「政党」と「議会」に政策過程の異なる局面を設定し、意思決定の正当化の局面として「議会」に意義を看取していた。このような「政党」と「議会」の関係には、政府が翼政以外に政事結社を認可しない状況のもと、違憲の疑いが存在していた。しかし、翼政主流は翼政を「政党」と認識しつつも公言しない戦略を採用することで、意思決定の正当化の局面として議会の機能を確保したのであった。その一方で、戦争末期・「超非常時」において、政党人は議会の原理に注目することになった。すなわち「応召代議士」の創出は、召集などの理由で欠員が増えて議会の運営に支障が出ること、ある選挙区に失職者が偏って議会の構成に不公平が生じることのために、また、戦時緊急措置法の制定は、同法が議会の協賛権を議会から政府に高度に委任するために、議会の原理を破壊する可能性を内在していた。このような危惧を、政党人は復職法案や戦時緊急措置法案の議会審議において繰り返し表明した。その反面、議会の原理の危機を利用することで、選挙法第一〇条の特例法（議員と官吏の兼職の制度化）や戦時緊急措置委員会の強化（議会の常置委員会化）を実現したのである。さらに、政党人の一部は議会の開会不能という事態を踏まえて、非常大権の発動、すなわち議会を捨象して「立憲政治」を再構築するところにまで向かっていった。そのような意味で、戦争末期・「超非常時」における政党人の議会に対する認識は、重層的に構造化していたといえよう。

第三に、政党の政調会が行政と立法を横断するという「翼賛政治」体制のあり方に、戦時と戦後の意思決定に関する共通性が存在していることである。現在の政治学によれば、戦後の自由民主党は、「長期間にわたり得票と議席で他政党を引き離して優位を占める政党」、すなわち「優越政党」であった。[1]また、そこでは、戦後の政治過程において「自民党と官庁の相互依存＝相互浸透の深まりによって生じた「政官混合体」[2]」、あるいは「議会主義の正統性付与能力」、「正統的制度（国会）を操作できる地位にある政治勢力（多数党）の力[3]」の重要性が指摘されている。だとすると、「政党」と「政府」による実質的な意思決定、「議会」による意思決定の正当化という文脈に照らしたとき、「翼賛政治」と「自民党政治」には、同質的に理解可能な領域を確認できるだろう。このことは、戦時から戦後の政治空間において、意思決定をめぐる基調低音が流れていたことを意味しているように思われる。

さらに、自民党の「主要な政策決定単位」として、「政務調査会の部会や調査会」と「各行政分野に通暁した実務的な中堅議員の集団である「族」」が存在していることも、看過することはできない。なぜなら、そのような「族議員」像のなかに、翼政政調委員と内閣各省委員の残像を発見することができるからである。戦時期の商工省委員に関していえば、椎名悦三郎商工次官と商工省委員の赤城宗徳・安倍寛・川島正次郎・三好英之は、戦後、自民党岸派を形成していった。もっとも、商工省委員の遺産は政党の人脈にとどまらず、政策にも存在していたと思われる。近年の研究は、商工省の「革新官僚」の発想としての「適正な中小企業モデル」の提示による「取引や経営の合理化」の促進が占領期・戦後期に引き継がれたことを指摘している。(5)このことに鑑みれば、戦後の中小企業政策において、自民党政調会の「族議員」たちが商工省委員の政治手法を継承し、行使していったという見通しも成り立ちうるだろう。(6)

こうした翼政政調会から自民党政調会に至るプロセスは、行政の「拡大」「現代化」という趨勢と不可分の関係にある。(7)このような状況のなかで、政党人は政党と行政の接触面の広がりを認識・実感し、政策過程の政策立案や政策評価を視野に入れる形で、政治力の行使を試みていったと思われる。

以上の特色から理解されるのは、戦時期において政党・政党人が「翼賛政治」体制を成立させ、「議会なき立憲政治」としての非常大権統治構想にまで展開しえた明治憲法の解釈と運用の可能性である。そして、そのような可能性の延長線上に戦後の「自民党政治」、とくに結成から二度の政権交代を経て現在まで継続している政調会の意思決定のあり方を展望することができることも強調しておきたい。

もちろん、「翼賛政治」と「自民党政治」が同質的に理解しうるとしても、戦前と戦後の憲法の差異を等閑視してはならない。日本国憲法は、国会を「国権の最高機関」「国の唯一の立法機関」と規定し、議院内閣制や衆議院の優越などを制度化した。では、こうした憲法の変化のなかで、占領期・戦後期の政党人は、戦時期の政党人の構想をどのように展開していったのだろうか。そのような視角に立ったとき、「翼賛政治」から「自民党政治」に至る政治史は、「翼賛政治」体制を組成した「議会」「政党」「政府」の再編過程をモチーフとして描出することができるだろう。

註

(1) 佐藤誠三郎・松崎哲久『自民党政権』(中央公論社、一九八六年)九頁。
(2) 『自民党政権』七九頁。
(3) 村松岐夫『戦後日本の官僚制』(東洋経済新報社、一九八一年)一四六頁。
(4) 『自民党政権』七九頁。
(5) 山崎志郎「戦時中小商工業整備の展開と国民更生金庫」(原朗・山崎編『戦時中小企業整備資料』第一巻、現代史料出版、二〇〇四年、解説)七頁。
(6) 例えば、商工省委員(のち軍需省委員)を経験した自民党衆議院議員の中村庸一郎(千葉三区選出、ゴム工業会相談役)は、一九六五年に『ゴム時報』誌上の対談に登場している。そのなかで、記者が「中小企業の維持育成をすることが、ゴム工業会の重要な仕事の一つと思える」と問いかけたのに対し、中村は「それは当然のことですよ。中小企業が健全に育ってこそ、始めて日本の産業界が調和ある発展を遂げ得るのです」と応じている(「某月某日　第六十七回」『ゴム時報』一九六五年三月号、三四頁)。「中小企業の維持育成」に向けて、中村がゴム業界の利害と通商産業省などの政策をどのように調整していったかは興味深い問題である。
(7) この問題については、井出嘉憲「非常時体制と日本〈官〉制」(『日本官僚制と行政文化―日本行政国家論序説―』東京大学出版会、一九八二年、初出一九七九年)、有馬学「戦前の中の戦後と戦後の中の戦前―昭和十年代における「革新」の諸相―」(『年報・近代日本研究』一〇、一九八八年)、山之内靖「方法的序論―総力戦とシステム統合―」(山之内、ヴィクター・コシュマン、成田龍一編『総力戦と現代化』柏書房、一九九五年)から示唆を受けた。

あとがき

本書は、二〇〇八年に九州大学に提出した学位論文「戦時期日本の政治過程―明治憲法の運用をめぐる政党の模索―」に加筆修正したものである。まず最初に拙い論文をご審査いただいた有馬学先生、清水靖久先生、山口輝臣先生、加藤陽子先生、古川隆久先生に心よりお礼申し上げたい。

本書を構成する論文の初出は、次のとおりである。

第一部

第一章　「国体明徴運動と政友会」（『日本歴史』第六七二号、二〇〇四年）

第二章　「選挙粛正運動の再検討―政友会を中心に―」（『九州史学』第一三九号、二〇〇四年）

第二部

第一章　「「翼賛政治」体制の形成と政党人―山崎達之輔の場合―」（『史学雑誌』第一一三編第二号、二〇〇四年）

第二章　「「翼賛議会」の位相―議会運営調査委員会の審議を素材に―」（『歴史学研究』第八五〇号、二〇〇九年）

第三部

第一章　「「応召代議士」の創出―太平洋戦争期の「協賛」と「統帥」―」（『九州史学』第一五五号、二〇一〇年）

第二章　「「超非常時」の憲法と議会―戦時緊急措置法の成立過程―」（『史学雑誌』第一一六編第四号、二〇〇七年）

翼賛政治会の本部は永田町の農相官邸として使用されていた洋風建築で、帝国議会議事堂の裏、霞が関の官庁街からもほど近いところにあった。現在、衆議院の第二議員会館が建っている場所である。その意味では、行政と立法を横断するという同会の政務調査会の特徴を象徴したロケーションといえるかもしれない。

大学院に進学後、私は戦時期の政党・政党人に関心を持っていたものの研究テーマを定められず、何気なく東京市の地図を眺めていた。そのとき、翼賛政治会の位置と山崎達之輔の新党構想が結び付いたことが本書、とくに初出の最も早い第二部第一章を着想するきっかけとなった。それから資料を集めに国立国会図書館に通い、議員会館の近辺を何度歩いたかわからない。道すがら、翼賛政治会に所属して選挙区・支持団体の要望を実現するべく闊歩していたであろう、議員たちの姿を思い浮かべることもあった。そのような政治家の日常活動の現場について、地元や戦後も視野に入れて考えることを今後の課題としたい。

ふとした着想から論文を執筆して学位論文に発展させ、著書として刊行することができたのは、多くの方々との出会いに恵まれていたからである。ここでは、本書をまとめるまでにお世話になった方々に、お名前を挙げさせていただくことで感謝の気持ちをお伝えしたい。

高校卒業後、郷里を離れて進んだ横浜市立大学国際文化学部では、古川隆久先生にご指導いただき、史料を読んで考えることの楽しさを教えていただいた。戦前期の政治に興味を抱いた私に進学を勧めてくださったのも先生である。

幸いにも進学を許された九州大学大学院比較社会文化学府では、有馬学先生に世話人教官をお引き受けいただいた。先生は、物分かりのよくない私を辛抱強くご指導くださった。ゼミの発表や論文の原稿に頂戴した先生のコメントを、頭のなかで反芻しつつ思案した日々は院生時代の大切な思い出である。比較社会文化学府では、吉田昌彦先生、清水靖久先生にも指導教官団に加わっていただき、研究計画の策定や実行をサポートしていただいた。人文科学府では、山口輝臣先生に他学府の関連科目としてゼミに参加することをお許しいただき、研究に関するご助言ばかりでなく、壁にぶつかるたびに励ましのお言葉をいただいた。

九州大学においては、先輩の日比野利信、永島広紀、藤岡健太郎、内山一幸、榎一江、福嶋寛之、藤田理子、土井徹平の各氏、友人の穴井綾香、鮓本高志、横山尊の各氏から多くの刺激を受けた。アルバイトでお世話になった九州大学附属図書館付設記録資料館の三輪宗弘先生、福岡県地域史研究所の永江眞夫先生、東定宣昌先生、久恒真由美、草野真樹の各氏には研究の継続に不可欠な活力をいただいた。上京しては参加させていただいた内務省研究会では、市川智生、清水唯一朗の両氏を中心に大学・学部の垣根を越えて集まった同世代の大学院生・若手研究者の方々と交流するなかで、議論を交わし、視野を広げることができた。

学位取得後に日本学術振興会特別研究員に採用された際、受入研究者をご承諾くださった東京大学大学院人文社会系研究科の加藤陽子先生には、折に触れて心に響く叱咤激励をいただいている。東京大学においては、日本史学研究室の皆さまにたいへんお世話になった。東京では九州大学の先輩である森山優、中村尚史、一ノ瀬俊也、松本洋幸の各氏からも種々ご教示いただいた。今後は、諸先生方から賜った学恩にお応えするべく、よりいっそう研究に精進していきたい。

現在の職場では、藤岡健太郎先生をはじめとする先生方のご指導とスタッフ・アルバイトの皆さんのご協力のもと、『九州大学百年史』の執筆に従事している。当面は「政治」と「学知」の関係に意識を向けつつ、九州大学の動向を中心とする大学史と福岡・九州の地域史についての研究に取り組んでいく所存である。

本書が歴史研究として多くの史料との出会いに支えられていることも記しておかなければならない。これらの史料を閲覧させていただいた国立国会図書館憲政資料室、衆議院憲政記念館、国立公文書館などの諸機関に感謝申し上げる。史料の保存と利用のために精励しておられる職員の皆さまにも敬意を表したい。

本書は第一部第一章が初出時に『日本歴史』に掲載され、第六回日本歴史学会賞を受賞したことをご縁として出版していただくこととなったものである。受賞の栄誉を与えてくださった日本歴史学会の諸先生方、出版に向けてご高配を賜った吉川弘文館に厚くお礼申し上げる。索引の作成にあたっては、中村和泉氏のご協力を得た。

さいごに、本書の出版をもって研究の道に進むことを心配しつつも応援してくれた両親へのささやかな恩返しとすることを、お許しいただきたい。

二〇一五年一二月

宮田光史

人名索引

あ 行

愛野時一郎……178, 179, 194, 207
青木一男……235-237, 248
青木精一……114, 115, 152
赤城宗徳……115, 123, 139, 202, 254
明石元長……239
赤松寅七……151
秋田　清……100, 102, 103, 105-110, 114, 115
秋田三一……123, 139, 140
阿子島俊治……165, 166
浅沼稲次郎……77
東　　武……20, 31
安達謙蔵……69
阿南惟幾……218-220, 227, 231
安倍　寛……123, 139, 254
安倍源基……162, 163
阿部真之助……12, 18
阿部信行……79, 80, 84, 97
天野正一……216
天羽英二……153
綾部健太郎……151
新居善太郎……189
荒尾興功……216
荒川五郎……46
有馬英治……178, 179, 201, 207
有光次郎……194
安藤紀三郎……182, 187
安藤　覚……166
安藤正純……14, 115
飯田精太郎……248
飯村五郎……47, 77
池崎忠孝……226-228
池田成彬……239, 240
池田純久……207
井阪豊光……65
石井文治……160
石坂養平……46, 151
伊豆富人……123, 139
井田磐楠……80
一木喜徳郎……21, 22
一宮房治郎……152, 165, 167
伊藤仁太郎……24
稲葉正夫……227, 228
犬養　健……31
犬養　毅……34
井野碩哉……231, 248
井上匡四郎……248
猪野毛利栄……20, 31
今尾　登……123, 139, 166
今井健彦……151
今牧嘉雄……114
今松治郎……80
入江誠一郎……163
岩崎幸治郎……14
上田孝吉……123, 124, 139
上野喜左衛門……123, 139
植原悦二郎……46
植村家治……234
宇垣一成……239, 240
潮　恵之輔……37
牛塚虎太郎……115
宇田耕一……123, 139
内ケ崎作三郎……100, 217
内田信也……23, 31, 91, 195
江口　繁……115
遠藤柳作……79, 80
大麻唯男……79, 80, 150, 153, 194, 248
大石義雄……213, 214, 244
大木　操……79, 105, 106, 158-161, 168-170, 201-203, 209, 212, 215
大串兎代夫……214, 215, 240, 245
大口喜六……22
大蔵公望……238-242
大倉三郎……123, 139
大河内輝耕……236

胥　金磨……139, 140
太田耕造……79, 80, 169
太田正孝……62, 70, 80, 154
大野伴睦……46
大野緑一郎……248
小笠原三九郎……151
岡田啓介……21–23, 30, 239, 240
岡田武彦……140
岡田忠彦……34, 36–38, 79, 80, 98–101, 115, 120, 121, 160, 161, 168–170, 212, 213, 215, 219
岡部長景……194, 248
岡本伝之助……166
小川郷太郎……93
小高長三郎……166
尾高朝雄……5
小野秀一……231–233, 242
小野祐之……179
小野清一郎……245
小原　直……248
小山倉之助……151
小山田義孝……178, 179, 194, 207

か　行

風見　章……70, 93
片山一男……166
勝　正憲……80, 248
勝田永吉……108, 114, 115, 153, 154, 159
加藤勘十……47
加藤久米四郎……14
加藤鯛一……114, 151
加藤鐐五郎……152
金光庸夫……20, 217, 248
金森徳次郎……21, 22, 24, 31
唐沢俊樹……29, 179, 191, 198, 199
河上哲太……20, 21, 31
川崎末五郎……165, 166
川崎卓吉……42, 43
川崎巳之太郎……163, 174, 195, 196
川島正次郎……114, 123, 124, 129, 130, 134, 139, 151, 248, 254
川島義之……23, 24
河瀬　真……123, 139
川俣清音……123, 139
岸　信介……121, 124, 136, 137, 140, 195
喜多壮一郎……139
北浦圭太郎……243
木戸幸一……24, 65, 66, 158, 240
木下　郁……123, 139
木下義介……166
木村正義……34, 35, 39, 41, 52–54, 60, 74–78, 93
肝付兼英……123, 124, 139
木舎幾三郎……70, 87, 108, 111
清瀬一郎……93, 104, 105, 111, 114, 115, 225, 248
清瀬規矩雄……21, 31
九鬼紋七……123, 139, 140
久原房之助……14, 19, 21, 23–25, 27, 62, 67–70, 92
窪井義道……114, 115, 151
倉元要一……46
黒田　巌……166, 207
黒田　覚……4, 5, 149
小泉純也……151
小磯国昭……80, 161
河野　密……93, 152
紅露　昭……114, 115, 166
木暮武太夫……123, 139, 165, 166
児玉秀雄……23, 161
後藤文夫……43, 79, 80
伍堂卓雄……79, 80
近衛文麿……3, 65, 66, 70, 73, 240
小林　錡……46
小山松寿……100, 114, 115
小山　亮……202, 228, 246

さ　行

西園寺公望……2, 21, 65
斎藤隆夫……2, 37–40, 46
斎藤　実……29, 36, 54
酒井忠正……238
坂田武雄……139, 140
坂本宗太郎……123, 139
作田高太郎……103, 107, 114, 115, 220–224
桜内幸雄……239–241
迫水久常……216, 217
左近司政三……245, 246
佐々井一晁……114
笹川良一……123, 139, 140
佐々木惣一……67, 213, 214
薩摩雄次……115, 166
佐藤達夫……171
椎名悦三郎……119, 124, 254

塩原時三郎……167
島田俊雄……14, 161
島津忠彦……234
清水　澄……189
清水銀蔵……20, 31
清水徳太郎……46
清水留三郎……46
下村　宏……80, 217, 235, 238
昭和天皇……3, 239, 240
白木正之……1
新名丈夫……208
末次信正……80
末松偕一郎……47
菅原　伝……20, 31
助川啓四郎……151
鈴木貫太郎……210, 212, 216, 223, 224, 236, 237
鈴木喜三郎……13, 15, 16, 19, 20, 22, 42, 68
砂田重政……49, 71
千石興太郎……79, 80

た　行

胎中楠右衛門……20
高木正得……123, 139, 140
高木義人……179
高橋三吉……80
高橋守平……114, 151
瀧　正雄……79, 80, 93
竹内俊吉……166
竹内友治郎……20, 31
竹下豊次……248
武知勇記……114, 115, 151
武富　済……47–49
田子一民……34, 100, 107, 114, 115, 196, 197
立川　平……77, 197
田中伊三次……166
田中勝之助……179
田中　好……123, 139, 140, 167
田中二郎……214
田中武雄……160, 161, 248
田中都吉……80
田辺七六……217, 248
田村秀吉……151
田村　稔……123, 139
次田大三郎……234, 248
津雲国利……108, 114–116
津崎尚武……114, 115
恒松於菟二……151
鶴　惣市……123, 139
東郷茂徳……220
東郷　実……46, 114, 248
東郷　安……248
東条　貞……77
東条英機……199–201, 208
徳川家正……248
徳川圀順……235
戸坂　潤……21
豊田　収……151
豊田雅孝……121, 122, 136

な　行

内藤正剛……47
中井一夫……114, 115, 151
中井川　浩……151
永井　保……139
永井柳太郎……47, 79, 80, 158
中島賢蔵……184, 185, 191, 193, 194
中島知久平……70
中島弥団次……195, 196
中谷貞頼……20–22, 31
中谷武世……169, 200, 202, 203, 229
中西敏憲……123, 124, 139, 151
永野　護……151
中原謹司……231–233
中村梅吉……163, 166
中村嘉寿……46
中村庸一郎……255
永山忠則……202
南雲正朔……123, 139, 140
灘尾弘吉……163, 164, 174
西沢哲四郎……115
西村茂生……20, 21, 31
野口喜一……167
野田武夫……123, 124, 137, 139, 140, 151, 167
野津　務……245
野村吉三郎……240

は　行

橋本欣五郎……102, 103, 114, 202
橋本清之助……80, 95
羽田武嗣郎……152

蜂須賀正氏……123, 139
鳩山一郎……71, 115
馬場元治……151
浜田尚友……178, 179, 201, 207
浜野徹太郎……151
林　三郎……227
林　春雄……237
林　佳介……179
林　頼三郎……187, 198
林　路一……47
原　惣兵衛……77, 78, 114
原　敬……4
原口純允……114
原口初太郎……21, 31
原田熊雄……21–24, 31, 65
坂東幸太郎……47
日下田　武……179
肥田琢司……151
平生釟三郎……80
平沼騏一郎……240
深沢豊太郎……20
深水吉毅……115
福家俊一……179, 200–202, 208, 209
藤生安太郎……165, 166
藤山愛一郎……79, 80
二上兵治……188
船田　中……46, 70, 74, 76–78, 93, 149, 169, 228–231, 242, 245
古井喜実……168
古田喜三太……123, 139
星島二郎……46
星野直樹……150, 153, 156
穂積重遠……234–237, 239, 245
堀内一雄……179
本庄　繁……24
本多鋼治……123, 139
本領信治郎……202, 203

ま　行

前田房之助……114, 154, 155
前田米蔵……14, 25, 65, 70, 80, 93, 161
前原光雄……245
牧野賤男……20, 31
牧野伸顕……239, 240
牧野良三……20, 31, 34, 49, 50, 178
真崎勝次……103, 115, 116, 167
真崎甚三郎……116
正木　清……123, 139
町田忠治……42, 44, 49, 160, 161, 168, 169
松浦周太郎……166
松岡秀夫……179
松阪広政……221–223, 225, 226, 238
松田源治……22
松田正一……39, 40
松田竹千代……111, 114, 115
松谷　誠……216
松永　東……123, 124, 139, 165–167
松野鶴平……16, 17, 20, 42–44
松前重義……208
松村敬一……130–132
松村謙三……157, 158, 215, 217, 240, 248
松村光三……157, 166, 167
松本治一郎……123, 139
真鍋儀十……151
間宮成吉……178, 179, 194, 200, 207
三浦一雄……114, 115, 158, 159
三木武夫……123, 139, 167
溝口直亮……248
南　次郎……240
南　鉄太郎……195, 196
南　弘……186
美濃部達吉……4, 5, 12, 189
水谷川忠麿……234
宮古啓三郎……20, 31
宮沢俊義……4, 213
宮沢　裕……20, 31, 109
三好英之……103, 104, 108, 114, 115, 123, 124, 139, 160, 248, 254
三輪寿壮……93
向井鹿松……139
向山　均……167
村瀬直養……245
村松久義……165, 166
望月圭介……23, 91
森　肇……189–191, 197, 199
森川仙太……123, 139
森下国雄……77, 114, 151, 166
森田重次郎……166
守屋栄夫……47
森山鋭一……153, 187, 188, 198, 199, 216, 245

や 行

八木宗十郎……123, 139
矢次一夫……93, 94
八並武治……166
柳瀬良幹……113, 117, 159, 252
矢部貞治……73, 74, 214
山川　均……21, 30
山口喜久一郎……114
山口馬城次……115
山崎達之輔……6, 7, 23, 62–74, 77–82, 84–91, 93, 96, 98, 108–111, 113, 248–250, 252
山道襄一……77
山田三良……237, 238
山田順策……123, 139
山枡儀重……47
山本粂吉……151
山本条太郎……14
山本悌二郎……13, 20, 22, 31
湯浅倉平……22
結城安次……248
湯沢三千男……81, 201
油谷義治……165, 166
横川重次……115, 123, 139, 166
横山助成……79, 80
吉田悌二郎……124
吉積正雄……216
依光好秋……152, 166

ら 行

蠟山政道……115, 195, 196, 200

わ 行

渡辺善十郎……123, 139
渡辺泰邦……123, 139

著者略歴

一九七五年　山口県に生まれる
二〇〇五年　九州大学大学院比較社会文化学府博士後期課程単位取得退学
現在　九州大学百年史編集室助教・博士（比較社会文化）

〔主要論文〕

「非常事態と帝国憲法―大串兎代夫の非常大権発動論―」（『史学雑誌』第一二〇編第二号、二〇一一年）
「「応召代議士」をめぐる前線と銃後―濱田尚友の場合―」（『年報・日本現代史』第一六号、二〇一一年）

戦時期日本の翼賛政治

二〇一六年（平成二十八）三月一日　第一刷発行

著　者　官《かん》田《だ》光《あき》史《ふみ》

発行者　吉川道郎

発行所　株式会社　吉川弘文館
郵便番号一一三―〇〇三三
東京都文京区本郷七丁目二番八号
電話〇三―三八一三―九一五一〈代〉
振替口座〇〇一〇〇―五―二四四番
http://www.yoshikawa-k.co.jp/

印刷＝株式会社 理想社
製本＝株式会社 ブックアート
装幀＝山崎 登

ISBN978-4-642-03853-9